들으면서 공부하자!
오디오북 시대

본서에서는 벼락합격 Booster 관광통역안내사 기출족보를 오디오북으로 제공합니다.

잠깐! 오디오북 어떻게 들을 수 있나요?

관광통역안내사 오디오북 수강 안내

1. QR코드 접속 ▶ 회원가입 또는 로그인
2. 오디오북 신청 후 마이페이지에서 수강

오디오북 수강 ▲

상담 및 문의전화 **1600-3600**

SD에듀
㈜시대고시기획

코로나19 바이러스
"친환경 99.9% 항균잉크 인쇄"
전격 도입

언제 끝날지 모를 코로나19 바이러스

99.9% 항균잉크(V-CLEAN99)를 도입하여 「안심도서」로

독자분들의 건강과 안전을 위해 노력하겠습니다.

TEST REPORT

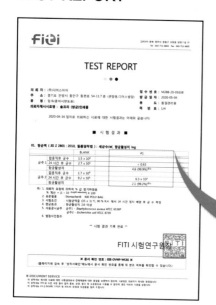

항균잉크(V-CLEAN99)의 특징

- 바이러스, 박테리아, 곰팡이 등에 항균효과가 있는 산화아연을 적용

- 산화아연은 한국의 식약처와 미국의 FDA에서 식품첨가물로 인증받아 **강력한 항균력**을 구현하는 소재

- 황색포도상구균과 대장균에 대한 테스트를 완료하여 **99.9%의 강력한 항균효과** 확인

- 잉크 내 중금속, 잔류성 오염물질 등 **유해 물질 저감**

#1
-
< 0.63
4.6 (99.9%)주1)
-
6.3×10^3
2.1 (99.2%)주1)

Clean Zone

2000년 출간 이후 21만부 판매! (시리즈 전체)

관광통역안내사
최종모의고사
+ 무료동영상(기출)

SD에듀
(주)시대고시기획

Always **with you**

사람이 길에서 우연하게 만나거나 함께 살아가는 것만이 인연은 아니라고 생각합니다.
책을 펴내는 출판사와 그 책을 읽는 독자의 만남도 소중한 인연입니다.
(주)시대고시기획은 항상 독자의 마음을 헤아리기 위해 노력하고 있습니다.
늘 독자와 함께 하겠습니다.

머리말

관광문화산업은 나라를 지탱하는 국가의 주요 산업입니다. 풍요로운 생활과 정보통신의 발달로 개인의 여가시간이 늘어남에 따라 현대인들은 질적인 삶을 추구하고 있습니다. 특히 지구촌 일일 생활권 시대가 다가옴으로써 관광문화산업의 비중은 점차 확대되었고, 선진국가들은 차세대 지식기반 중점사업으로 선정하여 발전시켜 왔습니다.

우리나라도 21세기 국가 기간산업으로 관광산업에 집중 투자하여 '관광한국' 시대를 대비한 홍보와 투자를 아끼지 않고 있습니다. 유구한 역사를 가진 우리나라는 유명한 사적지와 풍부한 관광자원을 집중 육성해 세계 속의 문화 관광국가로 도약하는 기틀을 마련하고 있으며, 세계 여러 나라에서는 홍보와 마케팅을 통해 관광객을 유치하고자 끝없는 전쟁을 하고 있다고 해도 과언이 아닐 것입니다.

따라서 세계 각지에서 들어오는 관광객들을 안내하고 정해진 시간 내에 효율적으로 관광할 수 있도록 돕는 우수한 안내자가 절대적으로 필요하므로 관광종사원은 한 나라의 민간외교관에 견줄 수 있는 중요한 위치에 있습니다.

2021년에도 코로나19 바이러스의 여파가 이어지고 있는 것이 사실이나, 이제는 코로나와 함께 공존하는 '위드 코로나' 시대를 맞이할 준비를 하여야 합니다. 국내·해외여행을 막론하고 관광산업도 점차 제자리를 찾을 것으로 보이며, 실제 항공사 등 관광과 밀접한 관련을 가진 업계에서도 다시금 도약할 준비를 하고 있습니다.

저희 편저자 일동은 앞으로 폭발적으로 증가할 관광수요에 대비하여 관광종사원을 배출하는 데 심혈을 기울였습니다. 본서는 수험생들이 실제 시험과 같은 형식의 문제를 풀어보며 실전감각을 키우고 자신의 실력과 약점을 점검할 수 있는 모의고사 형식의 문제집입니다. 실제 시험과 유사하게 교시별로 구성하였으며, 문제 가까이에 해설을 배치하여 문제풀이와 동시에 복습을 할 수 있도록 하였습니다. 또한 출제경향을 간단하게 파악할 수 있는 출제 키워드를 부록으로 수록하였습니다.

관광통역안내사 시험은 최신 관광현황을 많이 다룹니다. 따라서 틈틈이 인터넷 검색과 관련 홈페이지를 통해 최신 자료를 확인해보시기 바랍니다. 또한 문화재 학습과 법령 정리 및 기본이론 학습도 병행하시길 추천드립니다. 저희 도서를 선택해주신 모든 수험생 여러분들이 좋은 결과를 거두시길 진심으로 기원합니다.

편저자 올림

실제 시험과 유사한 구성의
교시별 실전모의고사 9회분!

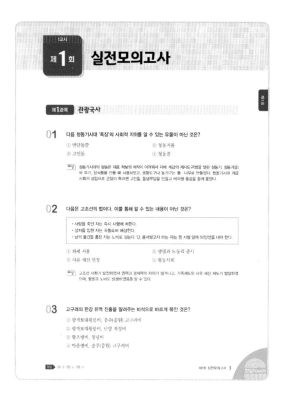

실제 시험과 유사하게 1교시 + 2교시별로 나누어 구성하였습니다. 바로 아래 위치한 해설을 통해 부족한 부분을 빠르게 보완할 수 있습니다.

실제 출제경향을 가늠할 수 있는
2021년 실제기출문제!

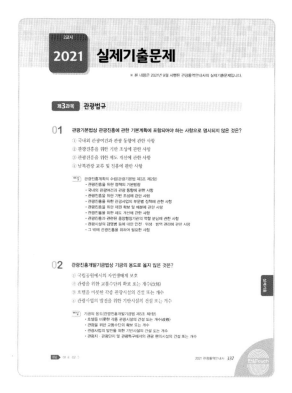

2021년 실제기출문제를 수록하였습니다. 시험의 경향을 확인하고, 최종 실력 점검용으로 활용해보세요.

심화 학습이 가능한
'참고' 박스!

[특별부록]
벼락합격 Booster 관광통역안내사 기출족보

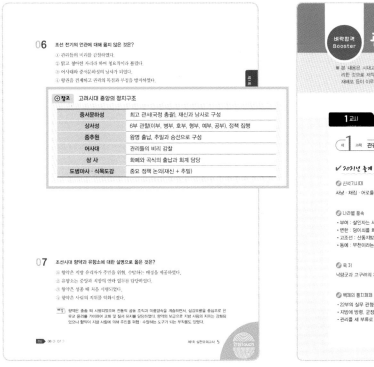

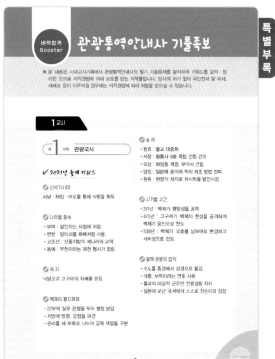

심화 학습이 필요한 부분은 '참고' 박스로 수록하여, 고득점 합격이 가능하도록 하였습니다. 보다 확실한 합격을 원하는 수험생들은 '참고' 박스도 꼼꼼히 학습하시길 바랍니다.

실제기출문제에서 핵심키워드만 압축한 소책자를 제공합니다. 이동할 때, 시험장에서 대기할 때 등 자투리시간을 활용하면 더욱 좋습니다.

자격시험 안내

관광통역안내사는?

관광도 하나의 산업으로서 국가경제에 미치는 영향이 크다는 판단 아래 문화체육관광부에서 실시하는 통역분야의 유일한
국가공인자격으로서 외국인 관광객에게 국내여행 안내 및 한국의 문화를 소개하는 역할을 함

시행처

- 주관 : 문화체육관광부
- 시행 : 한국산업인력공단

응시자격

제한 없음

접수방법

- Q-net(www.q-net.or.kr) 자격별 홈페이지에서 접수
- 인터넷 원서 접수 시 최근 6개월 이내에 촬영한 탈모 상반신 사진(JPG, JPEG)을 파일로 첨부하여 인터넷 회원가입 후
  접수
- 원서접수 마감 시까지 접수완료 및 응시수수료를 결제완료하고 수험표를 출력해야 함
- 제 1·2차 시험 동시접수에 따라 제2차 시험에만 응시하는 경우에도 해당 기간에 접수하여야 함

합격자 결정기준

- 1차 필기 : 매 과목 4할 이상, 전 과목의 점수가 배점비율로 환산하여 6할 이상을 득점한 자
- 2차 면접 : 총점의 6할 이상을 득점한 자

📍 시험일정 및 장소

자격명	1차 필기	2차 면접
관광통역안내사	22.08.20(토)	22.11.05(토)~22.11.06(일)
	서울, 부산, 대구, 인천, 대전, 제주	서울, 부산, 대구, 인천, 대전, 제주
국내여행안내사	22.11.05(토)	22.12.17(토)
	서 울	서울, 부산, 대구, 인천, 광주, 대전, 경기, 제주

※ 2022년 사전공고를 기반으로 작성되었습니다. 수험생분들께서는 반드시 큐넷 홈페이지에 방문하시어 최종 시험일정 및 장소를 확인하시기 바랍니다.

📍 시험과목 및 시간

자격명	1차 필기					2차 면접	
	과 목	배점비율	문항수	시험시간		평가사항	시험시간
				일반응시	과목면제		
관광통역안내사	국 사	40	25	9:30~10:20 (50분)		• 국가관 · 사명감 등 정신 자세 • 전문지식과 응용능력 • 예의 · 품행 및 성실성 • 의사발표의 정확성과 논리성	1인당 10분 내외
	관광자원해설	20	25				
	관광법규	20	25	10:50~11:40 (50분)	응시하지 않음		
	관광학개론	20	25				
국내여행안내사	국 사	30	15	9:30~11:10 (100분)		• 국가관 · 사명감 등 정신 자세 • 전문지식과 응용능력 • 예의 · 품행 및 성실성 • 의사발표의 정확성과 논리성	1인당 5~10분 내외
	관광자원해설	20	10				
	관광법규	20	10				
	관광학개론	30	15				

자격시험 안내

🔍 시험 응시에 필요한 공인어학성적

언 어	어학시험	기준점수
영 어	토플(TOEFL) PBT	584점 이상
	토플(TOEFL) IBT	81점 이상
	토익(TOEIC)	760점 이상
	텝스(TEPS)	372점 이상
	지텔프(G-TELP)	레벨 2 74점 이상
	플렉스(FLEX)	776점 이상
	아이엘츠(IELTS)	5점 이상
일본어	일본어능력시험(JPT)	740점 이상
	일본어검정시험(日檢, NIKKEN)	750점 이상
	플렉스(FLEX)	776점 이상
	일본어능력시험(JLPT)	N1 이상
중국어	한어수평고시(HSK)	5급 이상
	플렉스(FLEX)	776점 이상
	실용중국어시험(BCT) (B)	181점 이상
	실용중국어시험(BCT) (B)L&R	601점 이상
	중국어실용능력시험(CPT)	750점 이상
	대만중국어능력시험(TOCFL)	5급(유리) 이상
프랑스어	플렉스(FLEX)	776점 이상
	델프/달프(DELF/DALF)	델프(DELF) B2 이상
독일어	플렉스(FLEX)	776점 이상
	괴테어학검정시험(Goethe Zertifikat)	B1(ZD) 이상
스페인어	플렉스(FLEX)	776점 이상
	델레(DELE)	B2 이상
러시아어	플렉스(FLEX)	776점 이상
	토르플(TORFL)	1단계 이상
이탈리아어	칠스(CILS)	레벨 2-B2(Livello Due-B2) 이상
	첼리(CELI)	첼리(CELI) 3 이상
태국어, 베트남어, 말레이 · 인도네시아어, 아랍어	플렉스(FLEX)	600점 이상

※ 2021년도 시험부터 아이엘츠(IELTS)가 추가되었습니다. 공인어학성적 기준은 시행처 사정에 따라 변경될 수 있으므로 접수 전 해당 회차 시험공고를 반드시 확인하시기 바랍니다.

※ 국내여행안내사는 해당사항 없습니다.

📍 필기시험 합격현황

연 도	구 분	응시(명)	합격(명)	합격률(%)
2021		1,574	997	63.3
2020		2,358	1,676	71.1
2019	정 기	3,206	1,890	58.9
2018		3,356	1,503	44.8
2017		4,276	2,144	50.1

📍 면접시험 합격현황

연 도	구 분	응시(명)	합격(명)	합격률(%)
2021		1,319	881	66.8
2020		1,992	1,327	66.6
2019	정 기	2,178	1,428	65.6
2018		2,041	1,251	61.3
2017		2,861	1,610	56.2

📍 언어권별 자격 취득현황

(단위 : 명)

연 도	영어	일어	중국어	불어	독어	스페인어	러시아어	마인어	베트남어	태국어	아랍어	이태리어	합 계
2021	456	134	194	6	3	9	6	17	39	10	6	1	881
2020	617	204	343	14	–	7	16	46	61	13	4	2	1,327
2019	678	269	335	9	2	12	7	41	56	13	5	1	1,428
2018	512	208	416	7	4	6	10	42	30	13	3	–	1,251
2017	529	186	739	7	1	4	8	83	22	28	3	–	1,610

1과목 관광국사

📍 출제경향

관광국사 과목에서는 관광통역안내사로서 알아야 할 기본적인 한국사 소양을 평가하는 문제가 출제됩니다. 대부분의 역사서에서 다루고 있는 기본적인 내용으로, 한국사의 전반적인 흐름과 각 시기의 주요 사건 및 특징을 파악하는 문제가 출제됩니다. 한국사의 시대사별로 정치, 경제, 사회, 문화 등 전 분야에 걸쳐 출제되며, 난이도별로 단답형, 합답형, 긍정형, 부정형 등 다양한 유형으로 출제됩니다. 선사시대, 삼국시대, 고려시대, 조선시대, 근·현대사 등에서 출제가 이루어지며, 이 중에서도 '우리 역사의 형성과 고대 국가의 발전'의 출제비율이 36%로 가장 높습니다. 최근 5개년(2017~2021년) 관광통역안내사 시험의 관광국사 과목의 출제비율을 수록하였습니다. 출제비율의 차이를 한눈에 파악할 수 있으므로, 이를 감안하여 그에 맞게 시험을 준비하시기 바랍니다.

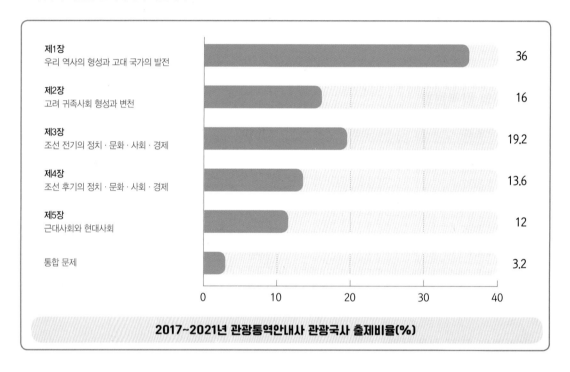

2017~2021년 관광통역안내사 관광국사 출제비율(%)

📍 학습방법

관광국사는 배점비율이 40%로 다른 과목에 비해 2배나 높아 시간을 더 할애해서 준비해야 하는 과목입니다. 수험생을 헷갈리게 하기 위한 까다로운 문제보다는 대체로 각 시대의 역사에 대한 배경과 사실을 명확하게 인지하고 있는지를 묻는 문제가 많습니다. 따라서 무작정 암기하기보다는 한국사 전반에 대한 흐름을 이해하는 것이 중요합니다. 알고 보면 시험에 주로 출제되는 부분은 어느 정도 정해져 있습니다. 따라서 많은 문제를 풀어보며 빈출되는 내용에 익숙해지는 것이 좋습니다. 시험 준비를 위한 시간이 부족한 경우에는 출제비율이 높은 부분을 중점으로 학습하여 점수를 얻는 전략도 있습니다. 관광자원해설과 관련된 문화재를 주제로 한 문제도 종종 출제되고 있으니 관광자원해설과 병행하여 학습하면 일석이조입니다. 최근 문화재청에서 문화재 지정번호제의 폐지를 추진하고 있기 때문에 향후 시험에서 문화재의 지정번호를 묻는 유형은 출제되지 않을 것으로 보입니다(시·도지정문화재 제외).

2과목 관광자원해설

📍 출제경향

관광자원해설은 관광통역안내사로서 업무 수행에 필요한 기본 소양과 역량을 합리적·객관적으로 검증하고, 향후 실무 업무에 적용할 수 있는 문제가 출제됩니다. 현장성 높은 문제와 비교적 쉬운 문제가 혼합되어 출제되며, 전통적인 관광자원뿐만 아니라 변화하는 관광자원의 트렌드를 반영한 문제가 출제되기도 합니다. 관광자원의 이해, 관광자원의 해설, 자연관광자원, 문화관광자원, 복합형 관광자원 등에서 문제가 출제되며, 이 중에서도 '문화관광자원'의 출제비율이 49.6%로 가장 높습니다. 최근 5개년(2017~2021년) 관광통역안내사 시험의 관광자원해설 과목의 출제비율을 수록하였습니다. 출제비율의 차이를 한눈에 파악할 수 있으므로 이를 감안하여 그에 맞게 시험을 준비하시기 바랍니다.

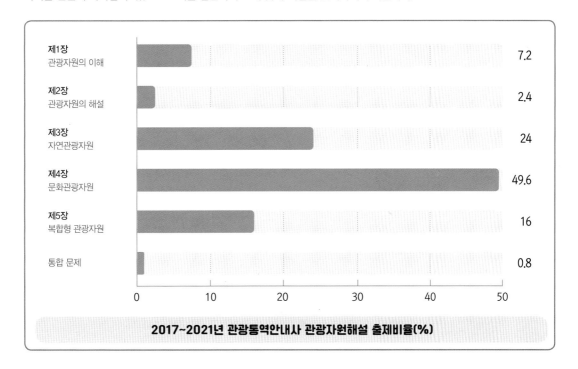

2017~2021년 관광통역안내사 관광자원해설 출제비율(%)

📍 학습방법

관광자원해설은 무궁무진한 범위의 방대함 때문에 수험생이 어렵게 느끼는 과목 중 하나입니다. 하지만 반대로 생각해보면 우리나라의 자연자원, 문화자원 등 '어디선가 한 번쯤은 들어본' 소재가 많이 출제되니 그만큼 쉽게 학습할 수 있고 하나씩 알아가는 재미도 쏠쏠합니다. 특히 '문화관광자원'의 출제비율이 매우 높으므로 주의 깊게 학습해야 합니다. 유네스코 등재유산이나 한국의 슬로시티, 지역축제, 지역별 문화재 등은 시험에 자주 나오는 단골문제이므로 필수적으로 알아두는 것이 좋습니다. 또한 관광자원 소식은 시시각각 변하므로 문화재청 홈페이지(www.cha.go.kr)나 뉴스포털사이트 등에서 문화재 및 지역 관광 관련 뉴스를 꾸준히 접하는 것이 도움이 됩니다. 최근 문화재청에서 문화재 지정번호제의 폐지를 추진하고 있기 때문에 향후 시험에서 문화재의 지정번호를 묻는 유형은 출제되지 않을 것으로 보입니다(시·도지정문화재 제외).

3과목 관광법규

출제경향

관광법규는 관광통역안내사 실무에 요구되는 법령 지식뿐만 아니라 일반적인 자격요건을 측정하기 위해 시험범위 내에서 다양한 유형의 객관식 문제가 출제됩니다. 또한, 법령 해석 능력과 중요 내용에 대한 이해도를 평가할 수 있는 내용이 출제됩니다. 「관광기본법」, 「관광진흥법」, 「관광진흥개발기금법」, 「국제회의산업 육성에 관한 법률」에서 문제가 출제되며, 이 중에서도 '관광진흥법'의 출제비율이 71.2%로 가장 높습니다. 최근 5개년(2017~2021년) 관광통역안내사 시험의 관광법규 과목의 출제비율을 수록하였습니다. 출제비율의 차이를 한눈에 파악할 수 있으므로 이를 감안하여 그에 맞게 시험을 준비하시기 바랍니다.

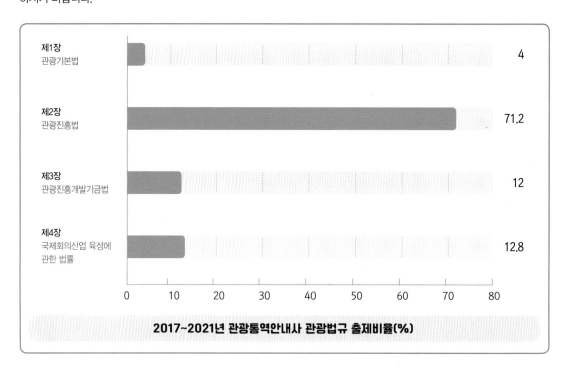

2017~2021년 관광통역안내사 관광법규 출제비율(%)

학습방법

관광법규의 수많은 법령들을 어떻게 다 외워야 할지 걱정하는 수험생이 많습니다. 하지만 그동안의 기출 키워드를 잘 살펴보면 출제되었던 개념들이 다시 반복되어 출제되는 경우가 대부분입니다. 따라서 기출문제를 먼저 살펴보면서 빈출 개념을 파악하고, 그 다음에 이론을 학습하는 것도 효율적인 방법입니다. 법의 목적, 대상 외에도 기간, 금액, 범위 등의 수치에 주목하여 암기하는 것을 추천합니다. 「관광진흥법」에서 문제가 70% 이상 출제되므로 해당 부분은 반드시 집중해서 학습해야 합니다. 또한, 법령이 자주 개정되므로 법제처 국가법령정보센터 홈페이지(www.law.go.kr)에서 최신 개정된 법령을 확인하는 것이 중요합니다.

4과목 관광학개론

출제경향

관광학개론은 관광종사원이 기본적으로 숙지해야 할 사항과 관광에 대한 기본 개념 및 실무지식에 대한 이해 여부를 묻는 문제가 출제됩니다. 관광종사원으로서 숙지해야 할 필수적인 내용을 이해하고 있는지를 측정하는 데 중점을 두며, 최근 관광이슈와 관광트렌드 변화를 파악할 수 있는 문제도 출제됩니다. 관광의 기초, 관광여행업, 관광숙박업, 국제관광 및 관광정책 등에서 문제가 출제되며, 이 중에서도 '관광의 기초'의 출제비율이 24.8%로 가장 높습니다. 최근 5개년(2017~2021년) 관광통역안내사 시험의 관광학개론 과목의 출제비율을 수록하였습니다. 출제비율의 차이를 한눈에 파악할 수 있으므로 이를 감안하여 시험을 준비하시기 바랍니다.

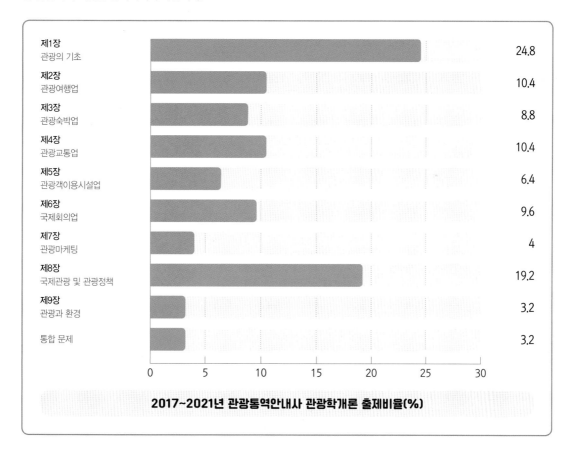

2017~2021년 관광통역안내사 관광학개론 출제비율(%)

학습방법

기본 이론과 개념이 가장 중요한 과목으로, 관광 · 호텔 · 회의 · 마케팅 · 정책 등 관련 이론과 용어의 개념을 확실하게 정리해 두어야 합니다. 특히 어떠한 개념의 여러 가지 유형이나 서로 비슷해 보이는 개념의 명칭을 구분하는 문제가 많습니다. 이러한 기본적인 문제 외에도 정부의 관광정책이나 관광통계 · 관광객의 성향 · 관광축제 등 다양한 현황문제가 출제되고 있습니다. 수험서를 바탕으로 학습하면서, 수시로 문화체육관광부(www.mcst.go.kr)나 한국관광공사 홈페이지(www.visitkorea.or.kr)에서 공식 보도 자료나 관광 · 여행업 관련 기사들을 꾸준히 접하는 것이 좋습니다.

합격자의
Tip!

합격자 **윤○○님**

안녕하세요! 2021년 관광통역안내사 필기시험 합격자입니다! 우선 이렇게 후기를 쓸 수 있게 되어 기쁩니다. 아직 완전한 합격은 아니지만, 2022년도 시험을 준비하시는 분들께 도움이 될까 싶어 이렇게 팁 아닌 팁을 남깁니다. 저는 시간이 촉박했던 편이라 나름 전략을 짰어요. 과년도 출제키워드를 쫙 정리해놓고 그중 반복되는 키워드의 개념은 무조건 출제된다고 생각하고 학습했습니다! 저에게는 매우 유용했던 방법이라 예비 합격자 여러분들에게 도움이 될 수 있을까 하여 2021년 출제키워드를 남겨봅니다.

2021년 필기시험 출제키워드

📍 1과목 관광국사

- 신석기시대의 생활방식
- 부여의 풍속
- 옥저의 생활방식
- 백제의 통치체제
- 승려별 업적
- 백제 시기별 사건
- 발해 문왕
- 신라촌락문서
- 고려 광종의 정책

- 중 방
- 고려시대 조성된 탑
- 충선왕의 업적
- 이 황
- 세종의 업적
- 의방유취
- 광해군의 업적
- 이 익
- 향 교

- 조선 시기별 사건
- 인왕제색도
- 조선 후기에 있었던 사실
- 정조 때의 역사적 사실
- 근대 시기별 사건
- 6 · 25 전쟁 시기별 사건
- 1920년대의 역사적 사실

📍 2과목 관광자원해설

- 매체이용해설
- 관광레저형 기업도시
- 국 보
- 관광자원의 특성
- 관광두레
- 세시풍속
- 국가지질공원
- 지역 관광거점도시
- 전통마을

- 호수관광자원
- 하회별신굿탈놀이
- 유네스코 등재 세계기록유산
- 코리아 둘레길
- 도 성
- 주심포공포양식 건축물
- 도립공원
- 경상북도의 조선시대 서원
- 종 묘

- 지역 – 관광단지 연결
- 조선왕조실록
- 경기도 소재 왕릉
- 지역별 민속주
- 백제의 불탑
- 강원랜드 카지노
- 유네스코 세계문화유산으로 등록된 조선시대 궁궐

3과목 관광법규

- 관광진흥 기본계획 포함사항
- 카지노업의 시설기준
- 관광특구의 지정요건
- 기금의 용도
- 한국관광협회중앙회 설립 허가권자
- 관광진흥개발기금에 관한 설명
- 국제회의산업 육성기반의 정의
- 관광통계 작성 범위
- 국제회의 요건
- 관광숙박업의 사업계획 변경에 관한 승인을 받아야 하는 경우

- 관광지 및 관광단지에서 허가를 받아야 할 수 있는 행위
- 관광진흥개발기금의 목적 외의 사용 금지
- 카지노업자 허가를 받으려는 자의 사업계획서에 포함되어야 하는 사항
- 관광진흥개발기금이 대여하거나 보조할 수 있는 사업
- 관광사업의 종류와 설명
- 관광의 진흥에 대한 설명

- 부담금의 감면
- 기획여행 광고 시 표시하여야 하는 사항
- 문화관광축제의 지정 기준
- 국제회의도시의 지정
- 지역관광협의회에 관한 설명
- 관광개발기본계획
- 한국관광 품질인증 대상 사업
- 여객자동차터미널시설업의 지정 및 지정취소 권한기관
- 상호의 사용제한

4과목 관광자원해설

- 관광의 경제적 효과
- 국제관광객
- 호텔 요금 지불 방식
- 관광의 일반적 특성
- 관광특구
- 국제회의시설과 지역의 연결
- 관광의사결정에 영향을 미치는 개인적 요인
- 아시아 최초 국제 슬로시티 가입 지역

- 내국인 면세물품 총 구매한도액
- 면세점
- Forum
- 서양 중세시대 관광
- 최초의 외국인전용 카지노
- IATA 기준 항공사 코드
- 연대별 관광정책
- 매슬로우의 욕구 단계
- Intrabound
- 중앙정부 행정부처별 업무

- 여행경보제도 단계
- 커넥팅룸
- 국민관광
- UIA
- 관광마케팅믹스 구성요소
- 관광관련 국제기구
- 인바운드 관광수요

이 책의 목차

[특별부록] 벼락합격 Booster 관광통역안내사 기출족보 + 오디오북

1교시

관광국사&관광자원해설

- 실전모의고사 제1회~제9회
- 2021년 실제기출문제

합격의 공식
시대에듀

잠깐!

자격증・공무원・금융/보험・면허증・언어/외국어・검정고시/독학사・기업체/취업
이 시대의 모든 합격! 시대에듀에서 합격하세요!
www.edusd.co.kr ➡ 정오표 ➡ 관광통역안내사 최종모의고사

제**1**과목 **관광국사**

01 다음 청동기시대 '족장'의 사회적 지위를 알 수 있는 유물이 아닌 것은?

① 반달돌칼 ② 청동거울
③ 고인돌 ④ 청동검

> 해설 청동기시대의 청동은 재료 확보와 제작이 어려워서 지배 계급의 제사도구(방울 달린 청동기, 청동거울)
> 와 무기, 장식품을 만들 때 사용되었고, 생활도구나 농기구는 돌·나무로 만들었다. 청동기시대 계급
> 사회의 성립으로 군장이 죽으면 고인돌, 돌널무덤을 만들고 비파형 동검을 함께 묻었다.

02 다음은 고조선의 법이다. 이를 통해 알 수 있는 내용이 아닌 것은?

> • 사람을 죽인 자는 즉시 사형에 처한다.
> • 상처를 입힌 자는 곡물로써 배상한다.
> • 남의 물건을 훔친 자는 노비로 삼는다. 단, 용서받고자 하는 자는 한 사람 앞에 50만전을 내야 한다.

① 화폐 사용 ② 생명과 노동력 중시
③ 사유 재산 인정 ④ 평등사회

> 해설 고조선 사회가 발전하면서 권력과 경제력의 차이가 생겨나고, 가족제도와 사유 재산 제도가 발달하였
> 으며, 형벌과 노비도 발생하였음을 알 수 있다.

03 고구려의 한강 유역 진출을 알려주는 비석으로 바르게 묶인 것은?

① 광개토대왕릉비, 충주(중원) 고구려비
② 광개토대왕릉비, 단양 적성비
③ 황초령비, 창녕비
④ 마운령비, 충주(중원) 고구려비

04 다음 자료에 나타난 사실을 뒷받침하는 설명으로 옳은 것은?

> (영락) 9년 기해에 백제가 서약을 어기고 왜와 화통하므로, 왕은 평양으로 순수해 내려갔다. 신라가 사신을 보내 왕에게 말하기를, "왜인이 그 국경에 가득 차 성을 부수었으니, 노객은 백성된 자로서 왕에게 귀의하여 분부를 청한다"하였다. 〈중략〉 10년 경자에 보병과 기병 5만을 보내 신라를 구원하게 하였다. 〈중략〉 신라의 농성을 공략하니 왜구는 위축되어 궤멸하였다.
>
> — 광개토대왕릉비문 —

① 율령을 반포하고 불교를 수용한 것을 알 수 있다.

② 호우명 그릇을 통해 고구려와 신라와의 관계를 알 수 있다.

③ 왕위 계승도 형제 상속에서 부자 상속으로 바뀐 것을 알 수 있다.

④ 졸본성에서 국내성으로 도읍을 옮긴 시기를 알 수 있다.

해설) 광개토대왕은 신라의 구원요청을 받아들여 신라에 침입한 왜를 격퇴하였고, 가야를 공격하여 한반도 남부까지 영향을 끼쳤다. 이러한 상황을 호우명 그릇을 통해 짐작할 수 있는데, 이것은 신라 수도인 경주에서 발견된 그릇으로 밑바닥에 '을묘년국강상 광개토지호태왕호우십'이라는 글씨가 새겨져 있어 당시 신라와 고구려의 관계를 보여준다.

05 발해의 경제생활에 대한 내용으로 옳은 것은?

① 중국에 모피, 인삼, 녹용을 수출하였다.

② 중국 남북조 및 북방민족과 무역하였다.

③ 이슬람상인이 울산에까지 와서 무역하였다.

④ 예성강의 벽란도가 번성하였다.

해설) 발해는 상경 용천부 등 도시와 교통 요충지에서 상업이 발달하였고, 주요 수출품으로는 모피·인삼 등 토산물, 불상·자기 등 수공업품, 주요 수입품으로는 귀족의 수요품인 비단·책 등이 있었다.
② 중국의 남북조(420~589)와 발해(698~926)는 시대가 다르다. 중국의 남북조 시기에는 한반도에 고구려, 백제, 신라, 가야가 있었다.
③ 통일신라시대에 울산항이 아라비아 상인까지 왕래하는 국제 무역항으로 번성하였다.
④ 고려시대에 개경에 가까운 예성강 입구에 위치한 벽란도가 국제 무역항으로 번성하였다.

06 조선 전기의 언관에 대해 옳지 않은 것은?

① 관리들의 비리를 감찰하였다.

② 맑고 청아한 자리라 하여 청요직이라 불렸다.

③ 어사대와 중서문하성의 낭사가 되었다.

④ 왕권을 견제하고 권력의 독점과 부정을 방지하였다.

해설) 어사대와 중서문하성은 고려시대 때이며, 조선시대에는 사헌부 · 사간원에 소속되었다.

⊕ 참고   고려시대 중앙의 정치구조

중서문하성	최고 관서(국정 총괄), 재신과 낭사로 구성
상서성	6부 관할(이부, 병부, 호부, 형부, 예부, 공부), 정책 집행
중추원	왕명 출납, 추밀과 승선으로 구성
어사대	관리들의 비리 감찰
삼 사	화폐와 곡식의 출납과 회계 담당
도병마사 · 식목도감	중요 정책 논의(재신 + 추밀)

07 조선시대 향약과 유향소에 대한 설명으로 옳은 것은?

① 향약은 지방 유력자가 주민을 위협, 수탈하는 배경을 제공하였다.

② 유향소는 중앙과 지방의 연락 업무를 담당하였다.

③ 향약은 성종 때 처음 시행되었다.

④ 향약은 사림의 지위를 약화시켰다.

해설) 향약은 중종 때 시행되었으며 전통적 공동 조직과 미풍양속을 계승하면서, 삼강오륜을 중심으로 한 유교 윤리를 가미하여 교화 및 질서 유지를 담당하였다. 향약의 보급으로 지방 사림의 지위는 강화되었으나 향약이 지방 사림에 의해 주민을 위협 · 수탈하는 도구가 되는 부작용도 있었다.

08 다음에서 설명하는 신문은?

> • 신문으로는 여러 가지 신문이 있었으나, 제일 환영을 받기는 영국인 베델(Bethell)이 경영하는 이 신문이었다.
> • "관 쓴 노인도 사랑방에 앉아서 이 신문을 보면서 혀를 툭툭차고 각 학교 학생들은 주먹을 치고 통론"하였다.
>
> — 유광열, 〈별건곤〉 —

① 황성신문   ② 독립신문
③ 대한매일신보   ④ 한성순보

> 해설) 대한매일신보는 을사조약의 무효를 주장하고, 고종의 친서를 게재하는 등 항일 언론 활동을 활발하게 전개하였다. 또한 1907년에는 국채보상운동을 적극 후원하였다. 일제의 탄압에도 불구하고 항일운동을 펼칠 수 있었던 것은 영국인 베델이 발행인으로 참여했기 때문이었다.

09 다음에 나열된 사실들로 인하여 야기된 문제는?

> • 광개토대왕비문   • 칠지도

① 일본이 임나일본부라는 한반도 지배설을 주장하였다.
② 광개토대왕 때 고구려와 신라의 관계에 대한 기존 학설이 수정되었다.
③ 한 · 일 간에 외교문서 해석을 둘러싼 논쟁이 가열되었다.
④ 간도지방에 대한 귀속문제가 야기되었다.

> 해설) 광개토대왕비문에 쓰인 백제 정벌에 관한 내용을 일본이 19세기 말 일부를 위작하였으며, 4세기 백제왕이 일본사신을 통하여 왜왕에게 하사한 칠지도를 달리 해석하여 '임나일본부'라는 한반도 지배설의 근거로 주장하고 있다.

10 나라의 모든 근심과 걱정이 해결된다는 전설의 피리인 '만파식적'과 관련이 깊은 왕의 업적으로 옳지 않은 것은?

① 집사부를 중심으로 관료 기구를 강화하였다.
② 9주 5소경의 지방 행정 조직을 완비하였다.
③ 녹읍을 부활시켜 귀족 세력을 강화하였다.
④ 왕권의 전제화를 이루어갔다.

> **해설** 〈삼국유사〉에 신문왕이 '만파식적'을 얻었다는 기록이 있으며, 신문왕은 관료전을 지급하고 녹읍을 폐지하여 귀족 세력을 약화시켰다.

⊕ 참고

- 녹읍 : 세금을 걷을 수 있는 권리 + 농민을 지배할 수 있는 권리
- 관료전 : 녹읍과는 달리 귀족들의 농민 지배를 인정하지 않음
- 녹읍 폐지 후 관료전 지급 의미 : 귀족 약화, 왕권 강화

11 태종 무열왕에 대한 설명으로 옳은 것은?

① 독서삼품과를 마련하여 관리를 선발했다.

② 첨성대를 설치하여 천문학을 발전시켰다.

③ 진골 출신으로는 최초로 왕위에 올랐다.

④ 삼국 통일을 완성하여 왕권이 강화되었다.

> **해설** 진덕여왕의 뒤를 이을 성골이 남아 있지 않았기 때문에 진골 귀족 중에서 강력한 세력을 형성하고 있던 김춘추(태종 무열왕)가 왕위에 오르게 되었다.
> ① 원성왕
> ② 선덕여왕
> ④ 문무왕

12 발해의 경제생활에 대해 바르게 서술한 것만으로 묶은 것은?

> ㄱ. 밭농사보다 벼농사를 주로 하였다.
> ㄴ. 제철업이 발달하여 금속 가공업이 성행하였다.
> ㄷ. 어업이 발달하여 먼 바다에 나가 고래를 잡기도 하였다.
> ㄹ. 가축의 사육과 함께 모피, 녹용, 사향 등이 생산되었다.

① ㄱ, ㄴ   ② ㄱ, ㄹ

③ ㄴ, ㄷ, ㄹ   ④ ㄱ, ㄴ, ㄹ

> **해설** 발해는 냉대성 기후인 관계로 콩, 조 등의 곡물 생산이 중심인 밭농사를 주로 행하였다.

13 다음에서 설명하는 세력의 정치·사회·경제적 특권은?

> 고려 성종 이후 중앙 집권적인 국가 체제가 확립됨에 따라 새로운 지배 세력이 형성되어 갔다. 이들은 지방 호족 출신으로 중앙 관료가 된 계열과 신라 6두품 계통의 유학자들로, 정치·사회·경제적 특권을 이용해 하나의 사회 계층으로 정착되어 갔다.

① 과거제, 전시과
② 기인제, 과전법
③ 음서제, 공음전
④ 사심관제, 대농장

해설 고려 문벌 귀족의 특권
• 음서제 : 공신 또는 현직 당상관의 자손이나 친척을 과거를 통하지 않고 관리로 등용하는 제도
• 공음전 : 5품 이상 고위 관리에게 지급한 자손에게 상속 가능한 토지

14 다음 사건을 시대 순으로 바르게 나열한 것은?

> ㄱ. 을지문덕의 살수대첩
> ㄴ. 광개토대왕의 요동 정벌
> ㄷ. 강감찬의 귀주대첩
> ㄹ. 임진왜란 당시 의병들의 활약

① ㄴ → ㅁ → ㄱ → ㄹ
② ㄱ → ㄹ → ㄴ → ㄷ
③ ㄴ → ㄱ → ㄷ → ㄹ
④ ㄹ → ㄷ → ㄴ → ㄱ

해설 ㄴ. 요동 정벌(374~413)
ㄱ. 살수대첩(612)
ㄷ. 귀주대첩(1019)
ㄹ. 임진왜란(1592~1598)

15 다음 중 고려의 정치기구에 대한 설명으로 옳지 않은 것은?

① 어사대의 관원은 상서성의 이부, 병부를 합쳐 대성이라 하였다.
② 고려의 독자성을 보여 주는 관청인 도병마사와 식목도감이 있었다.
③ 중추원은 군사 기밀과 왕명의 출납을 담당하였다.
④ 삼사는 화폐와 곡식의 출납에 대한 회계를 맡았다.

해설 어사대의 관원은 중서문하성의 낭사와 함께 대간이라 하였다. 대간은 대관과 간관을 말하는데, 고려는 어사대와 중서문하성의 낭사, 조선은 사헌부와 사간원을 합쳐 부른 것이다. 이들은 국왕에 대한 간쟁·논박·서경권을 가지고 있었다.

16 고려시대 화폐 유통에 대한 설명으로 옳은 것을 모두 고른 것은?

> ㄱ. 은병인 활구가 제작되었다.
> ㄴ. 광종 때 건원중보가 제작되었다.
> ㄷ. 숙종 때 삼한통보가 제작되었다.
> ㄹ. 백성의 거래에서 주로 사용되었다.

① ㄱ, ㄴ   ② ㄴ, ㄷ

③ ㄷ, ㄹ   ④ ㄱ, ㄷ

해설) ㄱ·ㄷ. 숙종 때 삼한통보, 해동통보, 해동중보 등의 동전과 은으로 만든 화폐인 활구가 만들어졌다.
ㄴ. 성종 때 철로 만든 건원중보가 만들어졌다.
ㄹ. 자급자족적인 경제 활동이 중심이었던 고려시대에는 화폐가 널리 유통되지 못하였다.

17 조선시대 서원에 대한 설명으로 옳지 않은 것은?

① 사림 세력의 기반이 되었다.

② 불교 세력의 확장에 기여하였다.

③ 흥선대원군 때 그 수가 크게 줄었다.

④ 정부로부터 토지나 노비 등을 지원받기도 하였다.

해설) 서원은 유학자들이 학문을 연구하고 선현에 제사를 지내는 곳이다.

18 다음 내용과 관계있는 인물에 대한 설명으로 옳지 않은 것은?

> 훌륭한 재상을 선택하여, 재상에게 정치의 실권을 부여하여 위로는 임금을 받들어 올바르게 인도하고, 아래로는 백관을 통괄하고 만민을 다스리는 중책을 부여하자고 주장하였다.

① 민본적 통치 규범을 마련하였다.

② 성리학을 통치 이념으로 확립시켰다.

③ 불씨잡변을 통하여 불교를 비판하였다.

④ 규장각을 강력한 정치 기구로 육성하였다.

해설) 정도전에 대한 설명이다. 정도전은 성리학적 통치 이념을 확립하였고, 〈조선경국전〉을 쓰는 등 민본적 통치 규범을 마련하였다. 또한 재상중심의 정치를 주장하였으며, 〈불씨잡변〉을 통해 불교를 비판하였다.
규장각은 정조가 설치한 왕실 도서관이자 학술·정책 연구기관이다.

19 다음에서 설명하는 조선시대의 신분은?

> • 좁은 의미로는 기술관
> • 전문 기술이나 행정 실무를 담당

① 양 반   ② 중 인
③ 평 민   ④ 노 비

해설) 중인은 넓은 의미로는 양반과 상민의 중간 신분 계층을 뜻하고, 좁은 의미로는 기술관만을 의미한다.

20 조선 초 통치 체제의 정비 과정에 대한 설명 중 옳지 않은 것은?

① 태종 – 양전 사업과 호패법을 실시하여 호구파악에 노력하였다.
② 세종 – 왕도정치를 내세워 유교적 민본사상을 실현하려 하였다.
③ 세조 – 강력한 왕권을 행사하기 위해 통치체제를 6조 직계제로 고쳤다.
④ 성종 – 적극적인 요동수복 운동을 전개하여 토관 제도와 사민 정책을 실시하였다.

해설) 성종은 변방을 안전하게 하고 학문 진흥과 제반 문물제도를 정비하였으며, 토관 제도와 사민 정책은 세종 때 실시되었다.

21 다음 (㉠)에 대한 설명으로 옳은 것은?

> 붕당의 형성 → 예송 논쟁 → 환국 정치 → (㉠) → 세도정치

① 탕평책이 실시되었다.
② 김효원과 심의겸이 대립하였다.
③ 외척세력이 권력을 잃었다.
④ 사림파와 훈구파가 대립하였다.

해설) (㉠)에 들어갈 내용은 탕평정치에 관련된 것이다. 조선 후기 영조와 정조는 붕당의 갈등을 억제하고 왕권을 강화하고자 당파에 구애받지 않고 인재를 등용하고자 하였다.

22 조선 후기 보부상에 대한 설명으로 옳은 것은?

① 인삼을 독점 취급하였다.
② 지방 장시를 무대로 하였다.
③ 대동법의 실시로 등장하였다.
④ 금난전권의 특권을 가지고 있었다.

해설 ① 인삼을 독점 취급한 상인은 송상이다.
③ 대동법의 실시로 공인이 등장하였다.
④ 시전상인은 난전을 금할 수 있는 권리인 금난전권을 가지고 있었다.

23 다음 내용에 가장 관련이 깊은 민족 운동은?

> 농민층이 전통적 지배 체제에 반대하는 개혁 정치를 요구하고, 외세의 침략을 자주적으로 물리치려 했다는 점에서 아래로부터의 반봉건적, 반침략적 민족운동이었다.

① 위정척사운동 　　　　　② 동학농민운동
③ 갑신정변 　　　　　　　④ 임오군란

해설 동학농민운동은 봉건적 지배 체제에 반대하는 개혁 정치를 요구했고, 일제의 침략을 물리치려는 반침략적 민족운동이었다.

24 다음 내용에 해당하는 신문은?

- 국 · 한문 혼용체
- 장지연의 '시일야방성대곡'을 실어 을사조약을 비판하고 민족의식을 고취

① 한성순보   ② 황성신문

③ 독립신문   ④ 대한매일신보

> [해설] ① 우리나라 최초의 신문으로 박문국에서 간행
> ③ 서재필이 창간하였고, 한글판과 영문판으로 발행
> ④ 양기탁과 베델이 창간, 황무지 개간권 요구 반대 운동, 국채보상운동을 주도

25 3 · 1 운동 이후의 독립군에 대한 설명을 시대 순으로 바르게 나열한 것은?

ㄱ. 자유시참변
ㄴ. 신민부 조직
ㄷ. 경신참변
ㄹ. 청산리 대첩

① ㄱ → ㄹ → ㄴ → ㄷ   ② ㄱ → ㄴ → ㄷ → ㄹ

③ ㄱ → ㄴ → ㄹ → ㄷ   ④ ㄹ → ㄷ → ㄱ → ㄴ

> [해설] ㄹ. 청산리 대첩(1920) : 김좌진의 북로 군정서군과 홍범도의 대한 독립군이 청산리 일대에서 일본군 대파
> ㄷ. 경신(간도)참변(1920) : 봉오동 · 청산리 전투 패배에 대한 일본군의 보복, 간도 지역 한국인 학살
> ㄱ. 자유시참변(1921) : 대한 독립 군단의 소련령 자유시 집결, 독립군의 내부갈등으로 적색군에게 무장 해제 당함
> ㄴ. 신민부(1925) : 1925년 만주에서 조직되었던 독립 운동 단체

26 관광객들과 함께 움직이며 관광자원에 대한 해설을 하는 기법으로, 관광객들의 질문을 받으며 보조를 맞추어 이동하는 해설기법은?

① 동행해설기법   ② 담화해설기법
③ 매체이용해설기법   ④ 자기안내해설기법

> **해설** 동행해설기법은 관광객들과 장시간 동행하며 신뢰가 생긴다는 장점이 있으나, 잘못되었을 경우 분위기가 산만해지고 해설자가 외면될 수 있다.

27 다음 중 관광자원의 분류가 잘못 연결된 것은?

① 자연관광자원 – 동굴, 온천
② 위락관광자원 – 카지노
③ 사회관광자원 – 기념물, 민속문화재
④ 산업관광자원 – 공업단지

> **해설** 사회적 관광자원은 풍속, 행사, 생활, 예술, 교육, 스포츠 등 그 나라의 구성원들이 만들어낸 생활양식이다.

28 다음은 우리나라 국립공원 및 군립공원에 대한 설명으로 옳은 것은?

① 1967년 공포된 공원법에 의하여 최초로 설악산이 국립공원으로 지정되었다.
② 오대산 국립공원은 크게 동학사지구와 갑사지구로 나눌 수 있다.
③ 지리산은 팔만대장경을 소장하고 있는 명찰 해인사와도 인연이 깊은 공원이다.
④ 최초의 군립공원은 1981년 지정된 강천산이다.

> **해설** ① 1967년 공포된 공원법에 의하여 지리산이 최초로 지정되었다.
> ② 계룡산 국립공원은 크게 동학사지구와 갑사지구로 나눌 수 있다.
> ③ 가야산은 팔만대장경을 소장하고 있는 명찰 해인사와도 인연이 깊은 공원이다.

29 다음 중 대한민국의 4대강과 관련된 댐과 발원지가 바르게 연결된 것은?

① 한강 – 청평댐 – 검룡소   ② 낙동강 – 대청댐 – 황지연못

③ 금강 – 담양댐 – 용소   ④ 영산강 – 동복댐 – 뜬봉샘

> 해설 ② 낙동강 – 안동댐 – 황지연못
> ③ 금강 – 대청댐 – 뜬봉샘
> ④ 영산강 – 담양댐 – 용소

30 다음 설명에 해당하는 것은?

- 국가무형문화재
- 음력 정월 대보름 전후로 행해지던 놀이
- 함경남도에서 전해오는 탈놀이로 집집마다 다니며 춤을 추어 잡귀를 쫓는 민속놀이

① 북청사자놀음   ② 꼭두각시놀음

③ 별산대놀이   ④ 수영야류

> 해설 북청사자놀음(국가무형문화재)
> 북청사자놀음은 함경남도 북청군에서 세시풍속의 하나로 행해지던 민속극으로서, 1967년에 중요무형문화재로 지정되었다. 북한에서는 전승되지 않고 있는 것으로 나타나지만 대한민국에서는 한국전쟁 당시 월남한 연희자들에 의해 북청사자놀음이 복원되었다. 놀이의 목적은 벽사진경(辟邪進慶)에 있는데, 벽사할 능력을 가진 백수(百獸)의 왕 사자로 잡귀를 몰아내어 마을의 평안을 유지한다는 것이다. 놀이의 비용은 집집마다 돌아다니면서 벽사를 해준 후에 받는 돈과 곡식으로 충당하였다.
> *벽사진경 : 사귀를 쫓고 경사로운 일을 맞이함

31 우리나라 국립공원 중 유일하게 도시 전체가 국립공원으로 지정된 곳에 대한 설명으로 옳지 않은 것은?

① 불교유적, 왕경 · 유적이 잘 보존되어 있다.

② 세계유산으로 등재된 일본의 교토, 나라의 역사유적과 비교하여 유적의 밀집도, 다양성이 더 뛰어난 유적으로 평가된다.

③ 가야의 역사 · 문화를 한눈에 파악할 수 있을 만큼 다양한 유산이 산재해 있는 종합역사지구이다.

④ 2000년 12월 세계유산으로 등재되었다.

> 해설 경주역사유적지구는 신라의 역사와 문화를 한눈에 파악할 수 있을 만큼 다양한 유산이 산재해 있는 종합역사지구이다.

32 2007년 유네스코 세계자연유산으로 제주도 일부가 지정되었다. 지정된 지역이 아닌 것은?

① 한라산
② 성산일출봉
③ 거문오름용암동굴계
④ 섭지코지

> 해설) 제주도에서 세계자연유산으로 지정된 지역은 한라산, 성산일출봉, 거문오름용암동굴계 등 3곳이다. 한라산은 남한에서 가장 높은 산이며, 성산일출봉은 제주에 분포하는 360개의 단성화산체(Cinder Cones : 제주방언으로는 오름이라 함) 중 하나이다. 거문오름용암동굴계는 용암동굴이며, 이 동굴계 에서 세계자연유산으로 지정된 동굴은 벵뒤굴, 만장굴, 김녕굴, 용천동굴, 그리고 당처물동굴이다.

33 보호할 만한 천연기념물이 풍부한 대표적인 지역을 선정하여 지정하는 천연보호구역이 아 닌 곳은?

① 홍 도
② 창녕 우포늪
③ 성산일출봉
④ 오륙도

> 해설) 우리나라 천연보호구역은 홍도, 설악산, 한라산, 대암산 · 대우산, 향로봉 · 건봉산, 독도, 성산일출봉, 문섬 · 범섬, 차귀도, 마라도, 창녕 우포늪이 있다.

34 다음 내용과 관련이 없는 것은?

> 정조는 그의 아버지 장헌세자에 대한 효심에서 화성으로 수도를 옮길 계획을 세우고, 정조 18년 (1794년)에 성을 쌓기 시작하여 2년 뒤인 1796년에 완성하였다.

① 실학자인 홍대용과 정약용이 성을 설계하였다.
② 거중기 등의 신기재를 이용하여 과학적이고 실용적으로 쌓았다.
③ 화성은 과학적이고 합리적이며 실용적인 구조를 갖고 있다.
④ 1997년 유네스코 세계문화유산으로 등재되었다.

> 해설) 수원화성은 효심에서 근본이 되어 당파정치 근절과 왕도정치의 실현 그리고 국방의 요새로 활용하기 위해 쌓은 성으로, 실학자인 유형원과 정약용이 성을 설계하였다.

35 유네스코 세계문화유산으로 등재된 한국의 서원 중 소재지가 경상북도에 위치하지 않는 것은?

① 소수서원   ② 도산서원

③ 도동서원   ④ 병산서원

> 해설) 한국의 서원
> - 소수서원(경상북도 영주시)
> - 옥산서원(경상북도 경주시)
> - 도산서원(경상북도 안동시)
> - 병산서원(경상북도 안동시)
> - 도동서원(대구광역시 달성군)
> - 남계서원(경상남도 함양군)
> - 무성서원(전라북도 정읍시)
> - 필암서원(전라남도 장성군)
> - 돈암서원(충청남도 논산시)

36 우리나라 청동기시대의 대표적인 무덤 중의 하나인 고인돌 분포지 중 세계문화유산으로 등재된 곳이 아닌 것은?

① 전라북도 고창군 고인돌 유적

② 인천광역시 강화군 고인돌 유적

③ 전라남도 화순군 고인돌 유적

④ 충청북도 제천군 고인돌 유적

> 해설) 우리나라에는 전국적으로 약 30,000여 개에 가까운 고인돌이 분포하고 있는 것으로 알려져 있는데, 그 중 고창 · 화순 · 강화 고인돌 유적이 세계문화유산으로 등재되어 있다.

37 우리나라의 대표적인 민속춤 가운데 하나인 승무에 대한 설명으로 옳지 않은 것은?

① 국가무형문화재이다.

② 하얀 장삼에 빨간 고깔모자를 쓴다.

③ 의식성이나 종교성, 생산성, 극성, 놀이성이 전혀 담겨 있지 않은 독무이다.

④ 불교의식에서 승려가 추는 춤을 가리키는 것은 아니다.

> 해설) 승무는 흰 장삼에 붉은 가사를 걸치고, 백옥 같은 고깔과 버선코가 유난히 돋보이는 차림으로 염불, 도드리, 타령, 굿거리, 자진모리 등 장단의 변화에 따라 추는 춤이다.

38 고려시대 목조 건축물이 아닌 것은?

① 수덕사 대웅전　　　　　　　　② 봉정사 극락전
③ 강릉 객사문　　　　　　　　　④ 금산사 미륵전

해설) 금산사 미륵전은 조선시대 목조 건축물이다.

39 다음 중 성벽관련 용어와 해설이 잘못 연결된 것은?

① 적대 – 성문 양 옆에 외부로 돌출시켜 옹성과 성문을 적으로부터 지키는 대
② 여장 – 성문을 보호하기 위해 성문 밖에 쌓은 작은 성
③ 해자 – 성곽 주위로 물을 채워서 적의 침입을 막는 시설
④ 현안 – 성 밑을 살피거나 성에 접근하는 적을 겨냥해 낸 구멍

해설) ② 옹성에 대한 설명이다.
여장은 성벽 위에 설치하는 낮은 담장으로, 적으로부터 궁궐을 보호하고 적을 효과적으로 공격하기 위한 구조물이다.

40 다음 설명에 해당하는 석탑은?

> 국보이며, 자장율사가 창건한 절 안에 있는 탑으로, 그 앞에는 공양하는 모습의 석조보살좌상(국보)이 마주보며 앉아 있다.

① 익산 미륵사지 석탑　　　　　② 평창 월정사 팔각 구층석탑
③ 경주 불국사 삼층석탑　　　　④ 부여 정림사지 오층석탑

해설) 고려 전기 자장율사가 창건한 월정사 안에 있는 고려 전기 석탑인 평창 월정사 팔각 구층석탑은 당시 불교문화 특유의 화려하고 귀족적인 면모를 잘 보여주고 있다.

41 단청의 5색이 아닌 것은?

① 청(靑)　　　　　　　　　　② 백(白)
③ 흑(黑)　　　　　　　　　　④ 녹(綠)

해설) 단청의 5색은 청(靑), 백(白), 흑(黑), 황(黃), 적(赤)이다.

42 다음 중 종묘제례에 해당하는 것은?

① 땅의 신과 곡식의 신에게 드리는 국가적인 제사이다.

② 삼국시대부터 행해졌다.

③ 조선시대 역대 왕과 왕비의 신위를 모셔 놓은 사당(종묘)에서 지내는 제사를 가리키며, '대제(大祭)'라고도 부른다.

④ 공자를 모시는 사당인 문묘에서 지내는 큰 제사로, 예법과 음악이 존중되는 국가의 의례이다.

> **해설** ① · ② 사직대제이다.
> ④ 석전대제이다.

43 사물놀이의 악기로 바르게 짝지어진 것은?

① 꽹과리, 북, 소고, 징　　　　　　② 북, 장구, 징, 꽹과리

③ 북, 소고, 피리, 징　　　　　　　④ 피리, 소고, 장구, 징

> **해설** 사물놀이는 북, 장구, 징, 꽹과리의 네 가지 타악기로 연주된다.

44 우리나라 전통건축에서 단청을 사용하는 이유와 가장 거리가 먼 것은?

① 사용된 목재를 비바람이나 병충해로부터 보호하기 위함이다.

② 목재의 표면의 흠집 등을 감추기 위함이다.

③ 종교적 신앙심 및 숭배하는 마음이 크게 일어나게 하기 위함이다.

④ 건축물을 소박하고 단정하게 보이도록 하기 위함이다.

> **해설** 우리나라 전통건축에서 단청의 가장 큰 역할은 건축물을 화려하게 보이도록 하는 꾸밈의 역할이다.

45 다음 동굴 중 성격이 다른 동굴은?

① 고수굴
② 용담굴
③ 황금굴
④ 비룡굴

> **해설** 동굴의 종류
> • 석회동굴 : 고수굴, 고씨굴, 초당굴, 환선굴, 도담굴, 용담굴, 비룡굴, 관음굴, 성류굴, 연지굴, 여천굴 등
> • 용암동굴 : 만장굴, 금령사굴, 협재굴, 황금굴, 쌍용굴, 소천굴, 미천굴, 수산굴 등
> • 해식동굴 : 산방굴, 용굴, 정방굴 등

46 전라남도 순천시에 위치해 있으며 사적에 해당하고 왜구의 침입을 막기 위해 흙으로 쌓은 성이 있는 마을은?

① 안동 하회마을
② 월성 양동마을
③ 낙안 읍성마을
④ 고성 왕곡마을

> **해설** 왜군이 침입하자 처음 토성을 쌓았고, 인조 때 임경업이 낙안군수로 부임했을 때 현재의 석성으로 중수하였다.

47 다음에 해당하는 설명으로 옳은 것은?

> 농사일을 멈추고, 천신의례 및 잔치와 놀이판을 벌여 노동의 지루함을 달래고 더위로 인해 쇠약해지는 건강 회복을 기원하였으며 '호미씻'이라는 풍속이 있다.

① 칠 석
② 백 중
③ 유 두
④ 중구절

> **해설** 백중은 음력 7월 보름에 해당하며, 가장 힘든 일인 김매기가 끝난 뒤 휴식을 취하는 날로써 음식과 술을 나누어 먹으며 하루를 보내던 농민명절을 뜻한다. 일을 끝내고 '호미를 씻어둔다'는 의미로 '호미씻'으로도 불린다.

48 다음 설명에 해당하는 곳이 아닌 것은?

> • 공해 없는 자연 속에서 느림의 삶을 추구하는 국제운동이다.
> • '유유자적한 도시'라는 뜻의 이탈리아어 '치타슬로'의 영어식 표현이다.

① 신안 증도   ② 완도 청산도

③ 안동 하회마을   ④ 전주 한옥마을

해설) 위의 설명은 슬로시티에 대한 것이다. 우리나라 슬로시티는 신안 증도, 완도 청산, 담양 창평, 하동 악양, 예산 대흥, 전주 한옥마을, 상주 함창·이안·공검, 청송 부동·파천, 영월 김삿갓, 제천 수산, 태안 소원, 영양 석보, 김해 봉하마을·화포천습지, 서천 한산, 목포 외달도·달리도·1897 개항문화거리, 춘천 실레마을이 있다.

49 다음 밑줄 친 '이 산'은 무엇인가?

> 원래 이 산은 중국 산서성 청량산의 별칭으로 신라시대에 자장율사가 당나라 유학 당시 공부했던 곳이다. 그가 귀국하여 전국을 순례하던 중 태백산맥의 한가운데 있는 산의 형세를 보고 중국 이 산과 너무나 흡사하여 이 산에 그대로 같은 이름을 붙였다고 한다.

① 속리산   ② 설악산

③ 오대산   ④ 지리산

해설) 오대산은 백두대간 중심축에 위치하고 있으며 문수신앙의 본산으로, 오만보살이 상주하는 불교의 오대성지로 알려져 있다.

50 지역과 컨벤션센터의 연결이 옳은 것은?

① 경주시 – HICO

② 제주특별자치도 – BEXCO

③ 대구 – CECO

④ 부산 – COEX

해설) ② 제주특별자치도 : ICC Jeju
③ 대구 : EXCO
④ 부산 : BEXCO

제2회 실전모의고사

제1과목 관광국사

01 다음 중 고인돌이 만들어지기 시작한 시대에 대한 설명으로 옳은 것은?

① 밭농사가 처음으로 시작되었다.

② 철로 만든 농기구를 사용하였다.

③ 지배하는 사람과 지배받는 사람이 생겨났다.

④ 반지하의 움집에 살면서 정착 생활을 하였다.

해설) 고인돌 축조에 필요한 거대한 돌의 운반에는 대규모의 인력이 필요하였을 것이라는 가정에서, 이것이 지배계급들의 묘라는 주장이 있다.
①·④ 신석기시대, ② 철기시대

02 다음 글을 읽고 알 수 있는 사회의 모습은?

> 신성지역으로 소도가 있었는데, 이곳에서 천군은 농경과 종교에 대한 의례를 주관하였다. 천군이 주관하는 소도는 군장의 세력이 미치지 못하는 곳으로, 죄인이라도 도망을 하여 이곳에 숨으면 잡아가지 못하였다.

① 농경은 청동기 문화가 기반이었다.

② 강력한 왕권이 확립되었다.

③ 제정 분리 사회였다.

④ 정치적 군장 세력이 점점 강화되었다.

해설) 소도와 제사장의 존재에서 고대 신앙의 변화와 제정의 분리를 엿볼 수 있다.

03 다음 내용에 해당하는 왕은?

> 백제는 4세기 중반에 요서, 산둥, 규슈지방으로 진출하면서 활발한 대외 활동을 하여 전성기를 이루었다.

① 소수림왕　　　　　　　　　② 근초고왕

③ 고이왕　　　　　　　　　　④ 성 왕

> [해설] 백제는 4세기 중반, 근초고왕 시기에 전성기를 누렸다.

04 다음 설명과 일치하는 국가는?

> • 1세기 초부터 왕호를 사용하였다.
> • 법률로 4조목이 존재했다.
> • 왕 밑에 마가, 우가, 저가, 구가와 대사자, 사자 등의 관직이 있었다.

① 동 예　　　　　　　　　　② 고조선

③ 고구려　　　　　　　　　　④ 부 여

> [해설] 부 여
> • 만주 길림시 일대의 송화강 유역 평야 지대를 중심으로 성장
> • 농경과 목축 생활
> • 1세기 초 왕호 사용
> • 중국과 외교 관계 수립
> • 왕 아래 마가 · 우가 · 저가 · 구가
> • 대사자, 사자 등의 관직 존재
> • 순장 · 영고 · 우제점법 등의 풍속
> • 살인자 사형, 절도의 경우 물건 값의 12배 배상, 간음한 자와 투기가 심한 부인은 사형 등의 법률

05 후삼국의 성립에 대한 설명으로 옳지 않은 것은?

① 신라 무장 출신인 견훤은 후백제를 건국했다.

② 후고구려 궁예는 도읍을 철원으로 옮기면서 국호를 마진, 태봉으로 바꾸었다.

③ 후백제는 친신라 정책을 실시하였으며, 호족 포섭에도 성공하였다.

④ 견훤은 충청도와 전라도의 우세한 경제력을 토대로 군사적 우위를 확보하였다.

> [해설] 후백제는 반신라 정책, 지나친 수취, 호족 포섭 실패 등 한계를 보였다.

⊕ 참고

신라 상주 가은현에서 태어난 견훤은 지방방위에 공을 세워 비장이 되었다. 진성여왕 이후 각지에 농민봉기가 일어나자 경주를 공격하며 세력을 확장하였으며, 892년 무진주를 점령하고 스스로 왕위에 올랐다.

06 다음을 시대 순으로 바르게 나타낸 것은?

> ㄱ. 백제의 고이왕은 대방군을 공격하여 한강 유역을 장악하였다.
> ㄴ. 고구려의 소수림왕은 율령을 반포하고 불교를 공인하였다.
> ㄷ. 신라의 진흥왕은 한강 유역을 확보하고 대가야를 정복하였다.
> ㄹ. 고구려의 장수왕은 평양으로 천도하였다.

① ㄴ → ㄱ → ㄹ → ㄷ

② ㄱ → ㄴ → ㄹ → ㄷ

③ ㄴ → ㄹ → ㄷ → ㄱ

④ ㄹ → ㄷ → ㄴ → ㄱ

해설 ㄱ. 고이왕 재위(234~286) : 대방군 공격으로 한강 유역 장악, 6좌평, 관등제 도입
ㄴ. 소수림왕 재위(371~384) : 372년 불교수용, 373년 율령반포
ㄹ. 장수왕 재위(413~491) : 427년 평양천도
ㄷ. 진흥왕 재위(540~576) : 562년 대가야 멸망

07 통일신라시대 중앙과 지방 제도에 대한 설명으로 잘못된 것은?

① 지방은 전국을 9주로 나누었다.

② 중앙군인 9서당은 신라인들로만 편성하였다.

③ 변방인 한주에는 2개의 군단을 설치하였다.

④ 말단 행정구역으로 촌, 향, 부곡 등이 있었다.

해설 통일신라시대의 중앙군인 9서당은 민족융합정책의 일환으로 신라인, 고구려인, 백제인은 물론 말갈족까지 포함시켜 편성하였다.

08 다음 밑줄 그은 '왕'의 업적으로 옳은 것은?

> 왕은 나라를 다스린 지 21년 만에 돌아가셨는데, 유언에 따라 동해의 큰 바위에 장사를 지냈다. 왕은 살아계실 때 "나는 죽은 뒤에 나라를 지키는 큰 용이 되어 불법(佛法)을 받들고 국가를 수호할 것이오"라고 지의 법사에게 곧잘 말씀하셨다.
>
> — 〈삼국유사〉 —

① 직계 자손만이 왕위 세습 ② 삼국통일, 나·당 전쟁 승리

③ 체제정비, 김흠돌의 반란 진압 ④ 백성에게 정전 지급

해설) 제시된 이야기는 신라 문무왕이 삼국을 통일하고 동해의 용이 되어 나라를 지키겠다는 유언을 하고 묻혔다는 대왕암에 관한 것으로, 문무왕은 삼국을 통일하고 나·당 전쟁을 승리로 이끌었다.
① 태종 무열왕
③ 신문왕
④ 성덕왕

09 발해의 대외관계에 대해 바르게 설명한 것은?

① 8세기 문왕 때 전성기를 이루었다.

② 발해는 신라와 '같은 민족'이란 생각에 활발한 민족 교류를 했다.

③ 말갈인을 지배하고, 일본과도 통교했다.

④ 신라와 연합해서 당을 공격하였다.

해설) ① 발해는 9세기 초 선왕 때 고구려의 옛 영토 대부분을 회복하여 당이 '해동성국'이라 지칭할 만큼의 전성기를 누렸다.
② 신라와는 대립관계였으나 사신을 교환하고, 무역을 행하였다.
④ 신라에 대항하기 위하여 일본과 자주 통교하였다.

10 고려 광종이 실시한 정책으로 옳지 않은 것은?

① 노비안검법을 실시하여 호족의 세력을 약화시켰다.

② 과거제도를 시행하여 유학을 익힌 신진 인사를 등용하였다.

③ 공신과 호족 세력을 제거하여 왕권을 강화하였다.

④ 지방관을 파견하고 향리제도를 마련하여 지방 세력을 견제하였다.

해설) 광종은 ①·②·③ 외에도 지배층의 위계질서를 확립하기 위하여 백관의 공복을 제정하였고, 국왕의 권위를 높이기 위해 황제를 칭하고, 광덕·준풍 등 독자적인 연호를 사용하였다.
④ 성종이 실시한 정책이다. 성종은 지방관의 파견 외에도 중앙관제 정비(2성 6부), 국자감 설치, 의창·상평창 설치, 도병마사·식목도감 설치, 연등회·팔관회 폐지 등의 업적이 있다.

11 고려시대의 사회 모습으로 적절하지 못한 것은?

① 여성은 제사를 지낼 수 있었다.

② 여성은 재산 상속에서 제외되었다.

③ 사위는 음서의 혜택을 받을 수 있었다.

④ 남성의 처가살이가 일반화되었다.

> 해설) 고려시대에는 남녀의 구분 없이 재산을 동등하게 상속받았다.

12 다음 중 고려의 농민 생활로 바르게 설명한 것은?

① 민전을 소유하고 있는 자는 생산량의 절반을 귀족에게 납부해야 한다.

② 매년 정기적으로 내야 하는 별공은 농민들에게는 큰 부담이 되었다.

③ 밭농사에서는 2년에 3번 농사를 지을 수 있는 윤작법이 보급되어 생산량이 증가되었다.

④ 논농사에서도 이앙법이 전국으로 확대되었다.

> 해설) 고려시대 밭농사는 2년에 3번 농사를 지을 수 있는 윤작법이 보급되어 생산량이 증가되었다. 고려 말 남부지방 일부에 이앙법이 보급되었고, 시비법의 발달로 휴경지가 감소하고 농기구와 종자 개량이 이루어졌다.

13 다음에서 설명하는 화폐는?

> 고려 숙종 때 은으로 처음 만들어진 은화로, 전화(錢貨)와 함께 통용하게 했으며 고려의 지형을 본떠서 만들어 은병이라고도 불렸다.

① 활 구

② 건원중보

③ 삼한통보

④ 해동통보

> 해설) ② 고려시대 성종 때 주도된 한국 최초의 화폐로 외형은 둥글고 가운데에는 네모의 구멍이 있다.
> ③ 고려시대의 화폐로 상하좌우에 삼한통보라는 글자가 각각 한 글자씩 새겨져 있다.
> ④ 고려시대 금속화폐(동전)의 일종으로 화폐 유통에 적극적인 경제정책이 추진되던 숙종 7년에 주조되었다.

14 다음 중 조선시대 조광조의 개혁 정책으로 옳은 것을 모두 고른 것은?

> ㄱ. 현량과 실시
> ㄴ. 소격서 폐지
> ㄷ. 소학 보급
> ㄹ. 삭제되었던 위훈을 원상으로 복구

① ㄱ

② ㄱ, ㄴ

③ ㄱ, ㄴ, ㄷ

④ ㄱ, ㄴ, ㄷ, ㄹ

해설) 조광조를 비롯한 당시의 사림은 경연의 강화, 현량과 실시, 언론 활동의 활성화, 위훈 삭제, 소격서의 폐지, 향약과 소학 보급, 방납의 폐단 시정 등을 주요 정책으로 삼았다.

⊕ 참고 위훈 삭제 사건

중종반정 때 공을 세운 공신들 중 자격이 없다고 평가된 사람들의 공신 자격을 박탈하고 토지와 노비를 환수한 사건으로, 조광조를 비롯한 사림파가 정국공신의 수가 너무 많음을 지적하면서 성희안은 반정을 하지 않았는데도 공신이 되었고, 유자광은 친척들의 권세를 위해 반정에 참여했는데 이는 소인들의 반정정신이라고 비판했다. 그에 따라 반정공신을 개정하고, 50여 명은 삭제해야 한다는 위훈 삭제를 강력히 주장했다.

15 조선 세종 때에 있었던 일이 아닌 것은?

① 대마도를 정벌하여 왜구를 소탕하였다.

② 여진족을 몰아내고 4군 6진을 설치하였다.

③ 나라의 기본 법전인 〈경국대전〉이 완성되었다.

④ 한글을 창제하고 많은 과학기술을 발달시켰다.

해설) 조선 초기 세종은 집현전을 설치하여 학문하는 풍조를 만들었고, 한글을 창제하였으며, 과학기술을 발달시켰다. 또한 유능한 재상을 등용하였으며, 4군(최윤덕)과 6진(김종서)을 개척하여 북방으로 영토를 확장시켰다. 그리고 대마도를 정벌하여 왜구를 소탕하였다.
③ 〈경국대전〉은 성종 시기에 완성되었다.

16 다음과 같은 내용이 실려 있는 책으로 옳은 것은?

> 1월에는 농기구를 정리하고 소를 길러 거름을 만들며, 밤이면 새끼를 꼰다.
> 2월에는 물길을 정리하고 밭을 간다.
> 〈중략〉
> 10월에는 무, 배추를 뽑아서 김장을 준비한다.

① 농사직설   ② 동의보감

③ 삼강행실도   ④ 훈민정음

해설) 세종 때 간행된 〈농사직설〉은 우리의 풍토에 맞는 씨앗의 저장법, 토질의 개량법, 모내기법 등이 담겨 있어 우리나라의 풍토에 맞는 농법을 확산시키고자 하였다.

17 다음 내용에서 밑줄 친 ㄱ~ㄹ과 관련된 설명으로 옳지 않은 것은?

> 조선시대에는 ㄱ. 과거를 통해 관리를 선발하였으나, ㄴ. 음서, ㄷ. 취재, ㄹ. 천거 등과 같은 방법으로도 관리로 진출할 수 있었다.

① ㄱ - 문과, 무과, 잡과가 있었다.

② ㄴ - 5품 이상 관리인 고위 관료의 자손들에게 혜택을 주었다.

③ ㄷ - 특별 채용시험으로 하급 실무직에 임명되었다.

④ ㄹ - 대개 기존 관리들을 대상으로 하였다.

해설) 5품 이상 관리인 고위 관료의 자손들에게 혜택을 준 것은 고려시대이며, 조선시대에는 3품 또는 2품 이상 관직자의 자손에게 주어졌으므로 고려시대보다 대상이 축소되었다.
③ ㄷ - 취재 : 조선시대 하급관리를 채용하기 위해 실시한 과거

18

다음 내용과 같은 문제를 해결하기 위해 시행된 방법으로 옳지 않은 것은?

> 농민들은 지주 전호제 확대, 자연 재해, 고리대, 세금 부담 등으로 인해 소작농이 되거나 고향을 떠나 유랑하게 되었다.

① 호패법을 강화하였다.

② 구황방법을 제시하였다.

③ 직전법을 실시하였다.

④ 오가작통법을 강화하였다.

해설 직전법은 관리들에게 줄 토지가 부족한 상황을 해결하기 위해 실시되었다.
① 호패법 : 조선 태종 때 처음 실시된 제도로 16세 이상의 양인 남자에게 현재의 주민등록증과 같은 호패를 지니고 다니게 하던 제도이다. 호패에는 그 소유자의 이름, 직업, 계급 등이 기록되어 있고, 전국의 인구 동태를 파악하고 조세 징수와 군역 부과에 활용하기 위해 실시하였다.
② 구황 : 기근이 심할 때 빈민들을 굶주림에서 벗어나도록 구제하는 일을 말한다. 조, 피, 기장, 메밀, 고구마, 감자처럼 열악한 조건에서도 수확을 얻을 수 있는 작물을 구황작물이라고 한다.
④ 오가작통법 : 성종 시기에 경국대전에 올라 채택된 다섯 집을 1통으로 묶는 호적의 보조조직으로 호구를 밝히고 범죄자 색출, 세금징수, 부역 동원 등을 효율적으로 하기 위해 만들어졌다. 헌종 때에는 가톨릭교도를 색출하는 데 이용되기도 하였다.

19

다음은 조선 후기 경제 동향을 나타낸 것이다. 괄호 안에 들어갈 내용으로 옳은 것은?

> 이앙법 확대 → 노동력 절감, 생산력 증대 → 광작의 유행 → (   )

① 봉건질서의 복구

② 국가재정의 확보

③ 농민층 계층분화

④ 향촌자치제의 강화

해설 조선 후기의 광작 · 이앙법의 발달 등은 농민계층의 분화를 촉진시켰고, 도고의 성장, 납포장의 증가는 상인과 공장 등의 계층분화를 촉진시켰다.

20 다음 자료와 관련된 사건에 대한 옳은 설명을 모두 고른 것은?

> 1. 청에 대한 조공의 허례를 폐지한다.
> 2. 문벌을 폐지하고 능력에 따라 인재를 임명한다.
> 9. 혜상공국을 폐지한다.
> 13. 대신과 참찬이 정령을 의결하고 반포한다.
>
> — 〈갑신일록〉 —

> ㄱ. 아래로부터의 지지를 받은 민중혁명이었다.
> ㄴ. 급진 개화파들이 주도적으로 참여하였다.
> ㄷ. 청의 내정 간섭이 줄어들고 일본의 간섭이 심화되었다.
> ㄹ. 우리나라 근대화 운동의 선구였다.

① ㄱ, ㄴ   ② ㄱ, ㄷ

③ ㄴ, ㄹ   ④ ㄷ, ㄹ

해설) 자료는 갑신정변을 주도한 개화당의 14개조 정강이다.
　　　　ㄱ. 갑신정변은 소수의 선각자에 의한 위로부터의 개혁이었다.
　　　　ㄷ. 청의 무력간섭으로 실패하여 청의 내정 간섭이 더욱 심화되었다.

21 동학농민운동의 전개 과정 중 (㉠)시기에 설치된 농민개혁기구의 명칭은?

> 고부 농민 봉기 → 전주 화약 → (㉠) → 우금치 전투

① 집강소   ② 교정청

③ 통리기무아문   ④ 군국기무처

해설) 집강소는 동학 농민군이 전주성을 점령한 뒤 호남 지방 각 군현에 설치하여 신분제의 폐지와 토지의
　　　균등 분배 등을 목표로 개혁을 추진하던 농민자치기구이다.
　　　② 동학 농민군과 정부 사이에 전주화약 체결 후, 농민군의 요구사항을 바탕으로 자주적인 개혁을 추
　　　　진하기위해 설치되었으나 군국기무처가 설치되며 폐지
　　　③ 강화도 조약 이후, 1880년 개화 정책을 추진하기 위해 설치한 기구
　　　④ 1894년 갑오개혁에서 실시한 개혁 내용을 추진하기 위해 일본의 강요로 새롭게 만든 최고 정책 결
　　　　정 기관

22 단군 신앙을 기반으로 창시되어 항일 운동에 적극적으로 참여하였던 민족 종교는?

① 천주교   ② 천도교

③ 불 교   ④ 대종교

해설) 대종교는 단군 신앙을 기반으로 창시되어 항일 운동을 한 민족 종교이다.

23 다음 사건을 시대 순서대로 나열한 것은?

> ㄱ. 3 · 1 운동
> ㄴ. 6 · 10 만세운동
> ㄷ. 광주학생항일운동
> ㄹ. 상해 임시정부 수립

① ㄱ → ㄹ → ㄴ → ㄷ   ② ㄱ → ㄴ → ㄷ → ㄹ

③ ㄱ → ㄴ → ㄹ → ㄷ   ④ ㄹ → ㄱ → ㄴ → ㄷ

해설) 3 · 1 운동(1919.3.1) → 상해 임시정부 수립(1919.4.13) → 6 · 10 만세운동(1926.6.10) → 광주학생항일 운동(1929.11.3)

24 대한민국 임시정부에 대한 설명 중 옳지 않은 것은?

① 3권 분립 헌정 체제를 갖추었다.
② 민주주의에 입각한 근대적 헌법을 갖추었다.
③ 임시정부 수립과 더불어 광복군을 창설하였다.
④ 민주 공화제와 대통령제를 채택하였다.

해설 임시정부는 1919년에 수립되었고 광복군은 1940년에 창설되었다.

25 다음의 사실이 시대 순으로 바르게 나열한 것은?

> ㄱ. 모스크바 3상회의
> ㄴ. 얄타 회담
> ㄷ. 카이로 회담
> ㄹ. 포츠담 선언

① ㄱ → ㄹ → ㄴ → ㄷ   ② ㄷ → ㄴ → ㄹ → ㄱ
③ ㄴ → ㄹ → ㄱ → ㄷ   ④ ㄹ → ㄴ → ㄷ → ㄱ

해설
- 카이로 회담(1943. 11) : 한국 독립 최초 결의
- 얄타 회담(1945. 2) : 미·영·소 3국이 신탁통치 논의, 남북분단 가능성
- 포츠담 선언(1945. 7) : 미·영·중·소 4개국의 신탁통치, 카이로 회담의 재확인
- 모스크바 3상회의(1945. 12) : 한반도에 통일정부 수립, 미·소 공동 위원회 설치, 5년간 4대 강국이 신탁 통치

26 문화재의 분류 중 다음 설명에 해당하는 것은?

> • 역사상으로 남아 있는 조개무덤, 궁터, 절터, 옛무덤, 성터 등이 속하는 문화재
> • 역사적 · 학술적 가치가 큰 것

① 민속문화재   ② 무형문화재

③ 유형문화재   ④ 기념물

해설   기념물(문화재보호법 제2조 제1항 제3호)
- 절터 · 옛무덤 · 조개무덤 · 성터 · 궁터 · 가마터 · 유물포함층 등의 사적지와 특별히 기념이 될 만한 시설물로서 역사적 · 학술적 가치가 큰 것
- 경치 좋은 곳으로서 예술적 가치가 크고 뛰어난 것
- 동식물 · 지형 · 지질 · 광물 · 동굴 · 생물학적 생성물 또는 특별한 자연현상으로서 역사적 · 경관적 또는 학술적 가치가 큰 것

27 특산물과 지역이 바르게 연결된 것은?

① 고추 – 전주   ② 곶감 – 상주

③ 대추 – 나주   ④ 유기 – 곡성

해설   ① 고추 : 영양
③ 대추 : 밀양, 봉화
④ 유기 : 안성

28 다음 설명에 해당하는 전통 문화재는?

> • 음력 5월 5일로 '높은 날' 또는 '신(神) 날'이란 뜻의 수릿날에 한다.
> • 양반과 소매각시, 장자머리, 시시딱딱이가 가면을 쓴다.

① 강릉단오제 관노가면극   ② 북청사자놀음

③ 하회별신굿탈놀이   ④ 양주별산대놀이

해설   강릉단오제는 우리나라에서 가장 역사가 깊은 축제로, 마을을 지켜주는 대관령 산신에게 제사하고, 마을의 평안과 농사의 번영, 집안의 태평을 기원한다. 단오제에서는 양반과 소매각시, 장자머리, 시시딱딱이가 가면을 쓰고 대사가 없는 관노가면극놀이를 하거나, 그네뛰기, 씨름, 농악경연대회, 창포머리감기, 수리취떡먹기 등 다양한 행사가 개최된다.

29 신라양식을 계승하면서도 조금씩 변화를 보이는 고려의 석탑은?

① 개심사지 오층석탑   ② 금산사 육각다층석탑

③ 운주사 원형다층석탑   ④ 월정사 팔각구층석탑

해설 ② · ③ · ④ 4각의 기본형을 벗어난 새로운 유형의 탑들이다.

30 단청에 대한 설명으로 옳지 않은 것은?

① 건물의 성격을 표현한다.

② 다섯가지 색을 기본으로 사용한다.

③ 회화적인 면이 많다.

④ 마을 지킴이 역할을 한다.

해설 단청이란 청색, 적색, 황색, 백색, 흑색 등 다섯가지 색을 기본으로 사용하여 건축물이나 공예품 등에 무늬와 그림을 그려 아름답게 채색하는 것을 말한다.
④ 장승에 대한 설명이다.

31 다음 중 천연기념물이 아닌 것은?

① 산천어   ② 진돗개

③ 크낙새   ④ 측백나무 숲

해설 ② · ③ · ④ 천연기념물

32 이순신장군의 유적과 관계 깊은 국립공원에 대한 설명이 아닌 것은?

① 우리나라 해남의 최고 해상경관으로 1968년에 국립공원으로 지정되었다.

② 학의 서식지였던 학섬이 있는 곳으로, 조류의 연구 대상지로 유명하다.

③ 천연기념물 팔손이나무 자생지, 백로 및 왜가리 번식지가 있다.

④ 천리포, 만리포, 몽산포, 연포, 학암포 등 해수욕장이 있다.

해설 이순신장군의 유적이 있는 곳은 한려해상 국립공원이다. 천리포, 만리포, 몽산포, 연포, 학암포 등 해수욕장이 있는 곳은 태안해안 국립공원이다.

33 천연기념물 중 나무 전체가 하얀 꽃으로 뒤덮여 꽃의 모습이 밥그릇의 흰쌀밥 같다고 하여 이름 붙여진 나무는?

① 미선나무   ② 이팝나무
③ 측백나무   ④ 은행나무

> 해설) 이팝나무란 이름은 꽃이 필 때 나무 전체가 하얀 꽃으로 뒤덮여 이밥, 즉 쌀밥과 같다고 하여 붙여진 나무이다. 김해 천곡리, 순천 평중리 등의 이팝나무가 천연기념물로 지정되어 있다.

34 다음 중 국가무형문화재가 아닌 것은?

① 기와밟기   ② 강강술래
③ 동래야류   ④ 북청사자놀음

> 해설) ② · ③ · ④ 국가무형문화재

35 다음 설명에 해당하는 국가무형문화재는?

> • 정월대보름을 전후하여 안동지방에서 행해지던 민속놀이이다.
> • 후백제의 견훤과 고려 태조 왕건의 싸움에서 비롯되었다는 설이 전해진다.

① 강강술래   ② 동래야류
③ 별산대놀이   ④ 차전놀이

> 해설) 안동 차전놀이는 정월대보름을 전후하여 안동지방에서 행해지던 민속놀이의 하나로 동채싸움이라고도 부른다. 유래에 대하여 정확한 기록은 없으나 후백제의 견훤과 고려 태조 왕건의 싸움에서 비롯되었다는 설이 전해진다.

36 우리나라에서는 최초로 임금이 이름을 지어 내린 사액서원이자 사학(私學)기관인 소수서원에 대한 설명으로 맞는 것은?

① 고려 말기 개혁세력이었던 지방 중소지주 출신인 안향이 세웠다.

② 조선 중기의 서예가 한석봉이 현판을 썼다.

③ 조선 명종 때 풍기군수 주세붕의 요청에 의해 '소수서원'이라 사액을 받았다.

④ '소수'라는 말은 "이미 무너진 유학을 다시 이어 닦게 했다"는 뜻을 담고 있다.

> 해설 조선 중종 37년(1542)에 풍기군수 주세붕(周世鵬)이 안향(安珦)을 제사하기 위해 사당을 세웠다가, 중종 38년(1543)에 유생들을 교육하면서 백운동서원이라 하였다. 명종 5년(1550)에는 풍기군수 이황의 요청에 의해 '소수[이미 무너진 유학을 다시 이어 닦게 했다(旣廢之學紹而修之)]서원'이라 사액을 받고 나라의 공인과 지원을 받게 되었다.

37 다음에서 설명하는 유적지의 명칭으로 옳지 않은 것은?

> • 창덕궁 내에 있으며 조선조 왕이 가장 오랫동안 머문 곳으로 가장 한국적 자연의 모습을 간직한 정원
> • 형태나 수법이 다양하여 순한국식 건축양식과 조경양식을 볼 수 있는 곳

① 비 원   ② 후 원

③ 북 원   ④ 경 원

> 해설 창덕궁 후원의 명칭은 원래 후원·북원·금원으로 불렸으며, 1904년 일제 강점기부터 비원으로 불려졌다.

38 우리나라 민속문화마을인 '양동마을'에 대한 설명으로 맞는 것은?

① 민속적 전통과 건축물을 잘 보존한 풍산류씨의 씨족마을이다.

② 국가민속문화재에 속한다.

③ 대표적 가옥으로는 겸암정사가 있다.

④ 유네스코 지정 세계자연유산이다.

> 해설 ① · ③ 안동 하회마을에 대한 설명이다.
> ④ 2010년 7월 유네스코 세계문화유산으로 등재되었다.

39 유네스코 세계문화유산이 아닌 것은?

① 창덕궁   ② 한양도성

③ 조선왕릉   ④ 종 묘

해설) 유네스코 세계문화유산
석굴암 · 불국사, 해인사 장경판전, 종묘, 창덕궁, 화성, 경주역사유적지구, 고창 · 화순 · 강화 고인돌 유적, 조선왕릉, 한국의 역사마을 하회 · 양동, 남한산성, 백제역사유적지구, 한국의 산지승원, 한국의 서원

40 국가무형문화재인 종묘제례에 대한 설명으로 옳지 않은 것은?

① 정시제는 4계절의 첫 번째 달인 1월, 4월, 7월, 10월에 지냈다.

② 임시제는 나라에 좋은 일과 나쁜 일이 있을 때 지냈다.

③ 보태평과 정대업 두 모음곡이 연주된다.

④ 해방 후부터는 5월과 9월 첫 일요일에 두 번 지내고 있다.

해설) 해방 후부터는 5월 첫 일요일에 한 번만 지내고 있고, 제사를 지내는 예법이나 예절에 있어서 모범이 되는 의식인 만큼 순서와 절차는 엄격하고 장엄하게 진행된다.

41 관광자원의 특성으로 옳지 않은 것은?

① 모방성   ② 매력성

③ 유인성   ④ 유형성

해설) 관광자원의 특징으로는 무형성, 매력성, 유인성, 유형성 등이 있다.

42 다음 내용과 관계 있는 산은?

수달래, 천년이끼, 송이버섯, 회양목

① 무등산   ② 월악산

③ 주왕산   ④ 내장산

해설) 주왕산에서 손꼽히는 4대 명물은 수달래, 천년이끼, 송이버섯, 회양목이다.

43 다음에서 설명하는 것은?

> 현재 1623년부터 1910년까지의 기록만 전해지며 왕명의 출납과 행정 사무 등을 기록한 일기로, 국보이다. 2001년 유네스코 세계기록유산에 등재되었다.

① 동의보감
② 조선왕조의궤
③ 승정원일기
④ 일성록

해설) 승정원일기는 왕을 보좌하는 승정원에서 왕명 출납과 의례적 사항 등을 기록한 일기이다.

44 덕수궁 석조전에 대한 설명으로 옳은 것은?

① 고종황제가 거처하던 황제의 생활공간이다.
② 고종황제가 서거한 곳이다.
③ 조선 후기 마지막 왕실 침전 건물로 건축사 연구에 좋은 자료가 된다.
④ 근대식 석조 건물이다.

해설) ① · ② · ③ 덕수궁 함녕전에 대한 설명이다.

45 다음에서 설명하고 있는 산은 어디인가?

> 지리산에 이어 1968년 12월 31일 두 번째 국립공원으로 지정되어 관리되고 있으며, 동학사, 갑사, 신원사 등의 고찰이 자리하고 있다.

① 계룡산
② 내장산
③ 월악산
④ 월출산

해설) 계룡산은 행정구역상으로는 충남 공주시에 주로 위치하면서 일부가 대전광역시와 논산시, 계룡시에 걸쳐 있다.

46

북한산 진흥왕 순수비에 대한 설명으로 옳지 않은 것은?

① 한강 유역을 영토로 편입한 뒤 왕이 이 지역을 방문한 것을 기념하기 위하여 세운 것이다.

② 현재는 경복궁에 보관되어 있다.

③ 추사 김정희가 발견하고 판독하여 세상에 알려졌다.

④ 삼국시대의 역사를 연구하는 데 귀중한 자료가 되고 있다.

해설 북한산 진흥왕 순수비는 원래 북한산 비봉에 자리하고 있었으나 비(碑)를 보존하기 위하여 경복궁에 옮겨 놓았다가 현재는 국립중앙박물관에 보관되어 있다.

47

다음 중 신라시대 문화재에 대한 설명이 아닌 것은?

① 첨성대는 동양에서 가장 오래된 천문대로 그 가치가 높다.

② 경주 포석정지는 신라시대 연회장소로 젊은 화랑들이 풍류를 즐기던 곳이다.

③ 분황사 석탑은 돌을 벽돌 모양으로 다듬어 쌓아올린 모전석탑이다.

④ 석굴암은 중국 석굴을 모방해서 자연암석을 파서 만든 석굴이다.

해설 석굴암은 신라 경덕왕 10년에 김대성이 창건을 시작하여 혜공왕 10년에 완성하였다. 석굴암 석굴의 구조는 입구인 직사각형의 전실(前室)과 원형의 주실(主室)이 복도 역할을 하는 통로로 연결되어 있다. 360여 개의 넓적한 돌로 원형 주실의 천장을 교묘하게 구축한 건축 기법은 세계에 유례가 없는 뛰어난 기술이다.

48

우리나라 5대 적멸보궁으로 바르게 짝지어진 것은?

ㄱ. 오대산 상원사	ㄴ. 속리산 법주사
ㄷ. 사자산 법흥사	ㄹ. 영축산 통도사
ㅁ. 태백산 정암사	ㅂ. 가야산 해인사
ㅅ. 설악산 봉정암	

① ㄱ, ㄴ, ㄷ, ㄹ, ㅁ

② ㄱ, ㄴ, ㄹ, ㅁ, ㅅ

③ ㄱ, ㄷ, ㄹ, ㅁ, ㅅ

④ ㄷ, ㄹ, ㅁ, ㅂ, ㅅ

해설 우리나라 5대 적멸보궁이 있는 절은 영축산 통도사, 오대산 상원사, 사자산 법흥사, 태백산 정암사, 설악산 봉정암이다.

49 자연휴양림에 대한 설명으로 옳지 않은 것은?

① 보건 · 휴양의 기능이 있다.

② 입지는 농촌, 산촌이 좋다.

③ 도시에서 일어나는 위락지역이다.

④ 산림교육장이다.

> 해설) 자연휴양림은 하이킹, 캠프, 스키, 산림욕 등 국민의 보건 · 휴양에 폭넓게 이용되는 것을 목적으로 지정하여 정비한 산림지역이다.

50 다음과 같은 관광자원이 있는 산은?

비로봉, 장각폭포, 문장대, 법주사, 쌍사자 석등, 팔상전, 정이품송

① 속리산　　　　　　　　　② 지리산

③ 오대산　　　　　　　　　④ 월악산

> 해설) 속리산은 1970년 3월에 국립공원으로 지정되었으며, 충북 보은군과 경북 상주시에 걸쳐있다.

제 **3** 회 실전모의고사

제1과목 관광국사

01 신석기시대의 생활상으로 맞는 것은?

① 혈연을 바탕으로 한 씨족을 기본 구성단위로 하였다.

② 민무늬 토기가 유행하였다.

③ 일부 저습지에서 벼농사를 지었다.

④ 움집의 형태가 가운데 있던 화덕이 벽 쪽으로 가고 저장 구덩이가 있었다.

> 해설 ② 민무늬 토기는 청동기시대에 유행했으며, 신석기시대에는 빗살무늬 토기가 대표적이다.
> ③ 신석기시대에는 벼농사를 짓지 않았으며, 저습지에서 벼농사를 지은 시기는 청동기시대이다.
> ④ 신석기시대에는 중앙에 화덕이 위치하였으며, 남쪽으로 출입문이 위치하였고, 화덕이나 출입문 옆 저장 구덩이에 식량이나 도구를 저장하였다.

02 다음 자료에 해당하는 나라는?

> • 천안, 익산, 나주 지역을 중심으로 하여 경기, 충청, 전라 지방에서 발전
> • 54개의 소국으로 구성(모두 10여만 호)

① 옥 저

② 동 예

③ 변 한

④ 마 한

> 해설 마한은 삼한 중 세력이 가장 컸으며, 목지국의 지배자가 마한왕 또는 진왕으로 추대되어 삼한 전체의 주도 세력이 되었다.

03 다음 중 백제 무령왕릉에 대한 설명으로 옳지 않은 것은?

① 무령왕릉은 웅진, 지금의 공주에 있다.

② 금제관장식은 공주 송산리에 있는 무령왕릉에서 발견된 유물이다.

③ 중국ㆍ일본과 활발한 교류를 전개한 백제사회의 국제성을 엿볼 수 있다.

④ 중국 남조의 영향을 받은 벽화도 발견되었다.

해설 무령왕릉은 벽돌무덤으로 중국 남조의 영향을 받았지만 벽화는 그려져 있지 않다.

04 다음 중 삼국 문화에 대한 설명으로 맞는 것은?

① 고구려 고분 벽화에는 사신도와 주작, 현무가 그려져 있었다.

② 천마총은 굴식 돌방무덤으로 천마도라는 벽화가 발견되었다.

③ 삼국의 모든 고분에는 벽화가 있다.

④ 신라의 고분양식은 굴식 돌방무덤으로 모줄임 천장 구조이다.

해설 ② 천마총은 돌무지 덧널무덤이며, 천마도는 벽화가 아니다.
③ 벽화는 삼국의 모든 고분에 있는 것이 아니라 굴식 돌방무덤에서 주로 출토되었고, 신라의 것으로 벽화가 없는 돌무지 덧널무덤도 발견되었다.
④ 발해의 정혜 공주 묘는 굴식 돌방무덤으로 모줄임천장 구조이다.

05 다음 사건들을 시대 순으로 바르게 나열한 것은?

> ㄱ. 정동행성 설치
> ㄴ. 고려의 북진정책
> ㄷ. 처인성 전투
> ㄹ. 별무반

① ㄱ → ㄴ → ㄷ → ㄹ

② ㄹ → ㄷ → ㄱ → ㄴ

③ ㄱ → ㄷ → ㄴ → ㄹ

④ ㄴ → ㄹ → ㄷ → ㄱ

해설 북진정책(고려 초) → 별무반(1104) → 처인성 전투(1232) → 정동행성 설치(1280)

06 고려시대의 불교계 동향으로 옳지 않은 것은?

① 의천은 천태종을 창시하여 이를 뒷받침할 사상적 바탕으로 교관겸수를 제창하였다.

② 혜심은 화엄사상을 기본으로 교단을 설립하였다.

③ 지눌은 수선사 결사를 제창하였고, 정혜쌍수를 바탕으로 돈오점수를 주장하였다.

④ 요세는 백성의 신앙적 욕구를 고려하여 백련결사를 제창하였다.

해설) 혜심은 유불일치설을 주장하여 심성의 도야를 강조했고, 장차 성리학을 수용할 수 있는 사상적 토대를 마련하였다.

07 괄호 안에 들어갈 인물은 누구인가?

> 삼국통일 이후 신라와 당의 문화 교류가 활발해지면서 당에 건너가 공부하는 유학생이 많아졌다. 그 중에서 ( )은(는) 당의 빈공과에 급제하고 문장가로 이름을 떨친 후 귀국하여 개혁안 10여 조를 건의하였으나, 받아들여지지 않았다.

① 최승로　　　　　　　　　　② 최치원
③ 김대문　　　　　　　　　　④ 신 돈

해설) 최치원
- 도당 유학생
- 당의 빈공과 급제
- 개혁안 10여 조 건의
- 〈토황소격문〉, 〈계원필경〉, 〈제왕연대력〉, 〈사산비명〉 등 저술

08 '정치제도가 정비되어 국호를 신라로 바꾼 왕'의 업적을 보기에서 모두 고른 것은?

> ㄱ. 우산국 복속　　　　　　ㄴ. 병부의 설치
> ㄷ. 율령의 반포　　　　　　ㄹ. 순장 금지

① ㄱ, ㄴ　　　　　　　　　　② ㄱ, ㄷ
③ ㄴ, ㄹ　　　　　　　　　　④ ㄱ, ㄹ

해설) 지증왕(재위 500~514)
- 국호를 신라로 개정
- '왕' 칭호 사용(마립간 → 왕)
- 우산국(울릉도) 복속
- 우경 시작
- 순장 금지

09

다음 중 시대 순으로 바르게 된 것은?

ㄱ. 살수대첩	ㄴ. 안시성 싸움
ㄷ. 나·당 전쟁	ㄹ. 고구려 멸망
ㅁ. 백제 멸망	

① ㄴ → ㄱ → ㅁ → ㄹ → ㄷ
② ㄱ → ㄴ → ㅁ → ㄹ → ㄷ
③ ㄴ → ㄹ → ㅁ → ㄷ → ㄱ
④ ㄹ → ㄷ → ㅁ → ㄴ → ㄱ

해설 살수대첩(612) → 안시성 싸움(645) → 백제 멸망(660) → 고구려 멸망(668) → 나·당 전쟁(670~676)

10

신라의 삼국 통일이 갖는 의미로 적절한 것은?

나·당 연합군 결성 → 백제 멸망(660) → 고구려 멸망(668) → 나·당 전쟁(매소성 전투, 기벌포 해전) → 삼국 통일 완성(676)

① 국경선의 확대
② 우리 민족의 자주성
③ 신라의 독자적 통일
④ 고구려 유민의 적극적 포섭

해설 신라의 삼국 통일은 당나라 세력을 무력으로 물리침으로써 우리 민족의 자주성을 나타냈으며, 최초의 민족 통일로서 민족문화 발전의 토대를 마련하였다.

11

다음 중 고대 농민의 생활상으로 바르게 묶인 것은?

ㄱ. 삼국시대 농업 생산력은 저조하였다.
ㄴ. 삼국시대 지방 농민은 잡역과 군역을 담당하였다.
ㄷ. 농민들도 녹읍과 식읍을 받았다.
ㄹ. 왕토 사상에 기초하여 통일신라에서는 일반 백성에게 토지를 지급하였다.
ㅁ. 일본 동대사 정창원에서 발견된 민정문서를 통해 삼국의 생활상을 알 수 있다.

① ㄴ, ㄷ, ㄹ
② ㄱ, ㄴ, ㄹ
③ ㄴ, ㄷ, ㅁ
④ ㄱ, ㄷ, ㅁ

해설 ㄷ. 귀족의 경제 생활 : 경제 기반(본래의 재산, 국가로부터 받은 녹읍·식읍·노비 등), 유리한 생산 조건(비옥한 토지, 철제 농기구, 소 소유)
ㅁ. 민정문서(신라 촌락문서) : 일본 동대사 정창원에서 발견, 서원경(청주) 부근 4개 촌락 조사 기록 (경덕왕 시기)

12 다음 글의 밑줄 친 '이 사건'은 어느 사건인가?

> 이 사건은 실제로 낭가와 불교 양가 대 유교의 싸움이며, 국풍파 대 한학파의 싸움이며, 독립당 대 사대당의 싸움이며, 진취 사상 대 보수 사상의 싸움이니, …… 이것을 어찌 일천년래 제일대사건이라 하지 아니하랴?
>
> – 신채호 –

① 무신정변   ② 귀주 대첩
③ 이자겸의 난   ④ 서경 천도 운동

해설) 제시된 자료의 '이 사건'은 묘청의 서경 천도 운동이다. 이자겸의 난 이후 왕권 회복을 위한 개혁 추진 과정에서 개경 세력과 서경 세력의 대립이 일어나게 되었다.

13 고려시대는 송과 요나라와의 무역이 활발하였다. 다음 중 송나라의 대고려 수출 품목으로 옳지 않은 것은?

① 인 삼   ② 비 단
③ 종 이   ④ 화문석

해설) 고려의 대외 무역

구 분	수 출	수 입
송(가장 큰 비중)	비단 · 약재 · 서적 · 자기	화문석 · 종이 · 인삼 · 금 · 은 · 나전칠기
거란 · 여진	은	농기구 · 식량
일 본	수은 · 황	식량 · 인삼 · 서적
아라비아	수은 · 향료 · 산호	고려(Corea)라는 이름을 서방 세계에 알림

14 다음 내용과 관련 있는 인물에 대한 설명으로 옳은 것은?

> 불교 경전 공부와 함께 참선을 통해 '마음이 곧 부처'임을 깨닫고 꾸준히 수행하여 깨달음을 계속 확인할 것을 강조하였다.

① 선종을 중심으로 교종을 통합시키기 위해 노력하였다.
② 화엄종 중심으로 선종을 통합하여 천태종을 창시하였다.
③ 통일신라시대의 승려로 인도를 방문하고 왕오천축국전을 남겼다.
④ 통일신라시대의 승려로 화엄종을 개창하였다.

해설) 제시된 내용은 지눌에 대한 설명이다. ② 의천, ③ 혜초, ④ 의상에 대한 설명이다.

15

다음은 고려시대에 대한 내용들이다. 시대 순으로 바르게 나열한 것은?

> ㄱ. 몽고가 저고여 피살을 구실로 살리타를 앞세워 침입하였다.
> ㄴ. 여진족을 북방으로 밀어 내고 동북 지방 일대에 9개의 성을 쌓았다.
> ㄷ. 묘청 세력은 서경에서 난을 일으켰다.
> ㄹ. 이성계는 위화도에서 회군하여 최영을 제거하였다.

① ㄴ → ㄱ → ㄷ → ㄹ   ② ㄱ → ㄹ → ㄴ → ㄷ

③ ㄴ → ㄷ → ㄱ → ㄹ   ④ ㄹ → ㄷ → ㄴ → ㄱ

해설) ㄴ. 1107 → ㄷ. 1135 → ㄱ. 1231 → ㄹ. 1388

16

다음 중 조선통보가 등장한 시기의 농촌의 상황으로 옳은 것은?

① 목화씨가 처음으로 전래되었다.

② 모내기법이 전국으로 보급되었다.

③ 장시에 팔기 위한 채소와 담배를 재배하였다.

④ 밭농사에서 조, 보리, 콩의 2년 3작이 확대되었다.

해설) 조선통보는 조선 초기 세종 때 만들어졌다.
① 목화씨가 처음으로 전래된 것은 고려 말이다.
② 모내기법은 조선 후기에 전국으로 확대되었다.
③ 채소와 담배 등의 상품작물의 재배는 조선 후기에 이루어졌다.

⊕참고 조선 전기 농업기술

• 밭농사 : 2년 3작(보리 · 콩의 윤작) 관행
• 논농사 : 남부 일부 지역에서 모내기 시행으로 이모작(벼 · 보리 역작) 가능
• 기타 : 시비법 발달로 휴경방식 소멸, 목화재배로 의생활 개선, 약초와 과수 재배 확대

17

다음 중 유네스코 세계 유산으로 등재된 조선시대 문화재로 옳은 것을 모두 고른 것은?

> ㄱ. 석굴암   ㄴ. 창덕궁
> ㄷ. 종 묘   ㄹ. 불국사

① ㄱ, ㄴ   ② ㄴ, ㄷ

③ ㄷ, ㄹ   ④ ㄱ, ㄹ

해설) ㄱ. 통일신라시대, ㄹ. 신라시대

18 조선 초기의 노비에 대한 설명으로 옳은 것을 모두 고른 것은?

> ㄱ. 천민 신분의 대부분을 구성하였다.
> ㄴ. 매매, 상속, 증여의 대상이 되었다.
> ㄷ. 혼인을 하여 가정을 이룰 수 없었다.
> ㄹ. 관청에 예속된 공노비가 가장 많았다.

① ㄱ, ㄴ   ② ㄱ, ㄷ
③ ㄴ, ㄹ   ④ ㄷ, ㄹ

해설) 노비는 양반 계층의 수족과 같은 존재였기 때문에 공노비보다 사노비가 더 많았으며, 혼인을 하여 가정을 이룰 수 있었다.

19 다음과 같은 폐단을 시정하기 위한 국가의 정책으로 옳은 것은?

> 당시 농민에게 가장 큰 부담을 주던 것은 공납이었다. 특히, 방납의 폐해가 나타나면서 농민의 부담은 더욱 커져 갔다. 부담을 견디지 못한 농민은 농토를 떠나지 않을 수 없었다.

① 대동법   ② 호포제
③ 과전법   ④ 영정법

해설) 방납의 폐단으로 인한 농민부담이 증가하여 광해군 때는 그 부담을 줄이고자 대동법을 실시하였다. 대동법은 집집마다 부과하여 토산물을 징수하던 공물 납부 방식을 토지의 결수에 따라 쌀, 삼베나 무명, 동전 등으로 납부하게 하는 제도이다.

20 조선 초기의 서적들에 대한 설명으로 옳지 않은 것은?

① 향약집성방 – 우리 풍토에 알맞은 약재와 치료 방법을 개발 · 정리
② 의방유취 – 중국의 역대 의서를 집대성한 의학백과사전
③ 칠정산 – 중국과 아라비아의 산학서를 참고로 하여 쓴 수학서
④ 농사직설 – 농부들의 실제경험을 토대로 하여 농사기술을 이론적으로 정리

해설) 칠정산
중국(수시력 · 대통력)과 아라비아 달력(회회력)을 참고로 하여 만든 역법서

21 조선 후기 국학 연구에 대한 설명으로 옳은 것을 모두 고른 것은?

> ㄱ. 이익 – 우리 역사의 체계화를 주장하고 동사강목을 저술
> ㄴ. 이긍익 – 조선시대의 정치와 문화를 정리하여 연려실기술을 저술
> ㄷ. 한치윤 – 해동역사를 편찬하여 민족사 인식의 폭을 넓히는 데 이바지
> ㄹ. 이종휘 – 발해고에서 발해사 연구를 심화

① ㄱ, ㄴ   ② ㄱ, ㄷ

③ ㄴ, ㄷ   ④ ㄷ, ㄹ

> **해설** ㄱ. 이익은 우리 역사를 체계화할 것을 주장하였으며 〈곽우록〉, 〈성호사설〉 등을 저술하였다. 이익의
> 역사의식을 계승한 안정복이 동사강목을 저술하였다.
> ㄹ. 이종휘의 〈동사〉와 유득공의 〈발해고〉는 고구려사와 발해사 연구로 고대사 연구의 시야를 만주지
> 방까지 확대하여 한반도 중심의 협소한 사관 극복에 공헌한 역사서이다.

22 조선시대 법률제도에 관한 설명으로 옳지 않은 것은?

① 노비에 관련된 문제는 의금부에서 처리하였다.

② 형벌에 관한 사항은 대부분 대명률의 적용을 받았다.

③ 범죄 중에 가장 무겁게 취급된 것은 반역죄와 강상죄였다.

④ 관찰사와 수령이 관할구역 내의 사법권을 가졌다.

> **해설** 조선시대에 공사 노비 문서의 관리와 노비 소송을 맡아보던 관청은 장례원이다.

23 다음 조약과 관련된 설명으로 옳은 것은?

> 정식 명칭은 조·일 수호조규이고, 병자수호조약이라고도 한다. 이 조약에 이어 일본 상품에 대한 무
> 관세, 조선 양곡의 무제한 유출 등을 규정한 통상 장정을 맺었다.

① 최혜국 대우 조항이 들어있다.

② 천주교 포교를 허용하게 되었다.

③ 최초의 근대적 조약이었다.

④ 조약 이후 보빙사를 파견하였다.

> **해설** 강화도 조약
> 강화도 조약은 우리나라 최초의 근대적 조약이었지만, 부산, 원산, 인천을 개항해야 했으며, 일본에
> 치외법권과 해안 측량권 등을 인정했다는 점에서 불평등 조약이었다.

24 일제의 국권 피탈 과정을 순서대로 바르게 나열한 것은?

> ㄱ. 정미 7조약
> ㄴ. 을사조약
> ㄷ. 한 · 일 의정서
> ㄹ. 제1차 한 · 일 협약

① ㄱ → ㄴ → ㄷ → ㄹ

② ㄷ → ㄹ → ㄴ → ㄱ

③ ㄹ → ㄴ → ㄱ → ㄷ

④ ㄹ → ㄷ → ㄴ → ㄱ

해설 ㄷ. 1904. 2 → ㄹ. 1904. 8 → ㄴ. 1905 → ㄱ. 1907

⊕참고 **대한제국 국권 피탈 과정**

- 한 · 일 의정서(1904) : 군사 기지의 자유 사용, 황무지 개간권, 외교 간섭 허용
- 제1차 한 · 일 협약(1904) : 외교와 재정 분야에 외국인 고문을 두도록 하였으나, 실제로는 군부 · 내부 · 학부 · 궁내부 등 각 부에도 일본인 고문을 두어 한국의 내정을 간섭
- 을사조약(1905) : 통감정치, 외교권 박탈
- 한 · 일 신협약(정미 7조약, 1907) : 헤이그 특사 파견을 구실로 고종의 강제 퇴위, 정부 각 부에 일본인 차관, 군대 해산
- 기유각서(1909) : 사법권 박탈
- 국권강탈(1910)

25 다음 사건을 시대 순으로 바르게 나열한 것은?

> ㄱ. 을미사변
> ㄴ. 방곡령 사건
> ㄷ. 동학혁명
> ㄹ. 거문도 사건
> ㅁ. 러 · 일 전쟁

① ㄱ → ㄴ → ㄷ → ㅁ → ㄹ

② ㄱ → ㄴ → ㅁ → ㄷ → ㄹ

③ ㄴ → ㄷ → ㅁ → ㄹ → ㄱ

④ ㄹ → ㄴ → ㄷ → ㄱ → ㅁ

해설 거문도 사건(1885) → 방곡령 사건(1889) → 동학혁명(1894) → 을미사변(1895) → 러 · 일 전쟁(1904)

26 관광농원에 대한 설명 중 옳지 않은 것은?

① 관광대상으로 한 여행형태이다.

② 1차 산업과 3차 산업적 성격을 가진다.

③ 농촌의 과소화를 방지한다.

④ 제조업화로 재생산한다.

해설) 관광농원은 농수산물을 생산하는 1차 산업과 서비스가 결부된 3차 산업적 성격을 가진 농업경영형태의 장소이다.

27 백제 때 학자로 일본으로 건너가 한문학을 일으킨 왕인의 탄생을 기념하고 업적을 기리기 위해 왕인문화제를 펼치는 지역은?

① 파 주 ② 영 월

③ 영 암 ④ 영 덕

해설) 왕인문화제는 왕인의 고향인 전라남도 영암에서 개최되는 축제이다.

28 다음과 같은 관광자원이 포함되어 있는 산은?

- 대청봉
- 비룡폭포
- 비선대
- 천불동 계곡

① 한라산 ② 설악산

③ 지리산 ④ 오대산

해설) 설악산의 관광자원은 대청봉, 한계령, 백담사, 천불동 계곡, 울산바위, 비룡폭포, 비선대, 망경대, 금강굴, 오색온천, 오색약수, 봉정암 등이 있다.

29 다음에 해당하는 삼국시대 불상은?

> 머리는 삼국시대 불상으로는 유례가 드물게 작은 소라 모양의 머리칼을 붙여 놓았으며, 정수리 부근에는 큼직한 상투 모양의 머리(육계)가 있다. 얼굴은 비교적 작은데, 살이 빠져 길쭉한 가운데 미소를 풍기고 있으며 6세기 후반의 대표적인 불상 중 하나이다.

① 금동연가7년명여래입상   ② 금동보살입상

③ 금동관음보살입상   ④ 금동여래입상

해설 국보로 고구려와 관련된 글이 새겨져 있는 불상이다.

30 다음 설명에 해당하는 궁궐은?

> 사적이자 세종대왕이 상왕인 태종을 모시기 위하여 건립한 수강궁이 있었던 곳으로, 옥천교 · 풍기대 · 관천대 등의 보물이 있다.

① 창경궁   ② 창덕궁

③ 덕수궁   ④ 경복궁

해설 창경궁은 성종 14년 조선의 이궁으로 창건되었다. 원래 이곳은 세종대왕이 상왕인 태종을 모시기 위하여 건립한 수강궁이 있었던 곳이다.

31 다음에 해당하는 해설기법은?

> 관광객이 해설자의 도움 없이 독자적으로 관람대상을 추적하면서 제시된 안내문에 따라 그 내용을 이해하도록 고안된 해설기법

① 동행해설기법   ② 담화해설기법

③ 매체이용해설기법   ④ 자기안내해설기법

해설 자기안내해설기법은 전문직에 종사하는 사람, 지적 욕구가 강한 사람, 교육수준이 높은 사람에게 효과적이다.

32
수원화성에 대한 설명 중 맞는 것은?

① 실학자 유형원, 정약용이 설계하였다.　② 영조의 무덤을 옮긴 것이다.

③ 도시건축설계가 아니었다.　④ 방어만을 위한 기능이었다.

> **해설**　정조는 그의 아버지 장헌세자에 대한 효심에서 화성으로 수도를 옮길 계획을 세우고, 정조 18년에 성을 쌓기 시작하여 2년 뒤인 1796년에 완성하였다. 실학자인 유형원과 정약용이 성을 설계하고, 거중기를 이용하여 과학적이고 실용적으로 쌓았다.

33
온돌의 구조에서 불길이 골고루 넘어가도록 하기 위해 만든 것은?

① 고 래　② 부넘기

③ 개자리　④ 아궁이

> **해설**　① 열기가 통과하는 구멍
> ③ 방구들 윗목에 깊이 파놓은 고랑
> ④ 불 지피는 곳

34
다음 중 박물관과 박물관이 위치한 지역으로 잘못 연결된 것은?

① 참소리축음기박물관 – 강릉　② 애니메이션박물관 – 춘천

③ 동강사진박물관 – 영월　④ 천연염색문화관 – 대구

> **해설**　천연염색문화관은 나주에 위치하고 있다.

35
다음에 해당하는 동물은?

• 생김새는 온몸이 긴 털로 덮여 있다.
• '귀신과 액운을 쫓는 개'라는 뜻을 지닌다.

---

① 삽살개　② 진도개

③ 풍산개　④ 불 개

> **해설**　삽살개는 한반도의 동남부 지역에 널리 서식하던 우리나라 토종개이다. 생김새는 온몸이 긴 털로 덮여 있고, 눈은 털에 가려서 보이지 않는다. '귀신과 액운을 쫓는 개'라는 뜻을 지닌 삽살개는 이름 자체도 순수한 우리말로서 가사(歌詞), 민담, 그림 속에 자주 등장한다.

36 다음에 해당하는 풍속은?

> • 섣달 그믐날 밤에는 잠을 자지 않는다.
> • 잠을 자면 눈썹이 센다는 속신이 있다.

① 세 화   ② 세 찬
③ 세 배   ④ 수 세

해설 수세는 섣달 그믐날에 잠을 자면 눈썹이 센다 하여 불을 밝혀 놓고 밤샘하면서 설을 준비하는 것을 말한다.

37 고려예술의 각 분야에 대해 잘못 설명한 것은?

① 석왕사 응진전은 원의 영향을 받아 주심포 양식을 취하고 있다.
② 경천사 십층석탑은 대리석으로 만들어진 석탑이다.
③ 고려시대 불상 중 우리나라에서 제일 큰 것으로 관촉사 석조미륵보살입상을 들 수 있다.
④ 도자기에는 상감기법이 유명하였으며 그 대표로 청자상감운학문매병을 들 수 있다.

해설 석왕사 응진전은 원의 영향을 받아 다포 양식을 취하고 있다.

38 다음에서 설명하고 있는 탑은?

> 원나라의 영향을 받아 고려 말기에 건립된 탑으로 국보이며, 원각사지 10층석탑에 영향을 주었다.

① 정림사지 5층석탑   ② 분황사 모전석탑
③ 감은사지 3층석탑   ④ 경천사지 10층석탑

해설 원나라의 영향을 받아 고려 말에 건립된 것으로 국립중앙박물관 내에 있다.

39 다음 중 십장생끼리 바르게 짝지어진 것은?

> ㄱ. 해
> ㄴ. 산
> ㄷ. 소나무
> ㄹ. 국화
> ㅁ. 매화
> ㅂ. 사슴
> ㅅ. 학

① ㄱ, ㄴ, ㄷ, ㅁ, ㅂ
② ㄱ, ㄷ, ㄹ, ㅁ, ㅅ
③ ㄱ, ㄴ, ㄷ, ㅂ, ㅅ
④ ㄷ, ㄹ, ㅁ, ㅂ, ㅅ

해설 십장생은 해, 산, 소나무, 달(구름), 불로초, 거북, 학, 사슴, 대나무, 내(川)이다.

40 유네스코에 등재된 인류무형문화유산이 아닌 것은?

① 강강술래
② 종묘제례악
③ 영산재
④ 태권도

해설 우리나라는 종묘제례 및 종묘제례악(2001), 판소리(2003), 강릉단오제(2005), 강강술래 · 남사당놀이 · 영산재 · 제주칠머리당영등굿 · 처용무(2009), 가곡 · 대목장 · 매사냥(2010), 줄타기 · 택견 · 한산모시짜기(2011), 아리랑(2012), 김장문화(2013), 농악(2014), 줄다리기(2015), 제주해녀문화(2016), 씨름(2018), 연등회, 한국의 등불 축제(2020)가 등재되어 있다.

41 가면극의 지역별 명칭으로 옳은 것은?

① 경기 – 탈춤놀이
② 경남 – 오광대놀이
③ 황해 – 산대놀이
④ 경북 – 사자놀이

해설 ① 경기 : 산대놀이
③ 황해 : 탈춤놀이
④ 북부 : 사자놀이

42 궁중 무용의 대표적 예가 아닌 것은?

① 처용무
② 태평무
③ 춘앵무
④ 살풀이

해설 살풀이는 민속무용에 속한다.

43 다음 중 주심포 양식에 대한 설명이 아닌 것은?

① 기둥 위에 바로 주두를 놓았고 치목이 아름답게 되어 있으며 천장은 연등천장을 하였다.

② 기둥 사이에도 공포를 놓아 입면상 하나의 공포대를 가로로 구성하여 매우 화려한 모습을 가지고 있다.

③ 고려시대의 건축물은 대개 규모가 작고 단아하여 주심포 양식을 주로 사용하였다.

④ 가장 오래된 안동 봉정사 극락전과 영주 부석사 무량수전이 대표적이다.

해설) 주심포 형식의 건물은 외관상 단아한 멋을 느낄 수 있으며 건물 세부 부재의 치목에 의한 화려함보다는 건물 전체에서 보여주는 구조적인 아름다움을 지니고 있다.

44 성벽에 관련된 용어들과 그 설명이 어울리지 않는 것은?

① 돈대 – 성안 높직한 평지에 높게 축조한 포대(砲臺)

② 여장 – 성벽 위에 일정한 간격을 두고 설치한 구조물

③ 암문 – 성에서 구석지고 드나들기 편리한 곳에 적 또는 상대편이 알 수 없게 꾸민 작은 성문

④ 망루 – 성벽 밑이나 중간부에 개구부를 내어 성 내에서 발생한 물이 흐르도록 한 시설

해설) ④ 수구에 대한 설명으로, 망루는 적이나 주위를 살피기 위하여 높이 지은 다락집이다.

45 다음은 우리나라 서원과 관련된 인물로 바르게 연결된 것은?

① 심곡서원 – 조광조 　　　　② 도산서원 – 이이

③ 소수서원 – 류성룡 　　　　④ 병산서원 – 정약용

해설) ① 심곡서원은 조광조(趙光祖)의 학덕과 충절을 추모하기 위해 지방 유림의 공론에 의거, 설립하고 위패를 모셨다.
② 도산서원은 퇴계 이황이 세상을 떠난 후 그의 제자들에 의하여 건립되었다.
③ 소수서원은 풍기군수로 부임한 주세붕(周世鵬)이 이곳 출신 유학자인 안향(安珦)을 배향하기 위해 사묘(祠廟)를 설립한 백운동서원에서 유래되었다.
④ 병산서원은 풍산 류씨의 사학(私學)을 류성룡이 이곳으로 옮겨와 제자들을 길러냈고 그의 사후에 제자들이 존덕사를 세우고 류성룡의 위패를 모신 데서 유래되었다.

46 다음 밑줄 친 부분에 해당하는 온천은?

> 〈동국여지승람〉에 의하면 우리나라에서 가장 오래된 온천의 하나인 이 온천은 질병치료에 효험이 있어 조선시대 임금인 태조를 비롯하여 세종·세조가 어실을 짓고 유숙하였다고 한다. 특히 세조는 임금이 잠깐 머무는 동안에 새로 솟은 샘이라 하여 '주필신정'이라는 이름을 남기기도 했다.

① 백암온천　　　　　　　　　② 온양온천
③ 수안보온천　　　　　　　　④ 도고온천

해설) 온양온천은 국내에서 가장 오래된 온천으로 전국에서 가장 수량이 풍부한 최대 규모의 온천 휴양지이며, 조선왕조 때에는 군왕들이 많이 찾던 곳이다.

47 다음에 해당하는 국립공원에 대한 설명으로 옳지 않은 것은?

> 무량수전으로 유명한 부석사가 있는 국립공원

① 식물자원은 한반도 온대중부의 대표적인 식생을 갖는 지역으로 낙엽활엽수가 주종을 이루고 있다.
② 충북 쪽은 단양 8경으로 이름난 상선암, 중선암, 하선암 등이 절경을 이루고 있다.
③ 주봉인 비로봉은 수많은 야생화의 보고로 희귀식물인 왜솜다리(에델바이스)가 자생하고 있다.
④ 천연기념물인 정이품송, 망개나무와 희귀동물인 하늘다람쥐가 서식하고 있다.

해설) 부석사가 있는 곳은 소백산 국립공원이다. 천연기념물인 정이품송, 망개나무와 희귀동물인 하늘다람쥐가 서식하고 있는 곳은 속리산 국립공원이다.

48 다음 중 시대별 석탑으로 바르게 연결된 것이 아닌 것은?

① 무량사 오층석탑 – 고려시대
② 원각사지 십층석탑 – 조선시대
③ 월정사 팔각 구층석탑 – 고려시대
④ 운주사 원형 다층석탑 – 삼국시대

해설) 운주사 원형 다층석탑은 고려시대의 탑이다.

49 동굴의 생성원인이 용암동굴에 해당하지 않는 것은?

① 만장굴

② 고수굴

③ 빌레못굴

④ 협재굴

해설 고수굴은 석회동굴에 해당한다.

50 다음 중 우리나라 국립박물관이 아닌 것은?

① 국립공주박물관

② 국립광주박물관

③ 국립강릉박물관

④ 국립김해박물관

⊕참고 우리나라의 대표적인 국립박물관

국립공주박물관, 국립광주박물관, 국립경주박물관, 국립김해박물관, 국립나주박물관, 국립대구박물관, 국립익산박물관, 국립부여박물관, 국립전주박물관, 국립제주박물관, 국립진주박물관, 국립청주박물관, 국립춘천박물관 등이 있다.

제4회 실전모의고사

제1과목 관광국사

01 다음 자료를 통해 파악할 수 있는 고조선 사회의 모습이 아닌 것은?

> 백성들에게 금하는 법 8조를 만들었다. 그것은 사람을 죽인 자는 즉시 죽이고, 남에게 상처를 입힌 자는 곡식으로 갚는다. 도둑질을 한 자는 노비로 삼는다. 용서받고자 하는 자는 한 사람마다 50만 전을 내야 한다. 〈중략〉 이러해서 백성들은 도둑질을 하지 않아 대문을 닫고 사는 일이 없었다. 여자들은 모두 정조를 지키고 신용이 있어 음란하고 편벽된 짓을 하지 않았다. 농민들은 대나무 그릇에 음식을 먹고, 도시에서는 관리나 장사꾼들을 본받아서 술잔 같은 그릇에 음식을 먹는다.
>
> – 〈한서〉 –

① 사유재산 인정
② 계급사회
③ 가부장적 사회
④ 유목민 사회

해설) 내용 중 '곡식으로 갚는다'를 통해 농경사회임을 파악할 수 있다.

02 다음과 같은 나라에 대한 설명으로 적절한 것은?

> 왕 아래에 가축의 이름을 딴 마가, 우가, 저가, 구가와 대사자, 사자 등의 관리가 있었다. 이들 가(加)는 저마다 따로 행정 구획인 사출도를 다스리고 있어서, 왕이 직접 통치하는 중앙과 합쳐 5부를 이루었다.

① 왕이 죽으면 많은 사람을 껴묻거리와 함께 묻는 순장의 풍습이 있었다.
② 중대한 범죄자는 제가회의를 통해 사형에 처하고, 가족을 노비로 삼았다.
③ 어물과 소금 등 해산물이 풍부하였고, 토지가 비옥하여 농사가 잘 되었다.
④ 매년 10월에 무천이라는 제천 행사를 열었고, 족외혼을 엄격하게 지켰다.

해설) 제시된 내용은 부여의 관직에 대한 것이다.
② 고구려, ③ 옥저, ④ 동예

03 백제의 정치와 관련된 사실로 옳은 것은?

① 영고라는 제천 행사가 있었다.

② 지방에는 욕살이라는 장관을 파견하였다.

③ 수상 대대로는 귀족인 가(加)들이 선출하였다.

④ 고이왕은 중앙에 좌평을 두어 업무를 관장시켰다.

> 해설 ④ 〈삼국사기〉에는 백제의 6좌평·16관등제가 고이왕 27~28년에 완비된 것으로 기술되어 있다.
> ① 영고는 부여의 제천 행사로 12월에 실시하였다.
> ② 욕살은 고구려의 지방관직명이다.
> ③ 고구려에 대한 설명이다.

04 다음이 설명하는 연맹체는?

• 백제와 신라의 사이에 위치했다.
• 결혼동맹을 통해 안정을 취하려 했다.
• 562년에 신라에 복속되었다.

---

① 금관가야   ② 대가야

③ 동 예   ④ 옥 저

> 해설 대가야는 6세기 초 백제와 신라 등과 대등하게 세력을 다투게 되었고, 신라와 결혼동맹을 맺어 국제적 고립에서 벗어나려 하였다. 이후 후기 가야연맹은 신라와 백제의 다툼 속에서 김해의 금관가야가 신라에 정복당하고(법흥왕 532), 대가야가 신라에 멸망(진흥왕 562)하면서 완전히 해체되었다.

05 다음 귀족합의체들의 공통점은 무엇인가?

제가회의(고구려), 정사암회의(백제), 화백회의(신라)

---

① 영토 확장에 필요한 일을 결정하는 역할을 하였다.

② 경제력과 군사력을 바탕으로 하는 일을 주관하였다.

③ 국가의 중요한 결정을 하여 왕을 견제하였다.

④ 제천 행사를 주관하는 역할을 담당하였다.

> 해설 삼국의 제가회의(고구려), 정사암회의(백제), 화백회의(신라)는 국가의 중요사항을 결정하여 왕권을 견제하는 역할을 하였다.

06 골품 제도에 대한 설명으로 옳지 않은 것은?

① 지방 세력의 편입 과정에서 성립되었다.

② 성골에게 가장 유리하였고 일상생활까지 규제하였다.

③ 계층 간의 갈등을 유발하였다.

④ 능력에 따라 인재를 고루 등용하였다.

> 해설) 골품제에 따라 개인의 모든 활동이 제약되었기 때문에 능력에 따른 고른 인재등용과 신분 상승이 불가능하였다.

07 통일신라와 발해의 경제활동으로 옳지 않은 것은?

① 발해는 모피류를 수출하였다.

② 발해는 비단과 책 등을 수입하였다.

③ 통일신라는 당나라와 직접 교역하였다.

④ 통일신라는 일본도를 통해 일본과 교역하였다.

> 해설) 일본도를 통해 일본과 교역한 나라는 발해이다.

> ⊕ 참고
>
> 일본도는 발해의 국도 상경에서 일본으로 이어지는 교통로이다.

08 다음 설명과 관련이 있는 역사적 인물과 사건을 바르게 연결한 것은?

> 거란은 고구려의 옛 땅을 내어놓을 것과 송과 단교하고 거란과 교류할 것을 주장하며 고려에 침입해 왔다. 이에 고려가 고구려를 계승했음과 여진 때문에 거란과 교류하지 못하고 있음을 주장하였다.

① 을지문덕 – 살수 대첩

② 양만춘 – 안시성 싸움

③ 서희 – 강동 6주 획득

④ 강감찬 – 귀주 대첩

> 해설) 예시문의 설명은 서희와 소손녕의 외교 담판에 대한 내용이다.

09 다음 (ㄱ)~(ㄷ)에 들어갈 지역을 순서대로 바르게 나열한 것은?

> 몽골에 대항하던 최씨 정권이 무너진 후, 배중손을 비롯한 삼별초는 대몽항쟁을 계속하였다. 삼별초는 (ㄱ)에서 (ㄴ)를 거쳐 (ㄷ)로 근거지를 옮겨 항쟁을 계속하였으나 결국 진압되었다. 하지만 이는 자주 정신을 보여준 항쟁이었다.

① 진도 – 제주도 – 강화도

② 강화도 – 제주도 – 진도

③ 강화도 – 진도 – 제주도

④ 제주도 – 강화도 – 진도

> 해설) 삼별초는 배중손, 김통정의 지휘 아래 강화도에서 진도(용장산성)를 거쳐 제주도(항파두리성)로 근거지를 옮겨 다니면서 항쟁을 하였다.

10 다음 중 고려시대에서 볼 수 없는 것은?

① 과거시험을 보는 천민

② 지방에 파견된 관리

③ 모내기를 하고 있는 농촌

④ 목화를 재배하는 농민

> 해설) 고려시대에는 천민이나 승려의 자식은 과거시험에 응시할 수 없었다.

11 다음 자료와 관련된 설명으로 옳은 것은?

> • 대장도감을 설치하여 16년 만에 제작
> • 합천 해인사에 보관
> • 현재 유네스코 세계기록유산으로 지정

① 명칭은 초조대장경이다.

② 송과 요의 대장경에 대한 주석서를 모아 편찬하였다.

③ 몽골의 침입을 물리치기 위해 만들어졌다.

④ 세계에서 가장 오래된 금속활자 인쇄물이다.

> 해설) 팔만대장경은 고려 시기 몽골의 침략을 부처의 힘으로 막기 위해 만든 것이다.

12 다음 중 왕권의 강화와 관련이 없는 것은?

① 상수리 제도

② 화백회의의 강화

③ 노비안검법 실시

④ 육조직계제

해설 ② 귀족 세력의 강화
① · ③ 호족 세력의 견제를 통한 왕권 강화
④ 신권(臣權) 세력의 응집 방지를 통한 왕권 강화

13 고려시대의 외침과 그 항쟁 내용을 바르게 연결한 것은?

① 거란 침입 – 나성 축조, 9성 축조

② 홍건적 침입 – 동녕부 설치, 쓰시마 정벌

③ 몽고 침입 – 강화천도, 삼별초 편제

④ 왜구 침입 – 위화도 회군, 여 · 몽군의 일본원정

해설 ① 9성의 축조는 여진정벌이 목적이었고, ② 동녕부는 몽고의 침입, 쓰시마정벌은 왜구의 침입과 관련 있으며, ④ 위화도 회군은 명나라 정벌과 관련 있다.

14 다음에서 설명하는 전투는?

12척의 배로 왜적을 섬멸한 전투로, 정유재란 초기 이순신은 삼도수군통제사를 다시 맡고 전투에 임하여 진도 울돌목에서 적선을 유인하고 거센 물길을 이용해 크게 승리하였다.

① 한산도대첩

② 명량대첩

③ 노량해전

④ 부산포해전

해설 12척의 배로 외적을 섬멸한 전투는 이순신이 지휘한 명량대첩이다.

15 향약에 관한 설명으로 옳은 것을 모두 고른 것은?

> ㄱ. 선현에 대한 제사 및 후진교육이 그 근본목적이었다.
> ㄴ. 조광조가 처음 시행한 후 전국적으로 확산되었다.
> ㄷ. 정부가 농민교화를 위해 이를 보급·실시하였다.
> ㄹ. 향촌사회 질서유지와 치안을 담당하였다.

① ㄱ, ㄴ   ② ㄱ, ㄷ

③ ㄴ, ㄹ   ④ ㄷ, ㄹ

해설) ㄱ. 서원, ㄷ. 사림 세력에 의해 보급

16 다음 자료를 통해 알 수 있는 당시 사회상에 대한 설명으로 옳지 않은 것은?

> • 굶주린 사람 중에서 나이가 많거나 병이 들어 관아에 나와 환곡을 직접 받아갈 수 없는 사람은 가져다 줄 것
> • 모자라는 구휼 곡식을 보충하기 위해서 더덕, 도라지 등 산나물을 많이 캐어서 섞어 먹도록 할 것
> 〈중략〉
> • 깊은 산골과 외떨어진 곳의 굶주린 사람을 먼저 살필 것
> - 〈세종실록〉 -

① 의창, 상평창 등을 설치하여 환곡제를 실시하였다.

② 향촌 사회에서 자치적으로 사창 제도를 실시하였다.

③ 농본정책으로 농민의 안정을 꾀하였다.

④ 공명첩·족보 등으로 신분을 상승시키기도 하였다.

해설) 〈세종실록〉은 조선 초 세종의 재위 기간의 역사를 기록한 책이다.
④ 조선 후기에 나타난 현상이다.

17 다음은 어느 인물의 연표이다. 이 인물에 대한 설명으로 옳은 것은?

> • 1608년 즉위
> • 1613년 동의보감 편찬
> • 1618년 인목 대비 유폐
> • 1623년 인조반정으로 폐위, 유배

① 북벌 운동을 전개하였다.

② 나선 정벌에 군대를 파견하였다.

③ 탕평책을 실시하여 인재를 고루 등용하였다.

④ 후금과 명 사이에서 중립외교정책을 추진하였다.

해설) 광해군은 대내적으로 전쟁의 뒷수습을 위한 정책을 실시하면서, 대외적으로는 명과 후금 사이에서 신중한 중립외교정책으로 대처하였다.

제 4 회

18 다음 내용에서 설명하는 조선 왕조의 통치 기구는?

> • 16세기 초 왜구와 여진족의 침입에 대비하고자 군무를 협의하는 임시 기구로 설치
> • 임진왜란을 겪으면서 그 구성원과 기능이 확대되었고, 의정부와 6조의 기능은 유명무실

① 훈련도감   ② 비변사

③ 장용영   ④ 5군영

해설) 비변사는 임진왜란을 겪으면서 그 구성원과 기능이 확대되었고, 의정부와 6조의 기능은 유명무실해졌다. 임진왜란 이후 군사 · 외교 · 재정 · 인사문제 등 거의 모든 정무를 총괄했으며, 비빈 간택문제에도 관여했다.

19 다음 중 조선 후기의 경제변화에 대한 설명으로 옳은 것을 모두 고른 것은?

> ㄱ. 포구를 중심으로 한 상거래가 활발해지면서 포구는 상업의 중심지로 성장해 갔다.
> ㄴ. 쌀의 상품화가 이루어지면서 밭을 논으로 바꾸는 현상이 활발하였다.
> ㄷ. 민영수공업이 발달하자 정부는 장인등록제를 만들어 수공업을 통제하였다.
> ㄹ. 청과의 무역으로 은의 수요가 늘자, 국가가 경영하는 광산개발이 활기를 띠었다.

① ㄱ, ㄴ   ② ㄱ, ㄷ

③ ㄴ, ㄹ   ④ ㄷ, ㄹ

> 해설 ㄷ. 민영수공업이 발달하자 정부는 18세기 말에 공장안(수공업자 대장)을 폐지하여 수공업자들은 납
> 포장으로 활동하였다.
> ㄹ. 조선 초기에 국가가 직접 경영하던 광산경영은 후기에 와서 개인경영을 허용하고, 대신 세금을 받
> 아 내는 정책(설점수세제)으로 전환되었다.

20 실학자 박제가가 주장한 내용이 아닌 것은?

① 상공업과 무역을 강화할 것

② 수레나 선박의 이용을 늘릴 것

③ 절검보다 소비를 권장할 것

④ 자영농을 육성할 것

> 해설 〈북학의〉를 저술한 박제가는 청과의 통상 강화, 상공업 진흥, 수레 · 선박의 이용, 절약보다는 소비를
> 권장하였다.

21 다음과 같은 활동을 한 단체의 중심인물은?

> • 러시아의 절영도 조차 요구 저지
> • 만민공동회 개최
> • 관민공동회를 개최하여 헌의 6조 채택

① 서재필   ② 한용운

③ 안창호   ④ 민영환

> 해설 독립협회의 활동에 대한 내용이다. 서재필을 중심으로 설립된 독립협회는 독립문 · 독립관을 건설하
> 고, 독립신문을 발행하였다.

22 최초의 근대적 신문인 한성순보를 발간했던 기관은?

① 전환국   ② 박문국

③ 기기창   ④ 우정국

해설
① 전환국 : 전신을 담당하던 기관
③ 기기창 : 무기를 제조하는 기관
④ 우정국 : 우편사무를 담당하던 기관

23 다음과 같은 강령을 가지고 활동했던 단체에 대한 설명으로 옳지 않은 것은?

> • 우리는 단결을 공고히 함
> • 우리는 기회주의를 일체 부인함
> • 우리는 정치적 · 경제적 각성을 촉구함

① 민족주의 세력과 사회주의 세력이 연합하였다.

② 지방을 순회하면서 강연회를 열어 생활 개선 등을 주장하였다.

③ 노동 쟁의나 소작 쟁의, 동맹 휴학 등을 지원하였다.

④ 파리 강화 회의에 김규식을 대표로 파견하였다.

해설
제시문은 신간회의 강령이다. 신간회는 각 지방을 순회하면서 강연회를 열어 조선인에 대한 착취기관 철폐, 기회주의 배격, 조선인 본위의 교육 제도 실시와 생활 개선 등을 주장하고, 노동 쟁의나 소작 쟁의, 동맹 휴학 등을 지원하였다.
④ 민족자결주의 등 윌슨의 14개조 세계평화안을 논의하는 파리 강화 회의를 위해 상하이의 신한청년 당에서 김규식을 대표로 파견하고, 종교계 인사를 중심으로 거족적인 독립운동을 준비하였다.

24 봉오동 전투에 참가한 독립군 부대로 옳은 것을 모두 고른 것은?

> ㄱ. 북로 군정서군
> ㄴ. 서로 군정서군
> ㄷ. 대한 독립군
> ㄹ. 군무 도독부군

① ㄱ, ㄴ   ② ㄱ, ㄷ

③ ㄴ, ㄷ   ④ ㄷ, ㄹ

해설) • 봉오동 전투(1920) : 대한 독립군(홍범도), 군무 도독부군(최진동), 국민회 독립군(안무)
        • 청산리 전투(1920) : 북로 군정서군(김좌진), 대한 독립군, 국민회 독립군의 연합부대

25 다음 중 연결이 바르게 된 것을 모두 고른 것은?

> ㄱ. 카이로 회담 − 미·영·중 3국 수뇌가 최초로 한국의 해방과 독립을 결의
> ㄴ. 포츠담 선언 − 대한민국이 한반도의 유일한 합법 정부로 인정받음
> ㄷ. 얄타협정 − 한국의 38도선 분할의 계기
> ㄹ. 모스크바 3상회의 − 우리나라 국토 분단을 처음으로 결정

① ㄱ, ㄴ   ② ㄱ, ㄷ

③ ㄴ, ㄹ   ④ ㄱ, ㄹ

해설) ㄴ. 포츠담 선언 : 한국의 독립을 재확인
        ㄹ. 모스크바 3상회의 : 신탁통치를 결의

⊕ **참고**

- 카이로 선언(1943) : 한국 독립 최초로 결의
- 얄타 회담(1945) : 미·영·소의 신탁통치 논의, 남북분단 가능성
- 포츠담 선언(1945) : 미·영·중·소 4개국의 신탁통치, 카이로 회담의 재확인
- 모스크바 3상회의(1945) : 한반도에 통일정부 수립, 미·소 공동위원회 설치, 5년간 4대강국이 신탁통치

26 국내에서 가장 먼저 람사르 습지로 지정된 곳은?

① 대암산용늪   ② 대부도갯벌

③ 고창 운곡습지   ④ 두웅습지

해설) ① 1997년 3월
② 2018년 10월
③ 2011년 4월
④ 2007년 12월

27 다음 설명에 해당하는 탑은?

> • '무영탑(그림자가 비치지 않는 탑)'이라고도 불린다.
> • 여기에는 석가탑을 지은 백제의 석공(石工) 아사달을 찾아 신라의 서울 서라벌에 온 아사녀의 전설이 서려 있다.

① 익산 미륵사지 석탑   ② 평창 월정사 팔각 구층석탑

③ 경주 불국사 삼층석탑   ④ 부여 정림사지 오층석탑

해설) 국보로 불국사가 창건된 통일신라 경덕왕 10년(751) 때 조성된 것으로 추측되며, 경주 감은사지 동·서 삼층석탑(국보)과 경주 고선사지 삼층석탑(국보)의 양식을 이어받은 8세기 통일신라시대의 훌륭한 작품이다.

28 효심에서 근본이 되어 당파정치 근절과 왕도정치의 실현, 국방의 요새로 활용되었으며 과학적·합리적인 실용 구조를 갖추고 있어 1997년 유네스코 세계문화유산으로 등재된 문화재는?

① 종 묘   ② 창덕궁

③ 수원화성   ④ 조선왕릉

해설) 수원화성은 정조 18년(1794)에 성을 쌓기 시작하여 2년 뒤인 1796년에 완성하였다. 실학자인 유형원과 정약용이 성을 설계하고, 거중기를 이용하여 과학적이고 실용적으로 쌓았다.

29 다음 내용과 관련이 깊은 종교는?

> • 고구려 : 강서고분의 사신도 벽화
> • 백제 : 산수문전, 사택지적비, 무령왕릉의 지석
> • 신라 : 화랑도

① 불 교   ② 도 교

③ 천도교   ④ 유 교

해설) 제시된 내용은 도교 사상을 엿볼 수 있는 것들이다.

30 다음 중 다도해해상 국립공원에 대한 설명이 아닌 것은?

① 우리나라 14번째 국립공원으로 지정되었다.

② 우리나라 최대의 국립공원이다.

③ 이 공원 안에만 약 400여 개의 섬이 있다.

④ 통영 · 한산지구, 노량지구, 금산지구 등이 있다.

해설) ④ 한려해상 국립공원에 대한 설명이다.
　　　다도해해상 국립공원은 전남 홍도(紅島)에서 신안군 · 진도군 · 완도군 · 고흥군 등을 거쳐 여수시 돌산읍에 이르는 해안 일대와 도서를 중심으로 지정된 전라도 지역의 국립공원이다. 흑산/홍도 지구, 비금/도초 지구, 조도 지구, 소안/청산 지구, 거문/백도 지구, 나로도 지구, 금오도 지구, 팔영산 지구로 나뉜다.

31 다음 내용에 해당하는 궁궐은?

> • 경복궁의 동쪽에 있다고 해서 동궐로 불렸다.
> • 조선시대 궁궐 가운데 하나로 태종 5년(1405)에 세워졌다.

① 창경궁   ② 덕수궁

③ 창덕궁   ④ 경희궁

해설) 창덕궁은 조선시대 궁궐 가운데 하나로 태종 5년(1405)에 세워졌으며, 자연 경관을 배경으로 한 조선 시대의 전통 건축과 조경이 조화를 이루고 있다. 1997년 12월에 유네스코 세계유산으로 지정되었다.

32 관광특구로 지정된 온천이 아닌 것은?

① 아산시온천   ② 수안보온천

③ 백암온천   ④ 이천온천

> **해설** 수안보온천, 백암온천, 아산시온천, 부곡온천이 관광특구로 지정되어 있다.

33 다음 중 도립공원은 어느 것인가?

① 강천산   ② 마이산

③ 천마산   ④ 불영계곡

> **해설** ① · ③ · ④ 군립공원이다.

34 진흥왕 순수비의 이름과 위치가 잘못 연결된 것은?

① 척경비 – 경상남도 창녕

② 북한산비 – 서울시 북한산(현재 국립중앙박물관)

③ 마운령비 – 황해도 해주

④ 황초령비 – 함경남도 함주(현재 함경남도 함흥)

> **해설** 마운령비는 함경남도 함흥시에 위치하고 있다.

35 각 지역에서 전승되어 오고 있는 전통주가 아닌 것은?

① 안동소주   ② 문배주

③ 이명주   ④ 법 주

> **해설** 이명주는 대보름에 먹는 귀밝이술이다.
> ① 안동, ② 평안도, ④ 경주 교동

36 성균관의 대성전에서 공자를 비롯한 선성(先聖)과 선현(先賢)들에게 지내는 제사의식은?

① 종묘제례　　　　　　　　　　　② 사직대제

③ 석전대제　　　　　　　　　　　④ 향 례

해설) 석전대제는 공자를 모시는 사당인 문묘에서 지내는 제사를 가리키며, 예법과 음악이 존중되는 국가의
　　　의례이다.

37 관광자원 해설기법에 대한 설명으로 옳지 않은 것은?

① 인적해설기법 중 담화해설기법은 말하는 기능을 이용하는 것이다.

② 길잡이시설해설은 역사적 경과, 환경의 변화과정, 특이한 생물의 특성 등을 해설대상으로
　　한다.

③ 자기안내해설기법은 인적해설에 속한다.

④ 관광자원 해설기법에는 인적해설과 비인적해설이 있다.

해설) 자기안내해설기법은 비인적해설이다.

38 조선왕릉 중 유일하게 강원도에 있는 것은?

① 영 릉　　　　　　　　　　　　　② 장 릉

③ 광 릉　　　　　　　　　　　　　④ 헌 릉

해설) 장릉은 강원도 영월군 영월읍에 있는 조선 제6대왕 단종의 능이다.
　　　① 경기도 여주시
　　　③ 경기도 남양주시
　　　④ 서울특별시 서초구

39 다음에서 설명하고 있는 산은?

• 천연보호구역, 국립공원, 생물권보전지역으로 지정된 우리나라 식물자원의 보고이다.
• 1982년 유네스코(UNESCO)에 의해 우리나라 최초로 생물권보전지역으로 설정되었으며, 2005년
　12월 IUCN(세계자연보전연맹)으로부터 카테고리 II (국립공원)로 지정되었다.

---

① 한라산　　　　　　　　　　　　② 설악산

③ 지리산　　　　　　　　　　　　④ 북한산

해설) 설악산 국립공원은 광대한 면적에 수많은 동식물들이 함께 살고 있는 자연생태계의 보고이며, 수려한
　　　자연 경관을 가지고 있는 공원이다.

40 현존하는 판소리 다섯마당이 아닌 것은?

① 흥보가

② 적벽가

③ 심청가

④ 변강쇠가

> 해설) 현존하는 판소리 다섯마당은 흥보가, 적벽가, 수궁가, 춘향가, 심청가이다.

41 다음 중 지방축제의 연결이 잘못된 것은?

① 진주 – 남강유등축제

② 함안 – 나비대축제

③ 춘천 – 마임축제

④ 김제 – 지평선축제

> 해설) 나비대축제는 전라남도 함평군에서 매년 봄철에 열리는 함평 최대 규모의 축제이다.

42 유네스코 지정 세계기록유산이 아닌 것은?

① 직지심체요절

② 동의보감

③ 일성록

④ 반계수록

> 해설) 우리나라의 세계기록유산은 훈민정음(1997), 조선왕조실록(1997), 직지심체요절(2001), 승정원일기(2001), 조선왕조의궤(2007), 해인사 대장경판 및 제경판(2007), 동의보감(2009), 일성록(2011), 5·18 민주화운동 기록물(2011), 난중일기(2013), 새마을운동기록물(2013), 한국의 유교책판(2015), KBS 특별 생방송 '이산가족을 찾습니다' 기록물(2015), 조선왕실 어보와 어책(2017), 국채보상운동 기록물(2017), 조선통신사 기록물(2017)이다.

43 문화재보호법상 무형문화재의 정의에 대한 설명으로 옳지 않은 것은?

① 의식주 등 전통적 생활관습

② 전통적 공연·예술

③ 공예, 미술 등에 관한 문화재 중 일정한 형태를 지닌 것

④ 전통적 놀이·축제 및 기예·무예

해설 무형문화재는 일정한 형태로 헤아릴 수 없는 문화적인 소산이다. 무형문화재란 여러 세대에 걸쳐 전승되어 온 무형의 문화적 유산 중 다음의 어느 하나에 해당하는 것을 말한다(문화재보호법 제2조 제1항 제2호).
- 전통적 공연 · 예술
- 한의약, 농경 · 어로 등에 관한 전통지식
- 의식주 등 전통적 생활관습
- 전통적 놀이 · 축제 및 기예 · 무예
- 공예, 미술 등에 관한 전통기술
- 구전 전통 및 표현
- 민간신앙 등 사회적 의식(儀式)

44 다음 괄호 안에 들어갈 알맞은 말은?

> 기둥과 주춧돌이 만나는 부분에서 기둥나무와 주춧돌이 딱 들어맞는 (   ) 기법은 경주 불국사에도 드러나 있으며, 다른 나라 건축에서는 찾기 힘든 것으로 한국의 뛰어난 건축 기법이다.

① 거중기
② 그렝이
③ 옹 성
④ 주춧돌

해설 그렝이 기법은 주로 우리 옛 건축에 사용되었으며, 거의 모든 한옥 건축에 적용되었다고 볼 수 있다.

45 다음에 해당하는 보살은?

> 지옥에서 고통받는 모든 중생들을 구제하기 전에는 자신도 절대 성불하지 않을 것을 맹세하고, 지옥에 몸소 들어가 중생들을 구원하고 교화하는 보살

① 미륵보살
② 지장보살
③ 관세음보살
④ 보현보살

해설 지장보살은 지옥에서 고통받는 중생들을 구원하는 보살로 지장전, 시왕전, 명부전 등에 모셔진다.

46 다음 중 관광자원의 특성으로 옳지 않은 것은?

① 범위의 다양성
② 유인성
③ 매력성
④ 가치동일성

해설 관광자원은 시대나 사회구조에 따라서 그 가치를 달리하는 가치변화성이 있다.

47 개최지와 축제의 연결이 잘못된 것은?

① 영주 – 반딧불축제

② 문경 – 찻사발축제

③ 보령 – 머드축제

④ 서산 – 해미읍성축제

해설) 반딧불축제는 무주에서 열린다.

48 다음 중 국립공원만으로 짝지어진 것은?

① 속리산, 가야산, 모악산

② 무등산, 내장산, 월출산

③ 덕유산, 설악산, 마이산

④ 칠갑산, 계룡산, 주왕산

해설) 우리나라 국립공원으로 지정된 산으로는 지리산, 계룡산, 설악산, 속리산, 한라산, 내장산, 가야산, 덕유산, 오대산, 주왕산, 북한산, 치악산, 월악산, 소백산, 월출산, 무등산, 태백산 등이 있다.

49 다음 중 천연기념물이 아닌 것은?

① 대구 도동 측백나무 숲

② 순천 평중리 참나무

③ 구례 화엄사 올벗나무

④ 강진 삼인리 비자나무

해설) ② 순천 평중리의 이팝나무가 천연기념물로 등재되어 있다.

50 다음 도립공원 중 가장 먼저 지정된 곳은?

① 태백산

② 금오산

③ 마이산

④ 칠갑산

해설) 우리나라는 1970년 6월 경북 금오산을 도립공원 제1호로 지정하였다.

제5회 실전모의고사

제1과목 관광국사

01 구석기시대 인류의 생활 모습에 관한 설명으로 옳은 것을 모두 고른 것은?

> ㄱ. 동물의 뼈나 뿔로 만든 도구 사용
> ㄴ. 평등한 공동체적 생활
> ㄷ. 농경 시작
> ㄹ. 간석기 사용

① ㄱ, ㄴ   ② ㄴ, ㄷ

③ ㄷ, ㄹ   ④ ㄱ, ㄹ

해설 ㄷ · ㄹ. 신석기시대

02 다음 설명에 해당하는 고구려의 왕은?

> 중국남북조와 교류하면서 외교정책을 써서 중국을 견제하였고, 평양으로 도읍을 옮기고 백제의 수도 한성을 함락시켰다. 이 결과 고구려가 한강 유역에 진출하게 되었는데, 이는 광개토대왕릉비와 충주 (중원) 고구려비에 잘 나타나 있다.

① 고국원왕   ② 고국천왕

③ 광개토 대왕   ④ 장수왕

해설 장수왕
남북조와 교류, 평양천도(427), 한성 함락, 한강 전 지역 장악(죽령~남양만), 광개토대왕릉비(414)와 충주(중원) 고구려비 건립

⊕ 참고

충주(중원) 고구려비의 건립 시기는 현재 연구 진행 중이다.

03

다음과 같은 혼인 풍속을 지니고 있었던 나라를 지도에서 고르면?

> 혼인 풍속은 미리 말로 정혼을 한 뒤 여자 집에서 뒤편에 작은 별채를 짓는데, 그 집을 서옥이라고 부른다. 〈중략〉 자식을 낳아서 장성하면 남편은 아내를 데리고 집으로 돌아간다.
>
> — 〈삼국지 위지 동이전〉 —

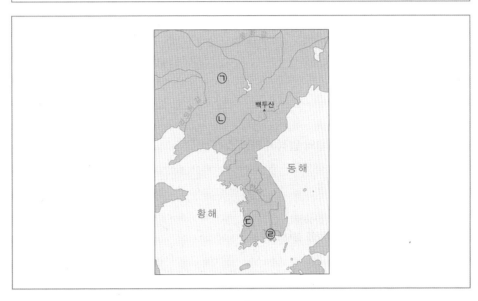

① ㄱ
② ㄴ
③ ㄷ
④ ㄹ

> **해설** 제시된 내용은 고구려의 서옥제에 관한 것이다.
> ㄱ. 부여에는 12월에 영고라는 풍습이 있었다.
> ㄷ · ㄹ. 삼한에서는 5월에 수릿날, 10월에 계절제의 풍습이 있었다.

04

통일신라의 민정문서를 보고 알 수 있는 것으로 옳은 것은?

① 문서는 2년마다 조사하여 작성하였다.
② 각 호별 학력수준이 기록되어 있다.
③ 호 단위로 기재된 점을 볼 때 호적 문서라는 것을 알 수 있다.
④ 호구조사는 특산물 징수와 노동력 징발 목적으로 실시되었다.

> **해설** 민정문서는 통일신라시대에 조세 수취와 노동력 징발을 위해 작성된 문서로서 신라장적, 신라촌락 문서라고도 불린다. 민정문서는 통일신라시대의 경제생활을 알 수 있는 중요한 토지문서이다. 755년 서원경 인근 네 개 마을에 대한 여러 가지 경제 상황을 조사한 문서로, 촌주가 3년마다 촌의 노동력 징발과 조세, 공납 징수를 효율적으로 하기 위해 작성한 것이다.

05 삼국의 남북국 문화가 일본에 미친 영향으로 옳지 않은 것은?

① 왕인은 천자문과 논어를 가르쳤다.

② 6세기에 노리사치계가 불경과 불상을 전했다.

③ 통일신라의 불교·유교 문화는 일본 하쿠호 문화 성립에 기여했다.

④ 강수는 쇼토쿠 태자의 스승이 되었다.

해설 고구려의 승려 혜자는 쇼토쿠 태자의 스승이 되었다.

06 다음 자료를 남긴 왕의 업적이 아닌 것은?

> 1조 불교를 장려하라.
> …
> 5조 서경(평양)을 중시하라.
> 6조 연등회와 팔관회를 성대히 하라.
>
> － 〈훈요 10조〉 －

① 북진정책을 실시하였다.

② 결혼정책으로 호족을 통합하였다.

③ 노비안검법을 실시하여 왕권을 강화하였다.

④ 기인제도와 사심관제도를 두었다.

해설 제시된 자료는 고려 태조가 후대 임금들에게 남긴 훈요 10조이다. 노비안검법은 광종 때의 일이다.

07 다음을 만들어진 시대 순으로 바르게 나열한 것은?

> ㄱ. 석굴암   ㄴ. 팔만대장경
> ㄷ. 수원화성   ㄹ. 관촉사 석조미륵보살입상

① ㄴ → ㄱ → ㄹ → ㄷ

② ㄱ → ㄹ → ㄴ → ㄷ

③ ㄴ → ㄹ → ㄷ → ㄱ

④ ㄹ → ㄷ → ㄴ → ㄱ

해설 ㄱ. 통일신라시대 → ㄹ. 고려 광종(968) → ㄴ. 고려 고종 몽골의 침입 → ㄷ. 조선 후기 정조

08 다음 중 고려청자에 대한 설명으로 옳은 것은?

① 조선시대 선비들의 취향과 맞다.

② 서민들이 사용 가능하였다.

③ 고려 말에 제작되어 15세기, 16세기에 사용되었다.

④ 아름다운 비색을 자랑하여 중국에서도 으뜸으로 평가하였다.

> 해설 ① 조선시대 선비들은 백자를 애용하였다.
> ② 서민들이 사용 가능한 것은 조선 후기 제작된 옹기였다.
> ③ 고려 말에 제작된 자기는 분청사기이다.

09 고려시대의 구휼기관으로 봄에 곡식을 빌려다가 가을에 추수하여 갚게 하는 제도는?

① 의 창　　　　　　　　　② 상평창

③ 혜민국　　　　　　　　　④ 제위보

> 해설 ② 상평창은 물가 조절을 통해 민생을 안정시키는 기구이다.
> ③ 혜민국은 지금의 약국으로 일종의 의료기관이었다.
> ④ 제위보는 기금을 만들어 그 이자로 빈민을 구제하는 기구이다.

10 다음과 같은 역할과 기능을 가지고 있었던 조직은?

> 왕의 잘못을 논하는 간쟁과 잘못된 왕명을 시행하지 않고 되돌려 보내는 봉박, 관리의 임명과 법령의 개정이나 폐지 등에 동의하는 서경권을 가지고 있었다.

① 재 신　　　　　　　　　② 추 밀

③ 대 간　　　　　　　　　④ 삼 사

> 해설 예시문은 대간의 역할과 기능이다. 재신과 추밀은 6부를 비롯한 주요 관부의 최고직을 겸하여 중앙의 정치 운영에서 가장 핵심적인 위치를 차지하고 있었다.

11 다음 내용에 해당하는 토지를 보기에서 바르게 고른 것은?

> 5품 이상의 관료에게 세습할 수 있는 토지를 지급하여 이들 귀족의 신분을 세습시켰다. 한편 하급 관료의 자제로 관직에 오르지 못한 사람에게도 토지를 지급하여 신분을 세습할 수 있도록 하였다.

> ㄱ. 공음전　　　　　　　　ㄴ. 군인전
> ㄷ. 사원전　　　　　　　　ㄹ. 한인전

① ㄱ, ㄴ　　　　　　　　② ㄴ, ㄷ
③ ㄷ, ㄹ　　　　　　　　④ ㄱ, ㄹ

해설 ㄴ. 군역의 대가로 중앙 군인에게 지급
ㄷ. 사원에 지급하여 사원 경비 충당

12 조선시대의 신분은 양반, 중인, 평민, 천민으로 나뉘었다. 이에 대한 설명으로 옳지 않은 것은?

① 서얼은 신분상 중인에 속하였다.
② 천민 중에는 노비의 수가 제일 많았다.
③ 평민은 과거시험에 응시할 수 없었다.
④ 양반은 군역 면제의 혜택을 받는 등 특권 계층이었다.

해설 평민은 법적으로는 아무런 제한이 없는 자유민이므로 과거 응시가 가능하였다.

13 다음 중 고려와 조선의 통치체제상 공통되는 것을 모두 고른 것은?

> ㄱ. 과거로 충원된 문무양반관리가 통치층을 이루었다.
> ㄴ. 모든 군현에 수령을 파견하여 중앙집권체제를 강화했다.
> ㄷ. 중요정책을 협의하는 합의제도가 발달했다.
> ㄹ. 대성 또는 언관의 간쟁활동은 왕권을 견제하였다.

① ㄱ, ㄴ　　　　　　　　② ㄱ, ㄷ
③ ㄴ, ㄹ　　　　　　　　④ ㄷ, ㄹ

해설 고려와 조선은 합의제도(도병마사, 도평의사사, 의정부, 비변사)와 왕권을 견제하는 간쟁·서경제도가 발달하였다. 고려시대에는 무과 시험이 없었고, 모든 군현에 수령이 파견되지 못했다.

14 다음에서 설명하는 조선시대 의료 시설은?

> 지방민의 구호 및 진료를 담당하였다.

① 혜민국   ② 동서대비원

③ 제생원   ④ 동서활인서

해설 ①·② 수도권 안에 거주하는 서민 환자의 구제와 약재 판매를 담당하였다.
④ 유랑자의 수용과 구휼을 담당하였다.

15 다음 설명과 관련이 깊은 화가로 바르게 묶인 것은?

> 15세기 그림은 도화서에 소속된 화원의 그림과 관료이자 문인인 선비의 그림으로 나눌 수 있다. 이들은 중국 역대 화풍을 선택적으로 수용하고 소화하여 우리의 독자적인 화풍을 개발하였다. 조선의 이런 그림은 일본 무로마치 시대의 미술에 많은 영향을 주었다.

① 안견, 강희안   ② 이상좌, 한호

③ 안평대군, 양사언   ④ 정선, 김홍도

해설 화원 출신 안견은 역대 화가들의 기법을 체득하여 몽유도원도를, 문인 화가 강희안은 〈고사관수도〉를 그렸으며, 주로 시적 정서가 흐르는 낭만적인 그림을 많이 그렸다.

16 상평통보가 활발하게 사용된 시기의 경제 활동에 대한 설명으로 옳지 않은 것은?

① 전국에 장시가 설치되었다.

② 모내기법이 전국으로 보급되었다.

③ 수공업자는 관청에서 주로 일하였다.

④ 대외 무역을 주로 하는 거대 상인들이 출현하였다.

해설 조선 후기 인조 때 상평통보가 주조되어 효종 때 전국적으로 유통이 활발해졌다. 수공업자는 조선 전기에 관청에서 주로 일하였는데, 이를 관영수공업 체제라 한다.

17 다음 내용에 해당하는 인물에 대한 설명으로 옳지 않은 것은?

> 서양 오랑캐가 침범하였을 때 싸우지 않음은 곧 화해하자는 것이요, 화해를 주장하는 것은 나라를 파는 것이다.

① 능력 위주의 고른 인재 등용을 하였다.
② 경복궁을 중건하였다.
③ 비변사를 부활하고 의정부 기능을 약화시켰다.
④ 대전회통을 편찬하였다.

해설 보기는 흥선대원군이 세운 척화비에 대한 내용이다. 흥선대원군은 비변사를 폐지하였고, 의정부와 삼군부의 기능을 회복시켰다.

18 다음 설명에 해당하는 단체는?

> 개화 자강 계열의 단체로, 일제의 황무지 개간 요구에 대해 반대 투쟁을 전개한 단체

① 보안회   ② 신민회
③ 신간회   ④ 대한자강회

해설 ② 1907년에 결성된 민족 운동가들의 비밀 결사 단체
③ 1927년에 좌·우익의 독립 세력이 연합하여 조직한 항일 민족 통일 전선 조직 단체
④ 헌정연구회를 모체로 국권 회복을 위한 실력양성운동을 전개하였고, 고종 황제의 양위 반대운동을 주도하다가 통감부에 의해 강제 해산된 단체

19 안견의 몽유도원도가 그려졌을 당시의 사회상으로 옳은 것은?

① 담배를 상품 작물로 재배하였다.
② 돈으로 세금을 내는 조세의 금납화가 일반화되었다.
③ 겨울에 목화솜으로 옷을 해 입었다.
④ 감자, 고구마와 같은 구황 작물이 보급되었다.

해설 안견이 그린 〈몽유도원도〉는 조선 초기에 세종의 아들인 안평대군의 꿈을 바탕으로 그려졌다. 조선 초기에는 목화솜이 실생활에 활용되었다.

20 다음은 한말 경제적 저항 운동의 하나로 전개된 것이다. 이 운동에 대한 설명으로 옳지 않은 것은?

> • 대구에서 시작하여 전국으로 확산
> • 각종 계몽 단체, 언론 기관이 모금 운동에 참여
> • 일본에까지 알려져 800여 명의 조선인 유학생도 동참
> • 남자들은 담배를 끊고, 여자들은 비녀와 가락지를 냄

① 국민 모금을 통해 나라의 빚을 갚고자 하는 운동이었다.
② 성금은 비녀와 반지 같은 패물을 팔고 담배를 끊어 마련하였다.
③ 황성신문, 제국신문 등 다양한 신문의 후원을 받아 홍보가 이루어졌다.
④ 민족 기업 육성을 통해 경제 자립을 이루고자 하였다.

해설 ④ 물산장려운동에 대한 설명이다.

⊕참고 **국채보상운동**

• 일제가 도입한 차관으로 인한 경제적 예속화에 대항
• 거족적인 경제적 구국 운동

21 우리나라가 통일 정책을 실시한 순서대로 바르게 나열한 것은?

> ㄱ. 한민족공동체 통일 방안   ㄴ. 민족화합 민주통일 방안
> ㄷ. 7·7 특별 선언   ㄹ. 6·23 평화통일 외교정책 선언
> ㅁ. 평화통일구상 선언   ㅂ. 평화통일 3대 기본원칙

① ㄱ → ㄴ → ㄷ → ㄹ → ㅁ → ㅂ   ② ㄴ → ㄷ → ㅁ → ㄹ → ㅂ → ㄱ
③ ㅁ → ㄹ → ㄴ → ㅂ → ㄷ → ㄱ   ④ ㅁ → ㄹ → ㅂ → ㄴ → ㄷ → ㄱ

해설 ㅁ. 1970.8.15
ㄹ. 1973.6.23
ㅂ. 1974.8.15
ㄴ. 1982.1.22
ㄷ. 1988.7.7
ㄱ. 1989.9.11

22 19세기 후반에 제기된 개혁안을 시대 순으로 나열한 것은?

> ㄱ. 무명의 잡세는 일체 폐지한다.
> ㄴ. 지조법을 개혁하여 관리의 부정을 막고, 백성을 보호하며 국가의 재정을 넉넉하게 한다.
> ㄷ. 국가 재정을 탁지부에서 전관하고, 예산을 국민에게 공포한다.
> ㄹ. 납세는 법으로 정하고, 함부로 세금을 징수하지 아니한다.

① ㄴ → ㄱ → ㄷ → ㄹ   ② ㄱ → ㄴ → ㄷ → ㄹ

③ ㄴ → ㄱ → ㄹ → ㄷ   ④ ㄷ → ㄹ → ㄴ → ㄱ

해설   ㄴ. 갑신정변 때의 14개조 개혁요강(1884)
       ㄱ. 폐정개혁 12조(1894.6)
       ㄹ. 홍범 14조(1894.12)
       ㄷ. 만민공동회의 헌의 6조(1898)

23 다음 내용을 보고 알 수 있는 사건의 배경에 대한 설명 중 옳지 않은 것은?

> 만세 시위가 확산되자, 일제는 헌병경찰은 물론이고 군인까지 긴급 출동시켜 시위 군중을 총과 칼로 진압하였다. 정주, 사천, 맹산, 수안, 남원, 함천 등지에서는 일본 군경의 총격으로 수십 명의 사상자를 냈으며, 화성 제암리에서는 주민들을 교회에 불러 모아 감금하고 불을 질러 학살하였다.
> – 〈한국독립운동지혈사〉 –

① 김규식을 파리에 파견하여 한국독립지원을 호소하였다.
② 도쿄 2 · 8 독립선언의 영향을 받았다.
③ 윌슨의 민족자결주의의 영향을 받았다.
④ 중국의 5 · 4 운동의 영향을 받았다.

해설   3 · 1 운동은 중국의 5 · 4 운동과 인도의 무저항운동 및 동남아시아, 중동 지역의 반제국주의 민족운동에 선구적인 역할을 하였다.

24 내각책임제가 등장한 시기는?

① 1차 개헌   ② 2차 개헌

③ 3차 개헌   ④ 4차 개헌

해설   내각책임제를 골자로 한 제3차 개헌이 1960년 통과되었다.

개 헌	배 경	주요 내용
제헌헌법 (1948)	5.10 총선거	• 우리나라 최초의 헌법 • 국회가 대통령 선출 • 단원제 • 대통령–부통령 간선제
발췌개헌 (1952)	이승만 재집권	• 대통령–부통령 직선제 • 민의원 참의원 양원제 • 국회, 국무위원 불신임 결의제
사사오입개헌 (1954)	이승만 종신 집권	• 대통령 중임제 철폐 • 자유시장경제체제 도입
내각제개헌 (1960)	4.19	• 내각책임제 • 헙법재판소 신설 • 지방자치제 실시 • 기본권 강화
소급입법개헌 (1960)	3.15 선거 관련자 처벌	• 선거 관련자 처벌을 위해 소급입법 개헌
5차 개정 (1962)	5.16 군사 정변	• 대통령 중심제 • 단원제 국회 • 국가 재건 최고회의에서 개헌 주도
3선 개헌 (1969)	박정희 집권 연장	• 대통령 3선금지 조항 철폐 • 국회의원, 국무총리 및 국무위원 겸직 허용
유신헌법 (1972)	박정희 종신 집권	• 통일주체국민회의에서 대통령 간선제(6년) • 대통령 중임 · 연임제한 규정 철폐 • 국회권한 축소
8차 개헌 (1980)	5.17 비상 조치	• 선거인단에 의한 대통령 간선제(7년) • 국회의원 비례대표제 채택
직선제 개헌 (1987)	6월 민주 항쟁	• 대통령 직선제(5년) • 국회 국정감사권 부활 등 권한 강화 • 대통령 권한 축소

제5회

25 일제 강점기 사학자로 다음 설명에 해당하는 인물은?

> 일제 침략을 규탄하고 독립 운동의 정신적 지주를 세우기 위하여 〈한국통사〉, 〈한국독립운동지혈사〉 등을 저술하였다.

① 신채호　　　　　　　　　　　② 박은식
③ 조윤제　　　　　　　　　　　④ 이병도

해설 　박은식은 일제시대 사학자이자 독립운동가로 〈한국통사〉, 〈한국독립운동지혈사〉 등을 저술하였다.

26 다음 설명에 해당하는 궁궐은?

> 원래 조선 9대 성종의 형인 월산대군의 사저였으며, 임진왜란 때 환도한 선조가 궁궐로 삼으면서 '서궁'이라고 했다. 이후 별궁으로 사용되다가 고종이 아관파천에서 환궁하면서 정궁으로 사용하였다.

① 창경궁
② 창덕궁
③ 덕수궁
④ 경복궁

해설) 덕수궁의 본래 이름은 경운궁으로, 조선 최후의 임금인 순종이 창덕궁으로 옮겨가면서 고종의 장수를 기원하는 뜻에서 덕수궁이라 하였다.

27 소조불상 중 가장 크고 오래된 작품으로 고려시대의 불상이며 국보에 해당하는 것은?

① 영주 부석사 소조여래좌상
② 경주 기림사 소조비로자나삼불좌상
③ 보은 법주사 소조비로자나삼불좌상
④ 부여 무량사 소조아미타여래삼존좌상

해설) ② 조선시대의 불상으로 중앙에 비로자나불을 모시고 왼쪽에 약사, 오른쪽에 아미타불을 배치하였으며, 보물에 해당한다.
③ 조선시대의 불상으로 임진왜란 이후의 새로운 조형을 보여주며, 보물에 해당한다.
④ 조선시대의 불상으로 아미타 · 관음 · 대세지보살이 결합한 삼존형식이며, 보물에 해당한다.

28 통일신라시대 때 조성된 탑이 아닌 것은?

① 감은사지 삼층석탑
② 고선사지 삼층석탑
③ 불국사 삼층석탑
④ 분황사 모전석탑

해설) 분황사 모전석탑은 현재 남아있는 신라 석탑 가운데 가장 오래된 걸작으로 신라 선덕여왕 때 조성되었으며, 돌을 벽돌 모양으로 다듬어 쌓아올린 모전석탑이다.

29 석호가 아닌 것은?

① 경포호

② 영랑호

③ 장연호

④ 화진포호

> **해설** 장연호는 화산의 분출, 산사태 등으로 하천의 수로가 막혀서 생긴 호수이다.

30 문화재의 연결이 옳지 않은 것은?

① 유형문화재 – 건조물, 서적, 고문서

② 무형문화재 – 연극, 음악, 고분

③ 기념물 – 성터, 궁터, 동식물

④ 민속문화재 – 풍속, 의복, 가옥

> **해설** 무형문화재(문화재보호법 제2조 제1항 제2호)
> • 전통적 공연 · 예술
> • 공예, 미술 등에 관한 전통기술
> • 한의약, 농경 · 어로 등에 관한 전통지식
> • 구전 전통 및 표현 / 의식주 등 전통적 생활관습
> • 민간신앙 등 사회적 의식
> • 전통적 놀이 · 축제 및 기예 · 무예

31 서원에 관한 설명이 아닌 것은?

① 조선시대의 국립교육기관이다.

② 퇴계 이황이 지은 서원은 도산서원이다.

③ 조선 최초의 서원은 백운동서원이다.

④ 흥선대원군은 서원 철폐령을 내렸다.

> **해설** 조선시대 최고의 국립교육기관은 성균관이다.

32 북한지역에 있고, 세계문화유산에 등재되지 않은 조선왕릉은?

① 광 릉　　　　　　　　　　　② 헌 릉

③ 후 릉　　　　　　　　　　　④ 영 릉

> **해설**　후릉은 황해북도 개풍군 영정리에 있는 조선 제2대 왕 정종과 정안왕후의 쌍릉이다.

33 우리나라 해안에 대한 설명으로 옳지 않은 것은?

① 동해안은 해안선이 비교적 단조롭다.

② 황해안은 만의 형성이 대규모적이고, 간만의 차가 심하다.

③ 동해안은 새로운 간척지가 넓게 분포하고 있어 갯벌 축제 등을 도입하기 유리하다.

④ 남해안은 산업관광자원과의 연계성이 유리하다.

> **해설**　③ 서해안에 대한 내용이다.

34 다음 밑줄 친 부분에 해당하는 국립공원은?

> 해안국립공원을 제외한 국립공원 중 면적이 가장 큰 곳은 이 국립공원이다. 국가지정 문화재로는 화엄사 각황전 등 국보 8개와 보물 33개가 있으며, 천연기념물로 화엄사 매화, 올벚나무 등이 있다.

① 설악산 국립공원　　　　　　② 지리산 국립공원

③ 속리산 국립공원　　　　　　④ 계룡산 국립공원

> **해설**　지리산 국립공원은 1967년 12월 우리나라에서 처음으로 지정된 최대 규모의 국립공원이다.

35 벽돌로 묘실을 축조하여 만든 무덤은?

① 전축분　　　　　　　　　　　② 적석묘

③ 토장묘　　　　　　　　　　　④ 토 총

> **해설**　전축분은 벽돌로 묘실을 축조하여 만든 무덤이다. 백제의 전축분은 중국 남조의 묘제를 받아들여 그 당시의 현실에 적응시킨 것으로, 구조형태는 당시의 화려한 백제 분묘 축성술과 외래문화 수용태도를 보여준다.

36 다음 중 강의 길이가 짧은 것부터 긴 순으로 나열한 것은?

ㄱ. 한 강	ㄴ. 낙동강
ㄷ. 금 강	ㄹ. 영산강

① ㄱ - ㄴ - ㄷ - ㄹ   ② ㄹ - ㄷ - ㄱ - ㄴ

③ ㄱ - ㄴ - ㄹ - ㄷ   ④ ㄴ - ㄱ - ㄹ - ㄷ

해설) ㄹ. 영산강 : 136km   ㄷ. 금강 : 395km
ㄱ. 한강 : 514Km   ㄴ. 낙동강 : 521km

37 신라의 3보가 아닌 것은?

① 장육존상   ② 황룡사 9층목탑

③ 진평왕 옥대   ④ 금동미륵보살반가상

해설) 신라 3보는 진평왕의 천사옥대와 황룡사 장육존상, 황룡사 9층목탑을 말한다.

38 다음 중 축제의 성격이 다른 하나는?

① 음성품바축제   ② 평창송어축제

③ 추억의충장축제   ④ 한성백제문화제

해설) ④ 예비 문화관광축제에 해당한다.
문화관광축제
광안리어방축제, 대구약령시한방문화축제, 대구치맥페스티벌, 인천펜타포트음악축제, 추억의충장축제, 울산옹기축제, 연천구석기축제, 시흥갯골축제, 안성맞춤남사당바우덕이축제, 수원화성문화제, 여주오곡나루축제, 평창송어축제, 춘천마임축제, 평창효석문화제, 원주다이내믹댄싱카니발, 강릉커피축제, 정선아리랑제, 횡성한우축제, 음성품바축제, 한산모시문화제, 서산해미읍성역사체험축제, 임실N치즈축제, 진안홍삼축제, 순창장류축제, 영암왕인문화축제, 담양대나무축제, 보성다향대축제, 정남진장흥물축제, 포항국제불빛축제, 봉화은어축제, 청송사과축제, 밀양아리랑대축제, 통영한산대첩축제, 산청한방약초축제, 제주들불축제

39 삼국시대 고분의 이름과 형태, 벽화가 바르게 연결된 것은?

① 무령왕릉 – 벽돌무덤 – 수렵도

② 천마총 – 굴식벽돌무덤 – 천마도

③ 강서고분 – 굴식돌방무덤 – 사신도

④ 장군총 – 굴식돌방무덤 – 기마인물도

해설 ① 수렵도는 고구려의 무용총 벽화이다.
② 천마총은 돌무지 덧널무덤이며, 천마도는 벽화가 아니다.
④ 장군총은 석총이고 벽화가 없다.

40 다음에서 설명하는 건축물 안에 포함된 것이 아닌 것은?

서울특별시 종로구에 있는 조선시대의 궁전으로, 조선 태조 4년(1395)에 건립되어 임진왜란 때 소실되었으나 고종 2년(1865)에서 고종 5년(1868) 사이에 흥선대원군이 재건하였다.

① 영녕전   ② 자경전
③ 향원정   ④ 교태전

해설 제시된 내용은 경복궁에 관한 것이다. 영녕전은 조선시대 태조(太祖)의 사대조(四代祖)와 그 비, 대가 끊어진 임금과 그 비의 신위(神位)를 봉안하던 곳으로 종묘(宗廟)의 서쪽에 있다.
② 자경전 : 대비가 거처하던 침전
③ 향원정 : 경복궁의 2층 누각, 보물
④ 교태전 : 왕비가 거처하던 침전

41 다음 탑들과 연대로 맞는 것은?

① 개심사지 오층석탑 – 조선시대   ② 금산사 육각다층석탑 – 삼국시대
③ 운주사 원형다층석탑 – 고려시대   ④ 월정사 팔각구층석탑 – 삼국시대

해설 ① 개심사지 오층석탑 – 고려시대
② 금산사 육각다층석탑 – 고려시대
④ 월정사 팔각구층석탑 – 고려시대

42 다음에 해당하는 민속마을은?

> • 국가민속문화재로 조선 후기(18~19세기)의 한옥 건축을 보여주는 마을
> • 가옥은 중앙의 개울을 따라 이어져 있는 마을 안길을 중심으로 산을 등지고 있는 형태

① 경주 양동마을　　　　　　　　② 제주 성읍마을

③ 고성 왕곡마을　　　　　　　　④ 전주 한옥마을

> 해설) ① 월성 손씨, 여강 이씨의 집성촌이며, 보물인 무첨당, 향단, 관가정이 있다. 2010년 유네스코 세계유
> 산으로 등재되었으며, 국가민속문화재에 해당한다.
> ② '─'자형의 집 2채를 중심으로 몇 가지 배치 방식으로 되어 있다. 국가민속문화재인 객주집, 고창환
> 고택 등이 있으며, 천연기념물인 팽나무가 있다. 국가민속문화재이다.
> ④ 700여 채의 한옥이 모여 있는 곳으로, 전국 유일의 도심 한옥군이다. 사적인 경기전, 향교 등이 있다.

43 서울의 4대문으로 바르게 짝지어진 것은?

> ㄱ. 숭례문　　　　　　　　　ㄴ. 숙정문
> ㄷ. 광희문　　　　　　　　　ㄹ. 흥인지문
> ㅁ. 돈의문　　　　　　　　　ㅂ. 돈화문

① ㄱ, ㄴ, ㄷ, ㄹ　　　　　　　　② ㄱ, ㄴ, ㄹ, ㅁ

③ ㄱ, ㄹ, ㅁ, ㅂ　　　　　　　　④ ㄱ, ㄴ, ㅁ, ㅂ

> 해설) 서울의 4대문은 정남에 숭례문(지금의 남대문), 정북에 숙정문, 정동에 흥인지문(지금의 서울 동대문),
> 정서에 돈의문이다.

44 불·법·승의 세 가지 보물을 간직하고 있는 사찰, 즉 삼보사찰로 바르게 묶인 것은?

① 범어사, 화엄사, 해인사　　　　② 해인사, 통도사, 송광사

③ 해인사, 법주사, 수어사　　　　④ 범어사, 통도사, 송광사

> 해설) 우리나라에서는 해인사(법)·통도사(불)·송광사(승)가 삼보사찰에 속하며, 이 세 사찰을 일컬어 3대
> 사찰이라고 부른다.

45 **다음 중 무형문화재에 관한 설명이 아닌 것은?**

① 전통기술, 사회적 의식, 기예 · 무예 등이 해당한다.

② 국가무형문화재와 시 · 도문화재로 구분한다.

③ 국가무형문화재는 대통령령으로 정한다.

④ 「문화재보호법」을 따른다.

> 해설) 문화재청장은 무형문화재위원회의 심의를 거쳐 무형문화재 중 중요한 것을 국가무형문화재로 지정할
> 수 있다(문화재보호법 제24조 제1항).

46 **다음 중 고려시대 목조 건축물이 아닌 것은?**

① 강릉 객사문   ② 봉정사 극락전

③ 수덕사 대웅전   ④ 금산사 미륵전

> 해설) 금산사 미륵전은 국보로 조선시대 목조 건축물이다.

47 **다음 내용에 해당하는 국가무형문화재는?**

• 2009년 9월 30일 유네스코 세계무형문화유산으로 등재되었다.
• 49재 가운데 하나로 사람이 죽은 지 49일 만에 영혼을 천도하는 의식이다.

① 영산재   ② 은산별신제

③ 진도씻김굿   ④ 동해안별신굿

> 해설) 영산재(국가무형문화재)는 49재의 한 형태로, 영혼이 불교를 믿고 의지함으로써 극락왕생하게 하는
> 의식이다.

48 다음 내용에 해당하는 탈은?

> • 상여 행렬의 가장 앞에서 춤을 추며 잡귀를 쫓는 탈이다.
> • 눈이 4개이기 때문에 더 멀리 볼 수 있다는 의미를 지닌다.

① 영노탈   ② 방상시탈

③ 소무탈   ④ 부네탈

> 해설) 방상시는 궁중의 나례 의식에서 악귀를 쫓는 사람이며, 방상시탈은 방상시가 쓰던 탈이다. 소나무로 만들어졌고, 네 개의 눈과 코 · 입 · 눈썹 등이 새겨져 있다.

49 다음 중 우리나라 문화재에 대한 설명이 아닌 것은?

① 명승 해금강의 소재지는 경상북도이다.

② 미륵사지 석탑은 당시 백제에서 유행하던 목탑양식에 따라 만들어진 탑이다.

③ 서원은 성리학적 인재를 양성하기 위해 조선 중기에 주로 설립되었다.

④ 법주사 팔상전은 국내 유일의 오층 목탑형식의 건축물이다.

> 해설) 해금강은 경상남도 거제에 위치하고 있다.

50 현존하는 고려의 대표적인 목조 건축물로 바르게 짝지어진 것은?

> ㄱ. 봉정사 극락전
> ㄴ. 법주사 팔상전
> ㄷ. 부석사 무량수전
> ㄹ. 수덕사 대웅전

① ㄱ, ㄴ, ㄷ   ② ㄱ, ㄴ, ㄹ

③ ㄱ, ㄷ, ㄹ   ④ ㄴ, ㄷ, ㄹ

> 해설) 법주사 팔상전은 법주사 경내에 있는 조선시대의 목조 건축물이다.

제**6**회 실전모의고사

01 신석기시대 유적지에서 발견될 가능성이 없는 유물은?

① 비파형 동검
② 덧무늬 토기
③ 치레걸이
④ 조개껍데기 가면

해설) ① 청동기시대 유물이다.

02 다음 내용에 해당하는 건국신화를 가지고 있는 나라는?

> 하늘에서 내려온 해모수는 유화를 아내로 맞은 후 다시 하늘로 올라갔다. 이후 유화는 커다란 알을 낳았다. 알을 버렸으나, 동물들이 모두 보호하였다. 다시 알을 유화에게 돌려주었더니, 며칠 후 알에서 사내아이가 나왔다.

① 백 제
② 신 라
③ 고구려
④ 고조선

해설) 고구려의 건국신화이다. 고구려는 부여 지배계급의 분열·대립 과정 중 주몽이 남하하여 건국하였다.

03 삼국시대 신라와 고구려에 대한 설명으로 옳지 않은 것은?

① 신라의 화랑도는 진흥왕 때에 인재 양성을 위한 국가 조직으로 정비되었다.

② 고구려는 소수림왕 때에 율령이 반포되고, 불교가 수용되면서 중앙집권국가의 모습을 갖추었다.

③ 신라는 법흥왕 때에 이차돈의 순교를 계기로 불교를 공인하면서 왕권을 강화시켜 나갔다.

④ 고구려는 고국천왕 때에 낙랑군을 완전히 몰아내고 남쪽으로 진출할 수 있는 발판을 마련했다.

[해설] 고구려는 미천왕 때에 낙랑군을 완전히 몰아내고 남쪽으로 진출할 수 있는 발판을 마련하였다.

04 통일신라 신문왕 때의 사실이 아닌 것은?

① 김흠돌의 모역 사건을 계기로 귀족 세력 숙청

② 국학 설립

③ 녹읍 폐지

④ 집사부의 장관인 시중의 기능 강화

[해설] 집사부의 장관인 시중의 기능을 강화한 왕은 태종 무열왕이다. 신문왕은 ① · ② · ③ 외에 9주 5소경의 지방 조직을 정비하고 관료전을 지급하였다.

05 다음 중 백제의 문화재는?

① 성덕대왕 신종　　　　　　　② 장군총

③ 금동대향로　　　　　　　　④ 기마형 토기

[해설] 금동대향로는 1993년 부여 능산리에서 출토된 것으로, 신선들이 사는 이상 세계를 표현하였으며 화려한 모습으로 유명하다.
① 통일신라, ② 고구려, ④ 가야의 문화재이다.

06 발해의 중앙 정치 조직은 당의 3성 6부제를 기본으로 편성하였다. 다음 중 발해 중앙 관제에서 독자성을 띠고 있는 것은?

① 국자감   ② 중서문하성

③ 어사대   ④ 좌사정과 우사정

해설) 발해의 중앙 관제는 당의 체계를 기본으로 하였지만, 정당성 아래에 좌사정과 우사정을 두고 이원적으로 운영한 것은 발해만의 독자적인 모습이다.

07 충주(중원) 고구려비를 건립한 왕과 관계없는 것은?

① 남진 정책을 추진하였다.

② 평양으로 천도하였다.

③ 신라를 도와 왜구를 격퇴하였다.

④ 나 · 제 동맹 결성의 계기를 만들었다.

해설) 충주(중원) 고구려비는 장수왕 때 세워진 것으로 추정된다. 신라를 도와 왜구를 격퇴한 것은 광개토대왕(391~413)에 관한 설명이다.

⊕ 참고

충주(중원) 고구려비는 현재 건립연대에 대한 연구가 진행 중으로 광개토대왕 재위 때인 397년에 세워졌을 가능성이 있다는 주장이 강력하게 제기되고 있다.

08 다음 중 고려 말 공민왕에 대한 설명으로 옳은 것은?

① 과거제도를 처음으로 실시하였다.

② 기철로 대표되던 친원 세력을 몰아냈다.

③ 노비안검법을 실시하여 양민의 수를 늘렸다.

④ 과전법을 실시하여 권문세족의 힘을 약화시켰다.

해설) ① 과거제도를 처음으로 실시한 왕은 광종이다.
③ 광종은 노비안검법을 실시하여 양민의 수를 확보하고 왕권을 강화하려 하였다.
④ 과전법의 실시는 이성계의 위화도 회군 이후 공양왕 때이다.

09 고려시대의 특수 행정구역인 '소'에 대한 설명으로 옳은 것을 모두 고른 것은?

> ㄱ. 신성한 지역의 표시로 솟대가 세워져 있었다.
> ㄴ. 소의 주민들은 일반 군현민에 비해 차별을 받았다.
> ㄷ. 나라에 바칠 수공업품을 만드는 사람들이 살았다.
> ㄹ. 신분적으로 천민이지만, 천민에 비해 규제가 심하지 않았다.

① ㄱ, ㄴ   ② ㄴ, ㄷ

③ ㄷ, ㄹ   ④ ㄱ, ㄹ

해설) 고려시대의 특수 행정 구역인 향·소·부곡에 거주하는 백성들은 일반 평민에 비해 차별 대우를 받았다. 향·부곡은 농업에 주로 종사하였고, 소는 수공업에 종사하였다. 이들은 신분적으로 양민이지만, 양민에 비해 거주 이전에 제약을 받는 등 규제가 심하였다.

10 다음 사건을 시대 순으로 바르게 나열한 것은?

> ㄱ. 과전법 실시   ㄴ. 정몽주 제거
> ㄷ. 위화도 회군   ㄹ. 요동 정벌 계획

① ㄷ → ㄹ → ㄱ → ㄴ   ② ㄷ → ㄹ → ㄴ → ㄱ

③ ㄹ → ㄷ → ㄴ → ㄱ   ④ ㄹ → ㄷ → ㄱ → ㄴ

해설) 명이 철령위 설치를 요구하자 우왕과 최영이 요동 정벌(1388)을 계획하였다. 이성계는 이에 반대하여 위화도에서 회군(1388)하여 정치·군사적 실권을 장악하고, 과전법을 실시(1391)하여 경제적 기반을 마련하였다. 이어 조선 건국을 반대하는 정몽주 등의 반대파를 제거(1392)하고 조선을 건국하였다.

11 다음 글과 관련된 사화에 대한 설명으로 적절하지 않은 것은?

> 유자광이 김종직의 문집에서 조의제문(弔義帝文)의 내용을 지적하면서 "이는 다 세조를 지목한 것이다. 김일손의 죄악은 모두가 김종직이 가르쳐서 이루어진 것이다"라고 하였다.
>
> ─ 〈연산군일기〉 ─

① 기묘사화에 관한 내용이다.

② 훈구파와 사림파의 갈등으로 일어났다.

③ 유자광은 훈구파이고 김종직은 사림파이다.

④ 사림 세력들은 주로 언관직에 진출하면서 훈구파를 비판하였다.

해설) 보기의 사건은 무오사화에 관한 내용이다.

12 다음의 내용을 시대 순으로 바르게 배열한 것은?

> ㄱ. 후금은 광해군을 위하여 보복한다는 명분을 내걸고 쳐들어왔다.
> ㄴ. 명의 요구에 따라 출병한 강홍립은 결국 후금에 항복하였다.
> ㄷ. 인조는 남한산성에서 45일간을 대항하였으나 결국 청과 화의를 맺었다.
> ㄹ. 두 차례에 걸친 나선정벌에서 조선 총수병의 실력을 발휘하였다.

① ㄱ → ㄴ → ㄷ → ㄹ   ② ㄴ → ㄱ → ㄷ → ㄹ

③ ㄴ → ㄷ → ㄹ → ㄱ   ④ ㄷ → ㄹ → ㄱ → ㄴ

> 해설) ㄴ. 중립외교(1619) → ㄱ. 정묘호란(1627) → ㄷ. 병자호란(1636) → ㄹ. 나선정벌(1658)

13 탕평비를 세운 임금이 추진한 정책으로 옳은 것은?

① 초계문신 제도를 실시하였다.
② 군사 기구인 장용영을 설치하였다.
③ 농민 부담을 줄이고자 균역법을 실시하였다.
④ 규장각을 설치하여 학술 연구를 지원하였다.

> 해설) 탕평비는 1742년 붕당에 폐해를 경계하기 위해 영조가 세웠으며, ① · ② · ④ 정조 때의 일이다.

14 다음 내용에서 설명하는 시대에 대한 설명으로 옳지 않은 것은?

> 정조가 죽은 후 3대 60여 년 동안 안동 김씨나 풍양 조씨 같은 왕의 외척세력이 권력을 행사하였다.

① 비변사가 핵심적인 정치 기구로 자리 잡았다.
② 외척세력이 정부의 고위 관직을 독점하고, 관직을 사고 팔았다.
③ 순조 때의 대표적인 세도 가문은 풍양 조씨였다.
④ 유력한 가문 출신의 몇몇이 실제 권력을 행사하였다.

> 해설) 보기는 세도 정치에 대한 설명이다. 순조 · 철종 때는 안동 김씨가, 헌종 때는 풍양 조씨가 세도 가문이었다.

15 다음 글의 밑줄 친 문화유산에 해당하는 것을 고르면?

> 고려시대에는 귀족 문화와 지방 문화가 함께 성장하였다. 특히 이 문화유산은 지방 문화의 특색을 잘 드러내고 있다.

① 관촉사 석조미륵보살입상
② 부석사 소조여래좌상
③ 하사창동 철조석가여래좌상
④ 고려청자기

해설) 고려시대 문화의 특징은 지역적 색채가 많이 가미되어 있다는 것이다. 특히 불상 중에서 관촉사 석조미륵보살입상은 머리와 몸통의 비례나 얼굴 등이 토속적인 느낌을 주고 있어 지역적 특색이 강한 것으로 평가받는다.

16 조선 중기 이후 정치상황에 대한 설명으로 옳지 않은 것은?

① 숙종 때 정국을 주도하는 붕당과 견제하는 붕당이 서로 교체됨으로써 잦은 환국이 나타났다.
② 붕당정치가 변질되면서 정치 집단 간의 세력 균형이 무너지고 왕권 자체가 불안해졌다.
③ 이조 전랑의 후임자 천거권은 영조 때에 완전히 폐지되었다.
④ 정조는 각 붕당의 주장이 옳은지 그른지를 명백히 가리는 적극적인 탕평책을 추진하였다.

해설) 영조는 이조 전랑의 후임자 천거와 3사 관리 선발 관행은 폐지하였으나, 후임자 천거권은 정조 때 완전히 폐지되었다.

17 다음 글을 남긴 독립 운동가는?

> 내가 죽은 뒤에 나의 뼈를 하얼빈 공원 옆에 묻어 두었다가 나라를 되찾거든 고국으로 옮겨 다오. 나는 천국에 가서도 마땅히 우리나라의 독립을 위해 힘쓸 것이다.
> 〈중략〉
> 대한 독립의 소리가 천국에 들려오면 나는 춤추며 만세를 부를 것이다.

① 안중근   ② 윤봉길
③ 이봉창   ④ 홍범도

해설) 보기는 하얼빈 역에서 이토 히로부미를 저격하여 사살한 안중근의 글이다.

18 **이준, 이상설, 이위종 등이 헤이그 특사로 파견된 원인으로 옳은 것은?**

① 을사조약   ② 한일의정서

③ 정미7조약   ④ 간도협약

> 해설) 고종은 을사조약의 불법성을 전 세계에 알리고자 1907년 네덜란드 헤이그 만국평화회의에 이준, 이상설, 이위종 3인을 대표로 보내 대한제국의 억울함을 호소하도록 하였다.

19 **다음 사항을 주장한 단체에 대한 설명으로 옳지 않은 것은?**

> • 국가 재정을 공고히 하고 예산을 국민에게 공포할 것
> • 중대 범죄의 공판, 언론 · 집회의 자유를 보장할 것

① 자주 국권 · 자유 민권 등을 달성하려는 헌의 6조를 결의하였다.

② 만민공동회를 개최하고 자유 · 민주를 주장하였다.

③ 근대적 지식과 국권 · 민권 사상을 고취시켰다.

④ 공화정 형태의 민주정치 실시를 주장하였다.

> 해설) 독립협회는 의회의 설립과 서구식 입헌군주제 실현을 목표로 하였다.

20 **다음 괄호 안에 들어갈 인물은?**

> 〈물산장려운동〉
> • 주도인물 : (   )
> • 목적 : 국산품 장려, 자급자족, 근검절약을 통한 민족 산업 육성
> • 전개 : 강연회와 선전 행사, 근검절약, 금주 · 단연 운동 전개, 자작회와 토산애용부인회 결성

① 이상재   ② 조만식

③ 최남선   ④ 이광수

> 해설) 물산장려운동은 물산장려기성회를 중심으로 평양에서 시작되었다. 물산장려운동에 앞장섰던 인물은 조만식이다.

21 다음 중 일본이 우리의 주권을 빼앗기 위해 가장 먼저 외교권을 박탈한 사건은?

① 한일합방
② 기유각서
③ 한 · 일 신협약
④ 제2차 한일협약

해설 • 제2차 한일협약(을사조약, 1905. 6) : 외교권 박탈
• 한 · 일 신협약(정미 7조약, 1907) : 군대해산
• 기유각서(1909) : 사법권 박탈
• 한일합방(1910) : 주권 소멸, 국권 피탈

22 3 · 1 운동의 역사적 의의에 대한 설명이 아닌 것은?

① 가혹한 식민지 정책에 반발한 전 민족적 민중구국운동으로 독립 운동의 방향에 전기를 마련했다.
② 윌슨의 민족 자결주의, 중국의 5 · 4 운동에 자극을 받아 일어난 범세계적 운동이다.
③ 세계 약소민족의 독립 운동에 큰 자극이 되었고, 국내외에 민족의 주체성을 확인하는 계기가 되었다.
④ 전 민족이 참여한 것으로 우리 민족의 독립 운동을 널리 알리는 분기점이 되었다.

해설 3 · 1 운동은 민족의 저력을 국내외에 과시하고, 세계 여러 나라에 우리 민족의 독립 문제를 올바르게 인식시키는 계기를 마련했다. 특히, 3 · 1 운동의 영향으로 중국에서 5 · 4 운동이 일어났다. 또한 일제가 무단 통치에서 문화 통치로 통치 방식을 변경하는 계기가 되었다.

23 한말의 문화 활동으로 옳은 것은?

① 국문연구소에서 한글날을 제정하고 한글을 보급하였다.
② 조선사편수회는 한글 대중화에 이바지하였다.
③ 진단학회에서 표준어를 제정하였다.
④ 신소설은 봉건적인 도덕관의 배격, 미신타파 등을 주로 다루었다.

해설 국문연구소의 전통을 이은 조선어연구회(1921)가 한글 기념일인 '가갸날'을 제정하고 한글을 연구하였으며, 한글맞춤법 통일안과 표준어를 제정하였다.

24 외세의 경제적 침략과 그에 대응한 우리 민족의 경제적 투쟁을 연결한 것으로 바르지 못한 것은?

① 곡물의 대량 유출 – 방곡령의 실시
② 외국인의 상권 장악 – 농광 회사 설립
③ 러시아의 절영도 조차 요구 – 만민공동회의 개최
④ 차관 제공에 의한 경제적 예속화 – 국채보상운동

해설) 농광 회사는 민간 실업인과 관리들이 우리 손으로 황무지를 개간하고자 설립한 것이다.

25 근우회와 형평사가 전개한 활동의 공통점은 무엇인가?

① 국산품 애용 운동
② 민족 협동 전선 추구
③ 평등 의식 보급
④ 학생운동 지원

해설) 근우회(1927)는 신간회 자매단체로서 여성계의 민족 유일당이다. 남녀평등을 주장했고, 여성 노동자의 권익보호와 생활개선을 행동 강령으로 하였다. 백정의 사회적 차별 철폐운동을 펼친 형평사(1923)는 백정에 대한 평등한 대우를 요구하였다.

26 다음 중 향토특산물과 지역의 연결로 옳지 않은 것은?

① 모시 – 한산
② 목기 – 남원
③ 인삼 – 풍기
④ 삼베 – 원주

해설) 삼베로 유명한 곳은 안동이다.

27 다음 설명과 가장 관련이 깊은 산은?

> 전북 무주군과 장수군, 경남 거창군과 함양군의 경계를 이루는 산으로, 1975년 국립공원으로 승격되었다. 1614년(광해군 6년)에 적상산성 내에 사각이 설치됐고, 1641년(인조 19년)에 선운각이 설치되어 조선왕조실록과 왕의 족보인 선원록이 봉안됐다.

① 덕유산
② 내장산
③ 가야산
④ 오대산

해설) 전라북도 무주군에 위치한 덕유산에 대한 설명이다.

28 다음에서 설명하는 강은?

> 상류부에서는 감입곡류하면서 무주에서 무주구천동, 영동에서 양산팔경 등 계곡미를 이루며, 하류의 부여에서는 백마강이라는 별칭으로 불린다.

① 섬진강
② 한 강
③ 금 강
④ 두만강

해설) 금강 상류부에서는 감입곡류하면서 무주에서 무주구천동, 영동에서 양산팔경 등 계곡미를 이루며, 하류의 부여에서는 백마강이라는 별칭으로 불리면서 부소산을 침식하여 백제 멸망사에 일화를 남긴 낙화암을 만들었다.

29 설명에 해당하는 식물의 명칭과 천연기념물로 지정된 지역이 바르게 연결된 것은?

> 두릅나무과에 속하는 상록관목으로 잎이 7~9갈래로 갈라진 데서 생긴 것이며, 팔각금반 또는 팔금반이라고도 부른다. 남부지방에서는 정원수로 많이 심는다.

① 이팝나무 – 경남 김해　　　　② 미선나무 – 충북 진천
③ 팔손이나무 – 경남 통영　　　④ 왕벚나무 – 전남 해남

해설) 팔손이나무는 손바닥모양과 같이 7~9갈래로 갈라진 데서 생긴 것이며, 통영 비진도의 팔손이나무 자생지를 천연기념물로 지정하고 있다.

30 다음 향토 축제가 열리는 지역은 어디인가?

> • 소양강문화제
> • 마임축제

① 강 릉　　　　　　　　　　② 속 초
③ 수 원　　　　　　　　　　④ 춘 천

해설) 소양강문화제와 마임축제는 강원도 춘천에서 열린다. 강릉은 단오제, 속초는 설악문화제, 수원은 화성문화제가 열린다.

31 다음에서 설명하고 있는 사찰은?

> 가야산의 서남쪽 기슭에 있는 절로, 신라 애장왕 2년(802)에 당나라에서 유학하고 돌아온 순응과 이정, 두 대사가 세웠다고 한다. 조선 숙종 때부터 고종 때까지 2백여 년간 7차례나 불이 나서 건물 대부분이 타버렸고, 지금의 건물들은 대부분 조선시대 후기에 세운 것들이다.

① 통도사　　　　　　　　　② 송광사
③ 법주사　　　　　　　　　④ 해인사

해설) 해인사는 삼보사찰 중의 하나로, 팔만대장경을 봉안하고 있는 법보사찰이다.

32 주로 원통형 기둥에 쓰이는 기법으로, 기둥의 중간이 배가 부르고 아래위로 가면서 점점 가늘어지게 만드는 방법은?

① 귓솟음기둥
② 민흘림기둥
③ 배흘림기둥
④ 쪽흘림기둥

해설) 배흘림기둥은 구조의 안정과 착시 현상을 바로잡기 위한 수법으로, 그리스를 비롯한 한국 · 중국 · 일본 등의 고대 건축에서 흔히 볼 수 있다.

33 조선시대 궁궐 중 다음에 해당하는 것은?

• 향원정	• 해 치
• 경회루	• 명성황후조난지지

① 경복궁
② 창덕궁
③ 덕수궁
④ 창경궁

해설) 경복궁은 서울특별시 종로구 세종로에 있는 조선시대의 정궐이다.

34 다음 괄호 안에 들어갈 말이 아닌 것은?

> 남사당놀이에서 인형극을 이르는 덜미는 인형극에 나오는 중요 등장인물에 따라 (　　　), (　　　), (　　　)이라고 부른다.

① 꼭두각시놀음
② 박첨지놀음
③ 홍동지놀음
④ 북청사자놀음

해설) 남사당놀이는 풍물, 버나, 살판, 어름, 덧뵈기, 덜미 등으로 이루어진다. 덜미는 인형극에 나오는 중요 등장인물에 따라 꼭두각시놀음, 박첨지놀음, 홍동지놀음이라고 부른다.

35 다음 설명에 해당하는 것은?

> 서울특별시 서초구 내곡동에 있는 조선조 왕릉이다. 이 곳에는 조선 3대 임금 태종과 원경왕후 민씨,
> 23대 임금 순조와 순원왕후 김씨의 능이 있다.

① 건원릉　　　　　　　　　② 헌인릉
③ 현 릉　　　　　　　　　④ 장 릉

해설　① 경기도 구리시 인창동 동구릉 안에 있는 조선 태조 이성계의 무덤
　　　③ 경기도 구리시 인창동 동구릉 안에 있는 조선 문종과 현덕왕후의 무덤
　　　④ 강원도 영월군에 있는 조선 단종의 무덤

36 다음 밑줄 친 부분에 해당하는 산은?

> 신라 선덕여왕 때의 자장율사 이래로 1,360여 년 동안 문수보살이 1만의 권속을 거느리고 늘 설법하
> 고 있는 곳으로 알려진 <u>이 산</u>은 오만보살이 상주하는 불교의 오대성지로 알려져 있다.

① 설악산　　　　　　　　　② 지리산
③ 오대산　　　　　　　　　④ 속리산

해설　오대산은 백두대간 중심축에 위치하고 있으며, 예로부터 삼신산(금강산, 지리산, 한라산)과 더불어 국
　　　내 제일의 명산으로 꼽던 성산이다.

37 관동팔경 중 다음에서 설명하는 것은 무엇인가?

> • 이곳의 절벽과 바위가 신기하고 아름다워 이곳을 '통천금강'이라고 하였다.
> • 해금강 바닷가에 빽빽이 솟아 있는 돌기둥 위의 정자이다.

① 망양정　　　　　　　　　② 총석정
③ 죽서루　　　　　　　　　④ 경포대

해설　총석정은 강원도 통천군 고저읍 총석리 바닷가에 있는 누정으로 관동팔경의 하나이다.

38 생태보전지역 중 우포늪에 대한 설명으로 옳지 않은 것은?

① 경상남도 창녕군 일대이다.

② 람사르협약에 등록해 람사르습지로 되었다.

③ 낙동강을 끼고 발달한 국내 최대의 내륙습지이다.

④ 물장오리습지라고도 한다.

해설) 물장오리습지
제주특별자치도 제주시 봉개동의 물장오리에 있는 습지로서 2008년 10월 13일 람사르습지로 지정·등록되었다.

39 다음에 해당하는 국립공원과 관계없는 사찰은?

> 천왕봉에는 1,000여 년 전에 성모사라는 사당이 세워져 성모석상이 봉안되었으며, 노고단에는 신라 시대부터 선도성모를 모시는 남악사가 있었다.

① 화엄사 ② 송광사

③ 천은사 ④ 쌍계사

해설) 지리산 국립공원은 화엄사, 천은사, 연곡사, 쌍계사 등 유서 깊은 사찰과 국보·보물 등의 문화재가 많으며, 800여 종의 식물과 400여 종의 동물 등 동식물상 또한 풍부하다. 1967년 국립공원 제1호로 지정되었다.

40 자원해설가의 역할로 옳지 않은 것은?

① 문화유산의 가치를 재미있게 소개하는 이야기꾼이다.

② 방문객을 대상으로 관광자원의 내용을 설명하는 전속 전문 안내원이다.

③ 자원해설가의 본분은 수행하는 비서이다.

④ 자원해설가는 자원의 의미와 가치전달에 주력한다.

해설) 자원해설가의 본분은 자원봉사자이다.

41 다음 중 서울의 다섯 번째 관광특구로 지정된 곳은?

① 이태원관광특구
② 잠실관광특구
③ 남대문관광특구
④ 청계천관광특구

해설 서울시는 2012년 3월 15일 송파구 일대를 잠실관광특구로 지정하였다. 서울시의 관광특구는 이태원 (1997), '명동 · 남대문 · 북창(2000), 동대문 패션타운(2002), 종로 · 청계(2006), 잠실(2012), 강남 (2014)'순으로 지정되었다.

42 유교의식의 국가무형문화재가 아닌 것은?

① 종묘제례
② 석전대제
③ 사직대제
④ 영산재

해설 영산재(국가무형문화재)는 49재의 한 형태로 영혼이 불교를 믿고 의지함으로써 극락왕생하게 하는 의식이다. 2009년 인류무형문화유산에 등재되었다.

43 통영과 관계 깊은 특산물은?

① 죽세품
② 한 지
③ 나전칠기
④ 인 삼

해설 경상남도 통영에서 열리는 통영나전칠기축제는 지역 명물 나전칠기를 널리 알리기 위해 통영시가 주최하는 문화관광축제이다.

44 다음에서 설명하는 가옥을 볼 수 있는 지역은?

본채의 벽 바깥쪽에 기둥을 세우고 억새나 싸리로 이엉을 엮어 출입문을 제외한 집 전체의 주위를 둘러싼 것으로 눈이 많이 내리는 한겨울에 방설벽 기능을 한다.

① 제주도
② 울릉도
③ 함경도
④ 강원도

해설 울릉도의 가옥형태인 우데기에 대한 설명이다.

45 우리나라의 국립공원 중 가장 최근에 지정된 곳은 어디인가?

① 태백산   ② 속리산

③ 설악산   ④ 월출산

> **해설** 태백산은 2016년 4월 22번째 국립공원으로 승격하였다.

46 여러 가지 장치들을 이용하여 해설하는 것으로 방문객에게 다양한 상황을 경험하게 할 수 있기 때문에 재현에 특히 효과적인 해설유형은?

① 동행해설기법   ② 담화해설기법

③ 매체이용해설기법   ④ 자기안내해설기법

> **해설** 매체이용해설기법은 재현에 특히 효과적인 해설유형으로 모형기법, 실물기법, 청각기법, 시청각기법 등의 종류가 있다.

47 다음 설명에 해당하는 건축물은?

경복궁의 내전이며 왕의 침전과 생활공간으로 사용하던 전각이다.

① 강녕전   ② 중화전

③ 자경전   ④ 근정전

> **해설** 강녕전은 1395년(태조 4)에 창건하고, 정도전이 건물 이름을 지었다.

48 다음 중 천연기념물이 아닌 것은?

① 반달가슴곰   ② 고라니

③ 하늘다람쥐   ④ 황조롱이

> **해설** 고라니는 사슴과에 속하는 포유동물로 천연기념물이 아니다.

49 우리나라에서만 자라는 희귀한 식물인 미선나무에 대한 설명으로 옳지 않은 것은?

① 쌍떡잎식물로 장미과에 속하며 사계절 피어 있다.

② 괴산의 미선나무 자생지는 우리나라에 자생하는 미선나무가 모여 자라고 있는 곳이다.

③ 희귀성과 식물 분류 및 분포학적 가치가 높이 평가되어 천연기념물로 지정·보호하고 있다.

④ 미선나무는 한때 많은 사람들이 함부로 꺾어서 일부 알려진 자생지에서는 완전히 사라진 경우도 있었다.

해설) 미선나무
우리나라에서만 자라는 희귀한 식물로 개나리와 같은 물푸레나무과에 속한다. 이른 봄에 꽃이 잎보다 먼저 난다. 높이는 1~1.5m 정도로 키가 작고, 가지 끝은 개나리와 비슷하게 땅으로 처져 있다.

50 관동팔경의 하나로 현판이 이승만 대통령의 친필인 문화재는?

① 낙산사

② 청간정

③ 망양정

④ 월송정

해설) 청간정은 강원유형문화재 제32호로 지정된 관동팔경의 하나로, 현판이 이승만 대통령의 친필이다.

제 **7** 회 실전모의고사

제1과목 관광국사

01 다음에서 설명하는 시기의 신앙이 아닌 것은?

- 혈연을 바탕으로 한 씨족을 기본 구성단위로 한다.
- 농경과 정착 생활이 시작되었다.

① 애니미즘   ② 샤머니즘

③ 조상숭배   ④ 선민사상

해설 신석기시대에는 애니미즘, 영혼숭배, 조상숭배, 샤머니즘, 토테미즘 등의 원시 신앙이 있었다.

02 통일신라시대 때 시행된 정책이 아닌 것은?

① 녹읍을 폐지하고 관료전을 지급하였다.
② 9주와 5소경을 두어 지방통치조직을 정비하였다.
③ 상대등을 설치하여 재상과 같은 지위를 부여하였다.
④ 중앙군을 9서당으로, 지방군을 10정으로 확대 · 개편하였다.

해설 ③ 신라 상대 법흥왕 때이다.
통일신라 태종 무열왕은 왕명을 받들고 기밀 사무를 관장하는 집사부의 장관인 시중의 기능을 강화하고, 귀족 세력의 이익을 대변하던 상대등의 세력을 억제하였다. 이로써 통일 이후 진골 귀족 세력이 약화되고 왕권이 전제화될 수 있는 바탕을 마련하였다.

안심Touch

03 백제 때의 사건이 일어난 순서대로 바르게 된 것은?

ㄱ. 불교수용	ㄴ. 칠지도 제작
ㄷ. 나 · 제동맹	ㄹ. 웅진천도

① ㄱ → ㄴ → ㄷ → ㄹ　　　　② ㄴ → ㄱ → ㄷ → ㄹ

③ ㄷ → ㄱ → ㄹ → ㄴ　　　　④ ㄹ → ㄱ → ㄴ → ㄷ

해설 칠지도 제작(근초고왕 재위 346~375년) → 불교수용(침류왕 384년) → 나 · 제동맹(비유왕 433년) → 웅진천도(문주왕 475년)

04 공민왕의 개혁 정책으로 옳지 않은 것은?

① 성균관을 순수 유학기관으로 하였다.

② 쌍성총관부를 공격하여 철령 이북의 땅을 수복하였다.

③ 고려의 내정을 간섭하던 정동행성 이문소를 폐지하였다.

④ 정방을 폐지하고 전민변정도감을 설치하여 부원세력을 강화하였다.

해설 공민왕은 왕권을 제약하고 신진사대부의 등장을 억제하던 정방을 폐지하였고, 전민변정도감을 설치하였다. 또, 승려 신돈을 등용하여 권문세족이 부당하게 빼앗은 토지와 노비를 본래의 소유주에게 돌려주거나 양민으로 해방시켰다.

05 다음의 시와 관련이 있는 것은?

그대의 뛰어난 책략은 천문을 꿰뚫고,
기묘한 작전은 지리를 통달하였소.
싸워 이긴 공이 이미 크니,
이제 그만 되돌아가는 것이 어떠하오.

① 살수대첩　　　　　　　② 안시성 싸움

③ 고구려 부흥 운동　　　　④ 나 · 당 전쟁

해설 제시된 시는 고구려의 을지문덕 장군이 수나라와의 전쟁인 살수대첩 직전에 수나라 장수의 어리석음을 지적하기 위해 지은 '여수장우중문시'이다.

06 신라와 당나라의 전쟁 과정에서 신라의 삼국 통일이 자주적 성격을 가지고 있었음을 보여 주고 있는 사건을 모두 고른 것은?

ㄱ. 백강 전투	ㄴ. 기벌포 전투
ㄷ. 매소성 전투	ㄹ. 황산벌 전투

① ㄱ, ㄴ
② ㄴ, ㄷ
③ ㄷ, ㄹ
④ ㄱ, ㄹ

해설) 신라는 매소성에서 당나라 군대를 몰아내면서 그동안 밀려있던 전세를 회복하고, 기벌포에서 당의 해군을 물리쳤다.

07 고려 성종 때 재상을 지냈으며, 시무 28조를 제안하여 임금은 백성들을 위해 바른 정치를 해야 한다고 주장한 인물은?

① 서 희
② 최승로
③ 강감찬
④ 김부식

해설) 고려 성종 때 재상 최승로는 성종 원년에 '5품 이상 관리들의 정책 건의서 제출'이라는 왕명에 응하여 28조에 달하는 상소를 올렸는데, 현재는 22조만 전한다.

08 다음 중 동양의학을 집대성한 의학서로, 중국과 일본에까지 영향을 준 것은?

① 향약집성방
② 의방유취
③ 동의보감
④ 신주무원록

해설) 동의보감은 1610년 허준이 저술한 의학서적으로, 당시 중국과 일본에도 소개되어 큰 영향을 미쳤다.

09 다음 중 고려시대 석탑에 대한 설명으로 옳은 것을 모두 고른 것은?

> ㄱ. 신라 양식을 일부 계승하여 독자적인 조형 감각을 가미하였다.
> ㄴ. 승려의 사리를 봉안하는 승탑과 탑비가 유행하였다.
> ㄷ. 높은 예술성과 빼어난 건축술을 보여 주는 다보탑이 있다.
> ㄹ. 다각 다층탑이 많고 안정감은 부족하지만 자연스러운 모습을 보인다.

① ㄱ, ㄴ
② ㄴ, ㄷ
③ ㄷ, ㄹ
④ ㄱ, ㄹ

해설) ㄴ · ㄷ. 통일신라시대 때의 석탑에 대한 설명이다.

10 다음에서 설명하는 왕의 업적으로 옳은 것은?

> 건국 이후 문물제도 정비를 완비하였으며, 홍문관을 두어 관원 모두에게 경영관을 겸하게 함으로써 집현전을 계승하였다. 또한 사림을 등용하여 훈구세력을 견제하려고 하였다.

① 한글을 창제하였다.
② 균역법을 실시하였다.
③ 집현전을 설치하였다.
④ 〈경국대전〉을 완성하였다.

해설) 조선의 9대 임금 성종은 학문을 장려하고 제도를 정비하는 등 많은 치적을 남겼다. 훈구 세력을 견제하기 위해 김종직을 비롯한 사림세력을 대거 중용하였으며, 홍문관을 설치하고 경연을 활성화시켰으며, 조선의 기본 법전인 〈경국대전〉을 완성했다.

11 다음 밑줄 친 ㄱ~ㄹ에 대한 설명으로 옳지 않은 것은?

> 조선은 고려의 교육 제도를 이어받아 서울에 국립교육기관인 ㄱ. 성균관을 두었으며, 중등교육기관으로 중앙의 4학과 지방의 ㄴ. 향교가 있었다. 사립교육기관으로는 ㄷ. 서원과 ㄹ. 서당 등이 있었다.

① ㄱ - 입학 자격은 생원, 진사를 원칙으로 하였다.
② ㄴ - 성현에 대한 제사와 유생 교육을 담당했다.
③ ㄷ - 향음주례를 지냈고, 인재를 모아 학문도 가르쳤다.
④ ㄹ - 지방민의 교화를 위해 부 · 목 · 군 · 현에 설립하였다.

해설) 서당은 초등 교육을 담당하는 사립교육기관으로서, 4학이나 향교에 입학하지 못한 선비와 평민의 자제가 교육을 받았다.

12 다음 자료와 관계가 깊은 왕의 업적에 대한 설명으로 옳지 않은 것은?

① 군역의 부담을 줄이기 위해 균역법을 실시
② 장용영을 설치하여 군사적 기반마련
③ 규장각을 강력한 정치기구로 육성
④ 유능한 인사를 재교육하는 초계문신제 실시

> 해설) 자료사진은 조선 후기 정조가 건설한 수원화성이다.
> ① 영조의 업적이다.

13 조선 후기 대외 관계에 대한 설명으로 옳지 않은 것은?

① 일본과 기유약조를 맺어 제한된 범위 내에서 교섭을 허용하였다.
② 명의 선진 문물을 수용하자는 북학론이 대두되었다.
③ 일본에 통신사라는 이름으로 사절을 파견하였다.
④ 숙종 때 안용복은 울릉도가 조선의 영토임을 확인시켰다.

> 해설) 18세기 말 청의 문물을 적극 도입하자고 주장하는 북학론(홍대용, 박제가, 박지원 등)이 대두되었다.

14 조선 전기에 편찬된 사서에 대한 설명으로 잘못된 것은?

① 고려국사 – 고려시대의 역사 정리와 조선 건국의 정당성 주장
② 고려사 – 고려사를 자주적으로 정리
③ 동국통감 – 역대의 전쟁사를 종합 정리
④ 기자실기 – 존화주의 역사의식의 반영

> 해설) 〈동국통감〉은 고조선부터 고려 말까지의 역사를 정리한 편년체 통사이고, 고려 말까지의 역대 전쟁사를 정리한 것은 〈동국병감〉이다.

15 다음 사건과 관련된 인물을 차례대로 나열한 것은?

> ㄱ. 행주산성에서 왜군을 물리쳤다.
> ㄴ. 학익진 전법을 사용하여 왜군을 격파하였다.
> ㄷ. 홍의장군이라 불리며 의령에서 왜군을 물리쳤다.

① 이순신 – 곽재우 – 권율
② 권율 – 곽재우 – 이순신
③ 권율 – 이순신 – 곽재우
④ 곽재우 – 이순신 – 권율

해설) 임진왜란의 항쟁지
• 조헌, 고경명 : 금산
• 김시민 : 진주
• 권율 : 행주산성
• 곽재우 : 의령
• 사명 대사 : 금강산

16 조선의 근대화 과정에서 청의 내정 간섭과 일본의 경제적 침략을 강화시키는 결과를 초래한 사건으로 옳은 것을 모두 고른 것은?

> ㄱ. 강화도조약
> ㄴ. 제물포조약
> ㄷ. 임오군란
> ㄹ. 갑신정변

① ㄱ, ㄴ
② ㄱ, ㄷ
③ ㄴ, ㄹ
④ ㄷ, ㄹ

해설) 청은 임오군란 진압을 계기로 군대를 주둔시키고 내정을 간섭, 일본의 세력 진출을 견제하였다. 갑신정변 이후 청의 영향력이 더욱 강해지자 일본은 경제적 침략을 강화하였다.

17 다음 중 외규장각 도서가 약탈당한 사건은 무엇인가?

① 제너럴셔먼호 사건
② 신미양요
③ 병인양요
④ 오페르트 도굴사건

해설) 병인양요(1866)는 조선 후기 대원군이 가톨릭교도를 크게 학살한 병인박해를 구실로 프랑스가 강화도에 군함을 파견하고 공격한 사건이다. 프랑스 군은 정족산성에서의 패배와 조선군의 완강한 저항으로 강화도에서 철수하였다. 이때 프랑스 군인들은 상당량의 금은과 외규장각에 보관하고 있던 서적들을 약탈했다.

18 다음과 같은 내용을 보고 알 수 있는 사건은?

> • 검거된 학생들을 즉시 우리 손으로 탈환하자.
> • 경찰의 교내 침입을 절대 반대한다.
> • 식민지적 노예 교육제도를 철폐하라.
> • 사회과학 연구의 자유를 획득하자.
> • 조선인 본위의 교육제도를 확립하자.

① 6 · 10 만세운동　　　　　　　　② 5 · 18 광주 민주화 운동

③ 3 · 1 운동　　　　　　　　　　　④ 광주학생항일운동

해설　한–일 학생들 간의 충돌 사건을 계기로 광주학생항일운동이 일어났으며 이 운동은 전국적으로 확산
되어 3 · 1 운동 이후 최대의 민족운동으로 발전하였다.

19 의사들의 애국 활동으로 바르게 연결된 것을 모두 고른 것은?

> ㄱ. 나석주 – 동양 척식 주식회사에 폭탄 투척
> ㄴ. 이봉창 – 조선 총독부에 폭탄 투척
> ㄷ. 윤봉길 – 일본 천황 저격
> ㄹ. 김상옥 – 종로경찰서에 폭탄 투척

① ㄱ, ㄴ　　　　　　　　　　　　② ㄴ, ㄷ

③ ㄴ, ㄹ　　　　　　　　　　　　④ ㄱ, ㄹ

해설　ㄴ. 이봉창(1932, 애국단) – 일본 천황 폭살 시도
　　　ㄷ. 윤봉길(1932, 애국단) – 상하이 훙커우 공원 폭탄 투척

20 우리의 민족정신을 '혼'으로 파악하여 그 중요성을 강조함으로써 한국의 독립 정신을 정리
한 인물은?

① 박은식　　　　　　　　　　　　② 신채호

③ 정인보　　　　　　　　　　　　④ 남궁억

해설　박은식은 우리의 민족정신을 '혼'으로 파악하여 그 중요성을 강조함으로써 한국의 독립 정신을 정리
하였으며, 신채호는 '낭가 사상'을 강조하여 민족 독립의 정신적 기반을 만들고자 하였다.

21 다음에서 설명하는 조약의 이름은?

> 우리나라 최초의 근대적 조약으로 정식명칭은 '조 · 일 수호 조규'이고, '병자수호 조약'이라고도 한
> 다. 이는 불평등 조약으로 조선은 부산, 인천, 원산을 개항해야 했고 일본인들은 개항장에서 치외법
> 권을 누렸다.

① 강화도 조약　　　　　　　　　　② 포츠머스 조약
③ 조 · 미 수호통상조약　　　　　　　④ 시모노세키 조약

해설　강화도 조약은 우리나라 최초의 근대적 조약이었지만, 부산 · 원산 · 인천을 개항해야 했으며, 일본에
　　　치외법권과 해안 측량권 등을 내준 불평등 조약이었다.

22 다음에서 설명하는 용품과 관련된 '이 나라'에 대한 설명으로 옳은 것은?

> 족두리는 외출 시 여인들이 머리에 쓰는 장식품으로 고려시대 '이 나라'에서 들어왔다.

① 강감찬은 귀주에서 '이 나라'를 크게 물리쳤다.
② 김윤후는 처인성에서 '이 나라'의 적을 막아냈다.
③ 최영은 '이 나라'를 상대로 홍산에서 승리를 거두었다.
④ 서희는 '이 나라'와 외교 담판을 통해 강동 6주를 회복하였다.

해설　원의 침입시기에 고려시대 왕은 몽골 옷을 입고, 머리 주위를 둥글게 깎아 중앙의 머리만을 땋아 길
　　　게 늘어뜨린 변발을 했다. 족두리도 본래 몽골의 풍습이었고, 목마장이 설치되었던 제주도에는 몽골
　　　어의 흔적이 지금까지도 남아 있다. 김윤후는 용인 처인성에서 몽골군 침략을 막아내었다.
　　　① · ④ 거란, ③ 왜구(일본)

23 조선 후기 왕실과 관청에서 필요한 수요품을 조달한 상인은?

① 만 상　　　　　　　　　　　　② 공 인
③ 송 상　　　　　　　　　　　　④ 경강상인

해설　공인은 공가를 미리 지급받아 필요한 물품을 구입 · 조달하거나 수공업자를 고용하여 주문생산에 의
　　　하여 물품을 관청으로 납품하는 공납 청부 상인이다.

24 일제의 토지조사사업에 대한 설명으로 옳은 것은?

① 근대적 토지 소유권 제도의 확립이 목적이었다.

② 토지조사사업 이후 많은 농민은 경영형 부농이 되었다.

③ 소유권이 불분명한 토지는 조선총독부 소유로 만들었다.

④ 토지조사사업 이후 많은 양반은 소작농으로 전락되었다.

해설) 일제는 미신고 토지는 물론, 공공기관에 속해 있던 토지, 마을이나 문중의 토지와 산림, 초원, 황무지 등도 모두 조선총독부 소유로 만들었다. 또한, 토지조사사업 이후 많은 농민은 기한부 계약에 의한 소작농으로 전락하여 일본인의 고리대에 시달리게 되었고, 생계유지를 위해 화전민이 되거나 만주·연해주 등지로 이주하기도 하였다.

25 1960년대의 경제상황으로 알맞은 것은?

① 중화학공업의 발전

② 경제개발 5개년 계획 추진

③ 소비재와 삼백산업에 집중

④ 3저 호황으로 안정

해설) ① 1970년대
③ 1950년대(미국의 원조와 삼백산업 : 제분, 제당, 면화)
④ 1980년대 중반(3저 호황 : 저달러, 저유가, 저금리)

26 다음은 어떤 전통주에 대한 전설인가?

> 고려의 개국공신인 복지겸(卜智謙)에 얽힌 전설이 있다. 그가 병이 들어 그의 딸이 아미산에 올라 100일 기도를 드렸다. 신선이 나타나 이르기를 아미산에 활짝 핀 진달래꽃으로 술을 빚어 100일 후에 마시고 뜰에 2그루의 은행나무를 심어 정성을 드리면 효과가 있다고 하였다. 딸이 그대로 하였더니 아버지의 병이 나았다고 한다.

① 두견주   ② 진양주
③ 가양주   ④ 이강주

해설 두견주는 진달래 꽃잎을 섞어 담는 향기나는 술이다.

27 한강 유역의 댐이 아닌 것은?

① 충주댐   ② 소양강댐
③ 화천댐   ④ 용담댐

해설 용담댐은 금강 유역에 있는 댐이다.

28 다음 설명에 해당하는 탑은?

> • 신라 신문왕(神文王) 2년(682년)에 세워진 석탑이다.
> • 1962년 12월 20일에 국보로 지정되었다.

① 미륵사지 석탑   ② 감은사지 동 · 서 3층석탑
③ 분황사 모전석탑   ④ 정림사지 5층석탑

해설 ① 백제 말기의 화강석 석탑
        ③ 신라 상대의 석탑
        ④ 백제시대의 석탑

29 조선시대의 석탑으로는 유일한 형태로, 대리석으로 만들어졌으며 형태가 특이하고 표현 장식이 풍부하다고 평가받는 탑은?

① 정림사지 오층석탑

② 익산 미륵사지석탑

③ 경천사 십층석탑

④ 원각사지 십층석탑

해설 조선 세조 때 건립한 대리석 석탑으로 종로 2가 탑골 공원에 위치하고 있다.

30 다음 불상의 종류와 설명으로 잘못 연결된 것은?

① 건칠불 – 흙으로 불상을 만든 후 옻칠을 입힌 불상의 종류

② 소조불 – 점토로 만든 불상

③ 청동불 – 구리와 주석을 합금해서 만든 불상

④ 철불 – 철로 주조한 불상

해설 건칠불은 종이나 천으로 불상을 만든 후 옻칠을 입힌 불상이다.

31 다음에서 설명하는 종의 이름은 무엇인가?

> 우리나라에 남아있는 가장 큰 종으로 신라 경덕왕이 아버지인 성덕왕의 공덕을 널리 알리기 위해 종을 만들려 했으나 뜻을 이루지 못하고, 그 뒤를 이어 혜공왕이 완성하였다.

① 낙산사 동종

② 옛 보신각 동종

③ 상원사 동종

④ 성덕대왕 신종

해설 성덕대왕 신종은 현존하는 가장 큰 범종이다.

32 차례나 제사를 지내고 나서 음식을 나누어 먹는 것은?

① 신 묘

② 소 지

③ 음 복

④ 음 차

해설 음복은 차례나 제사를 지내고 나서 음식을 나누어 먹는 것으로, 이웃들에게도 음식을 나누어 주거나 대접하기도 했다.

33 다음은 어느 지역과 관련이 깊은 특산물인가?

> • 화문석
> • 고려인삼

① 인천 강화　　　　　　　　　② 경북 안동
③ 경북 풍기　　　　　　　　　④ 전북 남원

해설） 인천 강화의 특산물에는 화문석, 고려인삼 등이 있다.

34 지역특성화축제와 그 지역으로 옳지 않은 것은?

① 고성 – 공룡나라축제　　　　② 무주 – 반딧불축제
③ 보령 – 머드축제　　　　　　④ 연천 – 신석기축제

해설） 연천 전곡리에서는 구석기축제가 열린다.

35 다음 중 관광특구가 아닌 것은?

① 경기도 동두천　　　　　　　② 전라북도 무주 구천동
③ 강원도 대관령　　　　　　　④ 공주시 백제문화지구

해설） 관광특구 지정현황(문화체육관광부, 2021. 5 기준)
• 서울 : 명동 · 남대문 · 북창, 이태원, 동대문 패션타운, 종로 · 청계, 잠실, 강남
• 부산 : 해운대, 용두산 · 자갈치
• 인천 : 월미
• 대전 : 유성
• 경기 : 동두천, 평택시 송탄, 고양, 수원 화성, 통일동산
• 강원 : 설악, 대관령
• 충북 : 수안보온천, 속리산, 단양
• 충남 : 아산시온천, 보령해수욕장
• 전북 : 무주 구천동, 정읍 내장산
• 전남 : 구례, 목포
• 경북 : 경주시, 백암온천, 문경, 포항 영일만
• 경남 : 부곡온천, 미륵도
• 제주 : 제주도

36

다음 괄호 안에 들어갈 말은?

> 경복궁 근정전은 커다란 '월대' 위에 있다. '월대'의 정면 중앙 계단은 '삼도'와 연결되어 있다. 중앙계
> 단의 가운데 부분에 커다란 사각형의 넓은 돌은 '답도'로 여기에는 두 마리의 (   )이(가) 구름 속을 노
> 니는 모습을 조각하여 조선의 국왕을 상징하였다. 서울 종로 근정전은 서울특별시 종로구 세종로에
> 있는 경복궁의 정전으로 국보이다.

① 기 린　　　　　　　　　　　　② 청 룡

③ 봉 황　　　　　　　　　　　　④ 백 호

> **해설** '답도'에는 두 마리의 봉황이 구름 속을 노니는 모습을 조각하여 조선의 국왕을 상징하였고, 계단 양쪽
> 의 기둥에는 정의를 상징하는 '해치'와 유능한 인재를 상징하는 '기린' 등의 여러 동물을 조각하였다.

37

다음에 해당하는 날은?

> • '중구'라고도 한다.
> • 음력 삼월 삼짇날 강남에서 온 제비가 이때 다시 돌아간다고 한다.

① 중추절　　　　　　　　　　　② 중양절

③ 망 종　　　　　　　　　　　　④ 추 분

> **해설** 중양절은 음력 9월 9일을 가리키는 날로 날짜와 달의 숫자가 같은 중일 명절의 하나이다.

38

다음에서 설명하는 절명은 무엇인가?

> • 석회암 절벽을 깎아 만든 것으로 한국의 둔황석굴이라 불리는 곳이다.
> • 마애여래좌상이 조각되어 있다.

① 불국사　　　　　　　　　　　② 감은사

③ 골굴사　　　　　　　　　　　④ 각황사

> **해설** 골굴사
> 경상북도 경주시 양북면에 있는 석굴 사원으로 함월산 불교 유적지 중 가장 오랜 역사를 간직하고 있
> 다. 석회암 절벽을 깎아 만든 것으로 한국의 둔황석굴이라 불린다. 함월산 석회암 절벽에는 석굴로 여
> 겨지는 구멍이 곳곳에 뚫려 있는데, 맨 꼭대기에 경주 골굴암 마애여래좌상(보물)이 조각되어 있다.

39 민속무에 대한 설명으로 옳지 않은 것은?

① 서민들의 소박한 감정을 표현하는 춤이다.

② 평민들의 솔직한 감흥을 즉흥적으로 추는 춤이다.

③ 소고춤, 강강술래, 한양무, 승무, 살풀이 등이 있다.

④ 순조 때 지은 춤으로 고려사악지와 악학궤범에 전한다.

해설) ④ 궁중무에 대한 설명이다. 궁중무는 규모가 크고 화려한 의상, 아름다운 노래 등의 형식미가 있다.

40 다음 성격을 가진 양식으로 지어진 건축물은?

지붕 처마를 받치기 위해 장식하여 만든 공포가 기둥 위뿐만 아니라 기둥 사이에도 있는 조선 초기의 다포계 건물

① 송광사 국사전   ② 수덕사 대웅전

③ 부석사 무량수전   ④ 봉정사 대웅전

해설) 봉정사 대웅전은 다포 양식, ① · ② · ③ 주심포 양식

41 다음과 같은 풍속을 지닌 명절은?

놋다리밟기, 쥐불놀이, 더위팔기, 귀밝이술 마시기

① 단 오   ② 한 식

③ 추 석   ④ 정월대보름

해설) 정월대보름 풍속으로는 부럼 깨물기, 더위팔기, 귀밝이술 마시기, 묵은 나물 먹기, 줄다리기, 놋다리밟기, 고싸움, 쥐불놀이, 탈놀이, 별신굿 등이 있다.

42

전통주와 지방이 잘못 연결된 것은?

① 전주 – 이강주
② 당진 – 두견주
③ 경주 – 교동법주
④ 광주 – 문배주

> **해설** 문배주는 평안도 지방에서 전승되어 오는 술로, 술의 향기가 문배나무의 과실에서 풍기는 향기와 같아 붙여진 이름이다.

43

다음과 관련이 깊은 장소에 대한 설명으로 옳은 것은?

• 명 승	• 조광조
• 전라남도 담양군	• 제월당

① 경상북도 경주시 배동에 있는 통일신라시대의 연회 장소이다.
② 우리나라 최초의 서원이다.
③ 고려와 조선시대 때 각 고을에 두었던 지방관아의 하나이다.
④ 조선 중종 때 양산보가 지은 우리나라 대표적 원림이다.

> **해설** 보기는 담양 소쇄원에 대한 것으로 조선 중기 양산보가 조성한 대표적인 민간 별서정원이다. 양산보는 스승인 조광조가 기묘사화로 유배되고 사사되자 세속의 뜻을 버리고 고향인 담양에 내려와 소쇄원을 지었다.

44

조선시대 궁궐, 정전, 정문의 순서가 모두 옳은 것은?

① 경복궁, 근정전, 광화문
② 창덕궁, 숭정전, 홍화문
③ 창경궁, 인정전, 돈화문
④ 덕수궁, 명정전, 홍화문

> **해설** 조선시대 5대 궁궐과 정전(정문)
> • 경복궁 : 근정전(광화문)
> • 창덕궁 : 인정전(돈화문)
> • 창경궁 : 명정전(홍화문)
> • 덕수궁 : 중화전(대한문)
> • 경희궁 : 숭정전(흥화문)

45 다음 내용과 관련이 깊은 것은?

> 조선시대에는 역대 임금들이 풍년을 기원하기 위해 농경에 관계되는 신농씨(神農氏)와 후직씨(后稷氏)를 주신으로 하여 단을 쌓고 제사를 지냈다.

① 참성단   ② 종 묘
③ 사직단   ④ 선농단

해설 선농단은 농사짓는 법을 인간에게 가르쳤다고 전해지는 고대 중국의 제왕인 신농씨와 후직씨를 모시고 풍년들기를 기원하던 제단이다.
① 단군왕검이 민족 만대의 영화와 발전을 위하여 춘추로 하늘에 제사를 올리던 제단이다.
② 조선시대 역대 왕, 왕비 등을 모시던 왕실 사당이다.
③ 임금이 나라의 토신, 곡신에게 제사를 지내던 제단이다.

46 사찰에서 자비의 상징인 관세음보살을 모신 불전은?

① 관음전   ② 팔상전
③ 비로전   ④ 미륵전

해설 ② 부처의 일생을 여덟 장면으로 나누어 그린 팔상도를 모신 사찰 전각
③ 비로자나 화엄불국토의 주인인 비로자나불을 모시는 전각
④ 미래에 나타날 부처를 모시는 전각

47 단양팔경이 가까운 곳에 있는 석회동굴은?

① 고수굴   ② 고씨굴
③ 성류굴   ④ 협재굴

해설 단양의 고수굴(천연기념물)은 선사 시대의 주거지 흔적이 남아 있는 석회동굴이며, 단양팔경이 가까워 동굴관광지로 널리 알려져 있다.

48 우리나라 국가민속문화재로 지정된 민속마을이 아닌 곳은?

① 전주 한옥마을   ② 영덕 괴시마을

③ 경주 양동마을   ④ 제주 성읍마을

> [해설] 우리나라에서 국가민속문화재로 지정된 곳은 고성 왕곡마을, 경주 양동마을, 성주 한개마을, 아산 외암마을, 안동 하회마을, 영주 무섬마을, 제주 성읍마을, 영덕 괴시마을이다.

49 다음 중 국보가 아닌 것은?

① 용주사 동종   ② 상원사 동종

③ 성덕대왕 신종   ④ 내소사 동종

> [해설] ④ 부안 내소사 동종은 보물에 해당한다. 한국 종의 전통을 계승하였으며, 표현이 정교해 고려 후기 걸작으로 불린다.

50 신라 진흥왕의 유물로 경복궁에 옮겨 두었다가 현재 국립중앙박물관에 보관되어 있는 국보는?

① 북한산 순수비   ② 단양적성비

③ 칠지도   ④ 사택지적비

> [해설] 북한산 순수비는 신라 제24대 진흥왕이 북한산 순행을 기념하여 세운 비이다.

제**8**회 실전모의고사

제1과목 관광국사

01 다음과 같은 사회 변화를 유추할 수 있는 유물은?

> 생산력의 증가에 따라 잉여 생산물이 생기자, 힘이 강한 자를 위해 이것이 생겨났다. 생산물의 분배와 사유화 때문에 사람들 사이에 갈등이 생기고, 빈부의 격차와 계급의 분화가 촉진되었다.

① 빗살무늬 토기　　　　　　　② 가락바퀴
③ 고인돌　　　　　　　　　　　④ 치레걸이

해설　청동기시대에는 잉여 생산물이 발생하여 계급이 발생하였다. 계급의 발생으로 인해 선민사상과 족장이 출현하였고, 고인돌을 제작하였다.

02 다음 글과 관련된 내용이 아닌 것은?

> 옛 기록에 이런 말이 있다. 옛날 환인의 아들 환웅이 천부인 3개와 3,000의 무리를 이끌고 태백산 신단수 아래에 내려왔는데, 그는 풍백, 우사, 운사로 하여금 인간의 360여 가지의 일을 주관하게 하였다. …… 이로써 인간 세상을 교화시키고 인간을 널리 이롭게 하였다. 이 때, 곰과 호랑이가 사람이 되기를 원하므로, 환웅은 쑥과 마늘을 주고 이것을 먹으면서 100일간 햇빛을 보지 않는다면 사람이 될 것이라고 하였다. 곰은 금기를 지켜 21일 만에 여자로 태어났고, 환웅과 혼인하여 아들을 낳았다. 이가 곧 단군왕검이다.

① 농사는 그리 중요하지 않았다.
② 단군은 제사와 정치를 같이 주관하였다.
③ 특정 동물을 숭배하는 모습을 볼 수 있다.
④ 하늘의 자손이라는 생각이 있었다.

해설　① 풍백, 우사, 운사를 이끌고 온 것은 농사를 중시했다는 것을 보여준다.

03 신라 하대 정치 변동에 대한 설명으로 옳지 않은 것은?

① 진골 귀족들의 왕위 쟁탈전으로 왕권이 약화되었다.
② 상대등의 권한이 강화되었다.
③ 녹읍이 폐지되었다.
④ 김헌창의 난은 중앙정부의 지방 통제력이 약화되는 계기가 되었다.

해설) 신라 하대에 녹읍이 부활되었다.

04 고려의 지방 행정에 관한 설명이 아닌 것은?

① 지방의 행정조직은 성종 초부터 정비되기 시작하였다.
② 지방관이 파견된 주현이 지방관이 파견되지 않은 속현보다 더 많았다.
③ 지방관이 파견되지 않았기 때문에 향리들이 실제 업무를 담당하였다.
④ 조세나 공물의 징수와 노역 징발 등 실제적인 행정사무는 향리가 맡았다.

해설) 지방관이 파견된 주현보다 지방관이 파견되지 않은 속현이 더 많았다.

05 사헌부, 사간원, 홍문관으로 구성되어 있는 삼사에 대한 설명으로 옳은 것은?

① 왕명을 전달하였다.
② 과거시험을 주관하였다.
③ 국가의 중대 범죄인을 신문하였다.
④ 비판과 견제 역할을 하는 언론 기관이었다.

해설) ① 왕명을 전달하는 기구는 승정원이다.
② 과거시험의 주관 부서는 예조이다.
③ 국가의 중대 범죄인은 의금부에서 신문하였다.

06 다음에서 서원에 대한 설명으로 옳은 것을 모두 고른 것은?

> ㄱ. 붕당의 근거지
> ㄴ. 신분에 따라 유교적 덕목을 정한 것
> ㄷ. 향촌사회의 자치적인 규약
> ㄹ. 흥선대원군의 철폐 정책

① ㄱ, ㄴ   ② ㄴ, ㄷ

③ ㄷ, ㄹ   ④ ㄱ, ㄹ

> 해설) ㄴ · ㄷ. 향약에 대한 설명이다.

---

07 고려시대의 문화적 특징으로 옳지 않은 것은?

① 고려시대 초기에 들어온 유학은 무신집권기에 더욱 번창하였다.
② 아악은 송에서 수입된 대성악이 궁중음악으로 발전되었다.
③ 9재 학당이 번성하여 관학이 위축되었다.
④ 삼국유사는 고대 민간 설화나 전래 기록을 수록하였다.

> 해설) 유학은 고려 초기 유교주의적 정치와 교육의 기틀을 마련하였다. 인종 때 시문을 중시하는 귀족 취향의 경향이 강하였고 유교 경전에 대한 전문적 이해가 깊어져 유교 문화는 한층 성숙해졌으나, 무신정변 이후 귀족 세력이 몰락함에 따라 유학은 한동안 크게 위축되었다.

---

08 다음 사건의 발생 시기에 대한 역사적 사실로 옳은 것은?

> 국가에는 경계의 난 이래로 귀족 고관들이 천한 노비들 가운데서 많이 나왔다. 왕후장상의 씨가 어디 따로 있겠는가?

① 학자 출신 관료가 집권하였다.
② 친송정책, 북진정책이 실시되었다.
③ 천민들의 신분 해방 운동이 나타났다.
④ 교관겸수를 주장하는 천태종이 유행하였다.

> 해설) 제시된 내용은 무신집권기에 최충헌의 노비인 만적이 반란을 일으키며 펼친 주장이다.
> 무신정권 당시 사회의 동요
> • 문신의 항거 : 동북면 병마사 김보당의 난(계사의 난, 1173), 서경 유수 조위총의 난(1174)
> • 교종 세력의 반발
> • 농민 · 천민의 난 : 공주 명학소의 난(망이 · 망소이의 난, 1176), 만적의 난(신분 해방, 정권 장악기도, 1198)

09 다음 중 조선 후기 서민 문화와 관련이 없는 것은?

①	②	③	④
고사관수도	민 화	판소리	탈 춤

해설) 조선 후기의 일반 서민들은 의식 수준과 경제력의 향상으로 문화의 생산과 소비의 주체로 등장하였다. 특히 서민 문화는 한글소설과 판소리, 탈춤과 민화의 발달이 두드러졌다.
〈고사관수도〉는 조선 전기에 강희안이 그린 작품이다.

10 조선시대에 다음과 같은 정책을 시행한 근본 목적은?

> • 흉년에 조세를 감면해 줌
> • 의창, 상평창에서 환곡제를 시행
> • 오가작통법, 호패법 실시

① 농민들의 삶의 질을 근본적으로 향상
② 왜적의 침입에 대비한 대비책
③ 토지로부터 농민 이탈 방지
④ 양반 지주의 농민 수탈 방지

해설) 보기의 정책들은 농민들이 토지로부터 이탈하는 것을 막으려는 데 근본적인 목적이 있었다.

11 공민왕의 반원정책이 아닌 것은?

① 몽고풍을 폐지하고 관제를 복구시켰다.
② 원이 세운 정동행성과 이문소를 폐지했다.
③ 권문세족과 연대를 강화하고 토지 제도를 정비했다.
④ 전민변정도감을 설치하여 권문세족의 세력을 약화시켰다.

12 묘청의 난에 대한 설명으로 옳지 않은 것은?

① 묘청 일파는 풍수지리설과 연관이 있다.

② 고구려 계승 의식을 지녔다.

③ 묘청은 거란을 정벌해야 한다고 주장하였다.

④ 서경파 문신과 승려 묘청 등이 일으켰다.

해설) 서경 천도를 주장했던 묘청은 고구려 계승 의식을 지녔으며, 금국정벌을 주장하였다.

13 조선시대 신진사대부와 관련된 내용으로 옳은 것을 모두 고른 것은?

> ㄱ. 중소 지주 계층이었다.
> ㄴ. 성리학을 배척하고 불교를 숭배하였다.
> ㄷ. 지방향리 출신이 많다.
> ㄹ. 친원반명(親元反明)의 정치이념을 가졌다.

① ㄱ, ㄴ

② ㄴ, ㄹ

③ ㄱ, ㄷ

④ ㄴ, ㄹ

해설) ㄴ. 성리학을 숭배하고 불교를 배척하였다.
　　　ㄹ. 신진사대부는 친명반원정책을 채택하였다.

14 다음 중 조선 후기의 경제 현상을 바르게 설명한 것만으로 나열한 것은?

> ㄱ. 광작의 유행 – 부농이 성장할 수 있게 됨
> ㄴ. 납포장의 증가 – 선대제 수공업이 성장할 수 있게 됨
> ㄷ. 잠채의 성행 – 상인들의 자본 축적이 촉진됨
> ㄹ. 금난전권의 철폐 – 공인의 활동이 위축됨

① ㄱ, ㄴ, ㄷ   ② ㄱ, ㄴ, ㄹ
③ ㄱ, ㄷ, ㄹ   ④ ㄴ, ㄷ, ㄹ

해설) 18세기 말(정조) 육의전을 제외한 나머지 시전의 금난전권 철폐는 사상의 자유로운 활동을 어느 정도 보장한 것이지 공인 활동의 위축을 의미하는 것은 아니다.

15 다음 결과를 가져온 조선 후기 경제상의 개혁은?

> • 유통 경제가 발달하기 시작하고 상업 자본이 형성되기 시작했다.
> • 과중했던 농민들의 공납 부담이 다소 경감되었다.
> • 물품의 조달을 위해 공인의 활동이 활발해졌다.
> • 상품 화폐 경제를 활성화시켰다.

① 영정법   ② 균역법
③ 대동법   ④ 타조법

해설) 대동법의 실시 결과
농민들의 공납 부담 경감, 공인의 활약으로 유통 경제가 활발해지고 상업 자본이 발달(공인은 도고로 성장), 상품 화폐 경제의 발달을 촉진, 수공업 발전, 공인의 상업 자본가로의 성장과 수공업자의 상품 생산자로의 변화

16 조선 후기 정조의 왕권강화 정책으로 바르게 묶인 것은?

ㄱ. 화성 건설	ㄴ. 북벌운동 계획
ㄷ. 장용영 설치	ㄹ. 탕평교서 반포
ㅁ. 규장각 설치	

① ㄱ, ㄴ
② ㄱ, ㄷ
③ ㄱ, ㄷ, ㅁ
④ ㄴ, ㄹ, ㅁ

해설) 정조의 왕권강화책
장용영 설치, 탕평책 강화, 수원화성 건설, 규장각 설치

17 조선의 정치 기구에 대한 설명으로 옳지 않은 것은?

① 승정원 – 왕명 출납
② 삼사 – 곡식과 화폐의 출납 및 회계
③ 사헌부 – 감찰기관
④ 한성부 – 수도행정과 치안담당

해설) 국가 전곡의 출납·회계를 관장하던 기구는 고려시대의 삼사이다. 조선의 삼사는 사간원, 사헌부, 홍문관으로 국가의 재정과 언론 등을 담당하였다.

18 다음은 조선 후기의 경제적 변화이다. 이를 통해 나타난 사회 현상으로 옳은 것은?

• 이앙법	• 광 작
• 상품작물의 재배	• 도조법
• 도고의 성장	• 경영형 부농의 출현

① 신분 변동이 활발하였다.
② 경영형 부농이 줄어들었다.
③ 관영 수공업자가 나타나기도 했다.
④ 피지배층에 의해 권력 구조가 개편되었다.

해설) 농업에서는 부를 축적한 경영형 부농이 출현한 반면, 대다수의 농민들은 임노동자로 전락하였다. 수공업에서는 납포장의 증가로 민영 수공업자가 나타나기도 하였으며, 상업에서도 도고가 성장하면서 신분 변동이 활발해졌다.

19 다음 중 을미개혁의 내용만으로 바르게 고른 것은?

> ㄱ. 광무연호의 사용
> ㄷ. 태양력의 사용
> ㅁ. 종두법의 실시
> ㄴ. 군사제도의 개편
> ㄹ. 은본위 화폐 제도 실시
> ㅂ. 조세금납제의 실시

① ㄴ, ㄷ, ㅁ

② ㄱ, ㄴ, ㄷ

③ ㄹ, ㅁ, ㅂ

④ ㄴ, ㄷ, ㅂ

해설) ㄱ. 광무개혁(1897)
　　　ㄹ · ㅂ. 갑오개혁(1894)

20 1930~40년대 일제의 경제 침탈에 대한 내용으로 옳은 것을 모두 고른 것은?

> ㄱ. 농민들은 일본인 지주에게 수확량의 50% 이상을 소작료로 바쳤다.
> ㄴ. 일제는 전쟁 무기를 생산하기 위해 농기구나 밥그릇 등을 강제로 공출해 갔다.
> ㄷ. 토지조사사업의 결과 농민들의 경작권이 인정되지 않아 기한부 계약에 의한 소작이 행해지게 되었다.
> ㄹ. 일제에 의해 추진된 남면 북양 정책으로 우리 농민들은 생계를 위한 곡물 생산보다 면화 재배나 양의 방목 등에 노동력을 빼앗겼다.

① ㄱ, ㄴ

② ㄱ, ㄷ

③ ㄴ, ㄷ

④ ㄴ, ㄹ

해설) 일제는 1930년대 들어와 공업 원료 증산 정책을 펼치며 면화 재배와 면양의 사육을 농민들에게 강요하였고, 1940년대 태평양 전쟁을 도발한 후 전쟁 물자 징발에 집중하였다.

21 해방 후 남·북한의 상황으로 옳은 것을 모두 고른 것은?

> ㄱ. 남한의 농지개혁은 성공적이었다.
> ㄴ. 남한에서는 친일세력이 완전 척결되었다.
> ㄷ. 북한의 농지개혁은 무상몰수, 무상분배였다.
> ㄹ. 남한에서는 좌·우익의 대립이 심화되었다.

① ㄱ, ㄴ   ② ㄱ, ㄷ

③ ㄴ, ㄹ   ④ ㄷ, ㄹ

해설 ㄱ. 남한의 농지개혁은 유상매수·유상분배의 원칙하에 실시되어 농민보다 지주에게 유리한 개혁이
었다.
　　　ㄴ. 미국은 일제의 총독부 체제를 그대로 이용하여 친일분자들이 미군정에 참여하면서 그 세력이 그
대로 보존되었다.

⊕참고 **남·북한의 토지개혁 비교**

남한은 가구당 3정보를 상한으로 국가가 유상 매입하여 농민에게 유상 분배하였고, 북한은 5정보를 상
한으로 무상 몰수, 무상 분배의 원칙으로 토지개혁을 단행하였다. 특히 친일파들의 토지도 몰수하였다.

22 동학농민운동의 전개 순서로 옳은 것은?

① 고부 농민 봉기 → 12개 폐정개혁안 합의·집강소 설치 → 황토현 전투 → 우금치 전투 →
일본에게 패배

② 고부 농민 봉기 → 12개 폐정개혁안 합의·집강소 설치 → 우금치 전투 → 황토현 전투 →
일본에게 패배

③ 고부 농민 봉기 → 황토현 전투 → 12개 폐정개혁안 합의·집강소 설치 → 우금치 전투 →
일본에게 패배

④ 고부 농민 봉기 → 황토현 전투 → 우금치 전투 → 12개 폐정개혁안 합의·집강소 설치 →
일본에게 패배

⊕참고 **동학농민운동(1894)의 전개**

고부 농민 봉기(보국안민, 제폭구민 주장) → 황토현 전투(전라도 일대 장악) → 정부와 농민군의 폐정개
혁 합의·집강소 설치 → 일본의 간섭 심화 → 재봉기 → 우금치 전투 패배

23 다음 중 가장 먼저 일어난 사건은?

① 제2차 영일동맹
② 한일의정서
③ 간도참변
④ 간도협약

> 해설) ② 1904년
> ① 1905년
> ④ 1909년
> ③ 1920년

24 다음에 해당하는 단체는?

> 1923년 4월 진주에서 백정을 주축으로 한 천민계급이 조직하여 1930년대 중반까지 활동한 단체

① 근우회
② 신민회
③ 대한부인회
④ 형평사

> 해설) ① 1927년 5월에 조직된 항일여성운동단체
> ② 1907년에 국내에서 결성된 항일비밀결사단체
> ③ 1946년 9월에 조직된 여성 애국운동단체

25 1987년 6 · 10 민주화 항쟁의 선언문이 등장한 배경은 무엇인가?

① 정권이 대통령 간선제를 고수하였기 때문에
② 부통령 선거에서 부정선거가 있었기 때문에
③ 5 · 18 민주화 운동에 대한 진압 때문에
④ 장기 집권 때문에

> 해설) 1985년 12대 국회의원 선거에서 야당인 신민당이 승리하면서 국민들의 대통령 직선제에 대한 요구와 민주화에 대한 기대도 한층 높아져 있었다. 그럼에도 불구하고 전두환 정권은 4월 13일 호헌선언을 통해 직선제 개정 의사가 없음을 공표, 대통령 후보로 노태우를 후보직에 올림으로써 학생과 시민들은 직선제 개선을 강하게 요구했다.

26 박물관과 관련된 내용으로 옳지 않은 것은?

① 우리나라에서 '박물관'이라는 명칭이 나타나기 시작한 것은 이왕가박물관이 발족했을 때부터이다.

② 역사적 · 학술적 · 예술적 가치가 있는 것을 체계적으로 정리하여 전시해 놓은 문화적 시설이다.

③ 박물관의 자료는 조사 · 연구에 의해 학문적인 가치를 반드시 부여해야 하는 것은 아니다.

④ 국립중앙박물관은 조선총독부박물관을 인수 · 개편하여 덕수궁 안의 석조전 건물에서 처음 업무를 시작하였다.

> **해설** 박물관의 자료는 조사 · 연구에 의해 학문적인 가치를 부여하지 않으면 아무런 의미가 없다.

27 다음에 해당하는 축제는?

- 농경문화를 중심으로 역사성을 담아낸 문화관광축제
- 쌀을 생산하는 국내 최대 규모의 평야를 상징적으로 나타내는 글로벌 축제

① 원주 한지문화제   ② 김제 지평선축제

③ 함평 나비대축제   ④ 무주 반딧불축제

> **해설** 김제 지평선축제는 전라북도 김제의 농경문화를 중심으로 한 김제의 역사성을 담아내기 위한 문화관광축제이다.

28 다음 유네스코 세계유산 중 성질이 다른 하나는?

① 경주 양동마을   ② 수원화성

③ 한국의 서원   ④ 한국의 갯벌

> **해설** 한국의 갯벌은 유네스코 세계유산 중 자연유산에 해당한다.
> ① · ② · ③ 문화유산이다.

29 국보로서 백제문화를 대표하는 탑이며, 당나라 장수 소정방이 백제에 침입한 후 '백제를 평정했다'라는 뜻의 글귀를 남겨놓기도 했던 탑은?

① 부여 정림사지 5층 석탑
② 경주 분황사 모전석탑
③ 개성 경천사지 10층 석탑
④ 황룡사지 9층 목탑

해설) 부여 정림사지 5층 석탑은 1962년 12월 20일 국보로 지정되었다. 흔히 백제오층석탑이라고도 하며 익산의 미륵사지 석탑(국보)과 함께 2기만 남아 있는 백제시대의 석탑이다.

30 단청의 종류가 아닌 것은?

① 긋기단청
② 모로단청
③ 가칠단청
④ 세로단청

해설) 단청의 종류에는 가칠단청, 긋기단청, 모루(모로)단청, 모루긋기단청, 금단청, 금모루단청 등이 있다.

31 우리나라의 전통지붕에 대한 설명으로 옳은 것은?

① 우진각지붕 – 건물 사면에 지붕면이 있고 귀마루(내림마루)가 용마루에서 만나게 되는 지붕
② 맞배지붕 – 지붕 위에 까치박공이 달린 삼각형의 벽이 있는 지붕
③ 모임지붕 – 건물의 모서리에 추녀가 없고 용마루까지 측면 벽이 삼각형으로 된 지붕
④ 팔작지붕 – 용마루 없이 하나의 꼭짓점에서 지붕골이 만나는 지붕

해설) ② 건물의 모서리에 추녀가 없고 용마루까지 측면 벽이 삼각형으로 된 형태로 주로 주심포집에서 사용되는 지붕
③ 용마루 없이 하나의 꼭짓점에서 지붕골이 만나는 형태로 정자에 사용되는 지붕
④ 지붕 위에 까치박공이 달린 삼각형의 벽이 있는 형태로 조선시대 다포집에 사용되는 지붕

안심Touch

32 한반도의 가장 크고 긴 산줄기인 백두대간에 포함되어 있는 산을 모두 고르면?

ㄱ. 설악산	ㄴ. 소백산
ㄷ. 덕유산	ㄹ. 계룡산
ㅁ. 태백산	ㅂ. 무등산

① ㄱ, ㄴ, ㄷ, ㄹ   ② ㄱ, ㄴ, ㄷ, ㅁ

③ ㄴ, ㄷ, ㅁ, ㅂ   ④ ㄷ, ㄹ, ㅁ, ㅂ

해설) 백두대간은 백두산을 기점으로 포태산, 두류산, 철옹산, 금강산, 설악산, 오대산, 두타산, 태백산, 소백산, 속리산, 황악산, 덕유산, 지리산에서 끝이 난다.

33 남자가 15~20세에 상투를 틀어 갓을 씌우는 의식은?

① 혼 례   ② 관 례

③ 상 례   ④ 제 례

해설) 관례는 사례(四禮)의 하나인 성년례(成年禮)이다. 남자는 상투를 짜고, 여자는 쪽을 찐다.

34 다음 설명에 해당하는 건물은?

창덕궁에 위치하고 있는 건물로 단청이 없으며, 대한제국의 마지막 황족들이 해방 이후까지 기거했던 곳

① 연경당   ② 근정전

③ 태극정   ④ 낙선재

해설) 낙선재는 대한제국의 마지막 황족들이 해방 이후 기거했던 곳으로, 원래 왕후들이 상중에 기거하던 곳이기에 단청도 하지 않았다.

35 사찰에 들어서는 산문(山門) 가운데 첫 번째 문을 일컫는 용어는?

① 일주문　　　　　　　　　　② 천왕문
③ 불이문　　　　　　　　　　④ 사천왕문

> 해설 사찰에 들어서는 산문(山門)은 일주문(사찰에 들어서는 첫 번째 문), 천왕문(금강문 · 인왕문), 불이문
> 순으로 삼문(三門)으로 되어 있다.

36 다음 지역 향토 축제 중 전라도 지역에서 개최하는 것이 아닌 것은?

① 우륵문화제　　　　　　　　② 대나무축제
③ 함평나비대축제　　　　　　④ 강진청자축제

> 해설 우륵문화제는 충북 지역의 향토 축제이다.

37 다음 중 제주도 내의 관광지가 아닌 것은?

① 만장굴　　　　　　　　　　② 삼성혈
③ 정방폭포　　　　　　　　　④ 안압지

> 해설 안압지는 경상북도 경주시 내에 있는 관광지이다.

38 다음과 관련이 깊은 명절에 대한 설명이 아닌 것은?

> 때는 더운 여름을 맞기 전의 초하(初夏)의 계절이며, 모내기를 끝내고 풍년을 기원하는 기풍제이기
> 도 하다.

① 4대 명절의 하나이다.
② 수릿날이라고도 한다.
③ 달맞이, 오곡밥 · 부럼먹기 등의 행사가 있다.
④ 창포물에 머리 감기, 인동초 말리기, 오시에 목욕하기 등의 풍습이 있다.

> 해설 보기는 단오에 대한 설명이며, ③ 정월대보름의 행사이다.

39 조선왕실 구성원의 분묘는 피장자의 지위에 따라 그 호칭이 구별된다. 다음 중 옳지 않은 것은?

① 능은 왕과 왕비, 추존된 왕과 왕비의 무덤이다.
② 원은 왕세자와 왕세자비, 왕의 사친 무덤이다.
③ 묘는 왕위와 관계없는 왕족과 일반인의 무덤이다.
④ 총은 주인이 있는 무덤으로 벽화가 나온 무덤이다.

해설) 총은 주인이 누구인지 알지 못하지만, 벽화 등 특징적인 것이 무덤에 있을 경우에 이름붙인 무덤이다.

40 원래 영은산이라고 했으며 최고봉인 신선봉이 있고, 가을의 단풍으로 유명한 산은?

① 지리산   ② 월악산
③ 내장산   ④ 속리산

해설) 내장산은 원래 영은산이었으나 산 속에 숨겨진 것이 무궁무진하다하여 내장산이라고 불리게 되었다.

41 종교 · 철학 · 역사 등에 해당하는 관광자원은?

① 인적 관광자원   ② 비인적 관광자원
③ 인문관광자원   ④ 자연관광자원

해설) 무형관광자원에는 국민성 · 풍속 · 관습 · 예절 등의 인적 관광자원과, 종교 · 사상 · 철학 · 역사 등의 비인적 관광자원으로 구분된다.

42 판소리에서 손 · 발 · 온몸을 움직여 소리나 이야기의 감정을 표현하는 몸짓은?

① 추임새   ② 고 수
③ 발 림   ④ 소 리

해설) 발림은 판소리에서 창자(唱者)가 소리의 가락이나 사설의 극적인 내용에 따라서 손 · 발 · 온몸을 움직여 소리나 이야기의 감정을 표현하는 몸짓으로 과(科) · 너름새 · 사체라고도 한다.

43 경복궁 내에 있는 건축물 중 다음에 해당하는 것은?

> • 왕이 정사를 보는 대표적인 공간
> • 왕과 신하가 학문을 토론하고 경연을 자주 벌였던 곳
> • 계유정란 때 피바람이 불기도 했던 장소

① 사정전　　　　　　　　　　② 강령전
③ 향원정　　　　　　　　　　④ 근정전

해설》 사정전은 왕이 신하와 경연(經筵)을 하고 정무를 보는 집무실과 같은 역할을 했던 곳이다.

44 특이한 형태로 굳은 천연기념물인 '아우라지 베개용암'이 위치하고 있는 지역은?

① 철 원　　　　　　　　　　② 포 천
③ 강 천　　　　　　　　　　④ 제 천

해설》 '아우라지 베개용암'은 경기도 포천에 위치하고 있다. 베개용암은 용암이 수중에서 분출되거나 수중으로 흘러들어 물과 접촉할 때 급속하게 냉각되는 과정에서 베개 모양의 형태로 굳은 용암을 말한다.

45 통일신라시대 건축양식을 본받고 있는 고려시대의 건물로 우리나라에 남아있는 목조 건축물 중 가장 오래된 것은?

① 부석사 무량수전　　　　　　② 화엄사 극락전
③ 수덕사 대웅전　　　　　　　④ 봉정사 극락전

해설》 봉정사 극락전은 통일신라시대 건축양식을 본받고 있는 고려시대의 건물로 우리나라에 남아있는 목조 건축물 중 가장 오래된 것으로 알려져 있다.

46 다음 중 사적이 아닌 것은?

① 경주 포석정지　　　　　　　② 부여 부소산성
③ 명주 청학동 소금강　　　　　④ 서울 독립문

해설》 ③ 명주 청학동 소금강은 명승에 해당한다.

47 남사당패의 놀이 중 첫 번째 순서는?

① 버 나

② 살 판

③ 어 름

④ 풍 물

해설) 남사당패의 놀이는 풍물, 버나(대접돌리기), 살판(땅재주), 어름(줄타기), 덧뵈기(탈놀음), 덜미(꼭두각시놀음) 등 여섯 종목이 남아 전한다.

48 우리나라에 남아 있는 가장 오래되고 커다란 규모를 자랑하는 탑으로, 양식상 목탑에서 석탑으로 이행하는 과정을 충실하게 보여주는 중요한 문화재는?

① 부여 정림사지 오층석탑

② 익산 미륵사지 석탑

③ 경주 고선사지 삼층석탑

④ 평창 월정사 팔각 구층석탑

해설) 미륵사지 석탑은 백제의 최대의 절이었던 익산 미륵사터에 있는 탑으로, 무너진 뒤쪽을 시멘트로 보강하여 아쉽게도 반쪽 탑의 형태만 남아 있다.

49 동굴의 생성원인이 해식굴에 해당하는 것을 모두 고른 것은?

> ㄱ. 산방굴   ㄴ. 협재굴
> ㄷ. 금산굴   ㄹ. 정방굴
> ㅁ. 고수굴

① ㄱ, ㄴ, ㄷ   ② ㄱ, ㄷ, ㄹ
③ ㄴ, ㄷ, ㅁ   ④ ㄷ, ㄹ, ㅁ

[해설] 협재굴은 용암굴, 고수굴은 석회동굴에 해당한다.

50 다음 중 국가지질공원으로 지정된 곳이 아닌 것은?

① 단 양
② 지리산권
③ 진안 · 무주
④ 부 산

[해설] 국가지질공원 현황(국가지질공원 홈페이지, 2021.11 기준)
- 제주도 국가지질공원
- 울릉도 · 독도 국가지질공원
- 부산 국가지질공원
- 강원평화지역 국가지질공원
- 청송 국가지질공원
- 무등산권 국가지질공원
- 한탄강 국가지질공원
- 강원고생대 국가지질공원
- 경북 동해안 국가지질공원
- 전북 서해안권 국가지질공원
- 백령 · 대청 국가지질공원
- 진안 · 무주 국가지질공원
- 단양 국가지질공원

제9회 실전모의고사

제1과목 관광국사

01 고조선의 세력 범위를 짐작하게 하는 유물로 옳은 것을 모두 고른 것은?

ㄱ. 가락바퀴	ㄴ. 비파형 동검
ㄷ. 빗살무늬 토기	ㄹ. 탁자식 고인돌

① ㄱ, ㄴ   ② ㄴ, ㄷ

③ ㄴ, ㄹ   ④ ㄱ, ㄹ

> **해설** 비파형 동검과 탁자식 고인돌은 만주와 북한 지역에서 집중적으로 발굴되어 고조선의 세력 범위를 짐작하게 해주는 유물이다.

02 철기의 보급과 함께 우리나라가 중국과 교역하였음을 보여주는 유물로 옳은 것을 모두 고른 것은?

ㄱ. 미송리식 토기	ㄴ. 명도전
ㄷ. 세형동검	ㄹ. 붓

① ㄱ, ㄴ   ② ㄱ, ㄷ

③ ㄴ, ㄷ   ④ ㄴ, ㄹ

> **해설** 명도전은 중국 전국시대 때 사용된 금속 화폐이고, 철기가 보급되던 시기에 우리나라에서는 중국의 한자를 사용하였다.

03 다음 중 ⊙에서 볼 수 있는 문화재는?

① 금동대향로 　　　　　　　② 금제관장식

③ 마애삼존불상 　　　　　　④ 천마도

> **해설)** 금제관장식은 공주 송산리에 있는 무령왕릉에서 발견된 유물이다.
> ① 부여 능산리절터
> ③ 서 산
> ④ 경주시 황남동

04 조선 후기 농업생산 및 경영에 대한 설명으로 옳지 않은 것은?

① 광작을 통해 농민들의 계층분화를 막았다.

② 모내기법으로 잡초를 제거하는 등 경영방식도 변화시켰다.

③ 일부는 부농으로 성장하였지만 대다수 농민은 임노동자로 전락하였다.

④ 고구마, 감자 등 구황작물의 재배가 나타났다.

> **⊕참고　조선 후기의 농업**
>
> 조선 후기 농업은 생산력이 증대되고 경영방법이 변화되었는데, 이앙법의 일반화와 수리시설의 확대, 인삼 · 담배 등 상품 작물과 고구마 · 감자 등 구황작물의 재배가 나타난다. 특히, 넓은 농토를 경작할 수 있게 된 광작 농업으로 농가의 소득이 늘어나 부농이 될 수 있었으나 대다수 농민은 임노동자가 되거나 상공업에 종사하는 등 농민층의 분화가 발생하였다.

05 다음 내용으로 미루어 알 수 있는 공통적인 사실은?

> • 발해는 6부에 유교적 명칭을 사용하였다.
> • 정당성의 장관인 대내상이 국정을 총괄하였고, 그 아래에 있는 좌사정이 충 · 인 · 의 3부를, 우사정이 지 · 예 · 신 3부를 각각 나누어 관할하였다.

① 발해는 신라의 관제를 따랐다.

② 발해는 정치 기구와 명칭에서 독자성을 가지고 있다.

③ 발해는 고대 국가로 가장 출발이 빠른 국가이다.

④ 발해는 초기부터 당과의 친교 관계를 유지했다.

> 해설) 발해는 정당성 아래 좌사정과 우사정을 두어 이원적으로 6부를 운영하였으며, 당과는 명칭이 달라 발해만의 독자성을 유지하였다.

06 다음 문화재를 남긴 나라에 대한 설명으로 옳지 않은 것은?

① 방에 온돌을 설치하였다.

② 한나라의 침입으로 멸망하였다.

③ 신라와 교류하는 교통로가 있었다.

④ 중국에서는 해동성국이라고 불렀다.

> 해설) 제시된 사진은 중국 흑룡강성 영안현 동경성에서 출토된 발해의 석등이다. 한나라의 침입으로 멸망한 국가는 고조선이다. 발해는 내부분열과 거란족의 침입으로 멸망하였다.

07 신라의 진흥왕이 한강 유역을 차지하고 세운 비석은?

① 북한산 순수비

② 광개토대왕비

③ 단양적성비

④ 사택지적비

해설) 신라의 진흥왕이 한강 유역을 차지하고 세운 비석은 북한산 순수비이다. 조선 후기 추사 김정희가 비문을 해석하여 더욱 유명하다.

08 고려의 전시과 제도에 대한 설명으로 옳지 않은 것은?

① 국가는 문무 관리로부터 군인, 한인에 이르기까지 18등급으로 나누어 주었다.

② 지급된 토지는 소유권과 수조권을 가지는 토지였다.

③ 토지를 받은 자가 죽거나 관직에서 물러날 때에는 토지를 국가에 반납하도록 하였다.

④ 곡물을 수취할 수 있는 전지와 땔감을 얻을 수 있는 시지를 주었다.

해설) 지급된 토지는 수조권만 가지는 토지였다.

09 고려시대에 다음과 같은 결과를 가져온 것은?

> • 중방의 정치적 기능이 확대되었다.
> • 문신 중심의 정치 조직이 그 기능을 상실하였다.
> • 천민과 농민들이 신분 해방 운동을 일으켰다.

① 이자겸의 난

② 몽고와의 전쟁

③ 무신정변

④ 묘청의 서경 천도 운동

해설) 무신정변은 문·무반의 차별 대우와 의종의 실정으로 인하여 일어났다. 그 결과 문신 중심의 관료조직이 붕괴되고 무신 독재 정치가 실시되었으며, 전시과 체제가 붕괴되었다.

10 다음이 설명하는 조선 중기의 정치 세력에 대한 설명으로 옳지 않은 것은?

> • 현량과를 실시하여 인물 중심으로 관리를 등용하였다.
> • 불교나 도교와 관련된 종교 행사를 폐지하고 공납 제도의 폐단을 시정하고자 하였다.
> • 향약을 전국적으로 시행하고 소학 교육을 장려하여 향촌 자치와 성리학적인 윤리를 강화하려 하였다.

① 전랑과 3사의 언관직을 차지하였다.
② 도덕과 의리를 바탕으로 한 왕도정치를 추구하였다.
③ 지방사족이 영남과 기호 지방을 중심으로 성장하였다.
④ 관학파의 학풍을 계승하고 중앙 집권 체제를 강조하였다.

해설 보기의 내용은 사림세력에 관한 설명이다.
④ 훈구세력에 대한 설명이다.

11 다음 중 조선의 백자에 대한 설명으로 옳은 것은?

① 귀족적인 색채가 강하게 나타나 있다.
② 다양한 분장 기법으로 자유분방하다.
③ 정형화되지 않아 구김살 없는 우리의 멋이 잘 나타나 있다.
④ 고상함을 풍겨 선비의 취향과 잘 어울려 널리 이용되었다.

해설 조선의 백자는 청자보다 깨끗하고 담백하며 순백의 고상함을 풍겨 선비의 취향과 어울렸기 때문에 널리 이용되었다.

12 조선 초 통치 체제의 정비 과정에 대한 설명 중 옳은 것을 모두 고른 것은?

> ㄱ. 태종 – 왕권과 경제력을 바탕으로 유교 정치 실현
> ㄴ. 세종 – 왕권과 신권의 조화로 모범적인 정치 운영
> ㄷ. 세조 – 관료들의 토지겸병 억제로 국가의 토지 관리 강화 시도
> ㄹ. 성종 – 적극적인 요동수복 운동을 전개하여 토관 제도와 사민 정책실시

① ㄱ, ㄴ   ② ㄴ, ㄷ
③ ㄴ, ㄹ   ④ ㄷ, ㄹ

해설 ㄱ. 세종은 안정된 왕권과 경제력을 바탕으로 유교 정치를 실현하였다.
ㄹ. 성종은 변방을 안전하게 하고 학문 진흥과 제반 문물제도를 정비하였다. 토관 제도와 사민 정책은 세종 때 실시되었다.

13

발해, 고려, 조선의 관제 중 비슷한 성격이 아닌 것은?

① 중정대   ② 어사대

③ 사헌부   ④ 정당성

해설) 중정대, 어사대, 사헌부는 감찰기관이다.

14

다음의 각 시대 지방제도의 특징을 시대 순으로 바르게 나열한 것은?

> ㄱ. 지방 행정 단위로서 군사 방어체제를 전국적으로 조직하였다.
> ㄴ. 지방에 22개의 담로를 두었다.
> ㄷ. 태수, 현령이 지방관으로 파견되었다.
> ㄹ. 지방관이 파견되지 않은 군·현이 많았다.

① ㄴ → ㄱ → ㄷ → ㄹ   ② ㄴ → ㄷ → ㄹ → ㄱ

③ ㄷ → ㄹ → ㄱ → ㄴ   ④ ㄷ → ㄴ → ㄱ → ㄹ

해설) ㄴ. 삼국시대 → ㄷ. 통일신라 → ㄹ. 고려시대 → ㄱ. 조선 전기

15

고려의 독자성을 보여주는 관청은?

① 중추원   ② 도병마사

③ 어사대   ④ 중서문하성

해설) 고려의 독자적 기구는 도병마사(재신과 추밀로 구성된 국방회의기관)와 식목도감이다.
① 왕명출납과 군사기밀 담당
③ 풍속을 바로잡고, 관리들의 잘못을 규탄하는 임무를 담당
④ 중서성·문하성의 통합기구로서 고려시대 최고의 정무기관

16

조선 후기 세도 정치기에 대한 설명으로 옳지 않은 것은?

① 관직이 매매되는 등 비리가 만연하였다.

② 경복궁 중건 등을 통해 왕권을 강화하였다.

③ 비변사가 핵심적인 정치기구로 자리 잡았다.

④ 유력한 가문 출신의 몇몇이 실제 권력을 행사하였다.

해설) 경복궁 중건은 흥선대원군의 정책이다.

17 다음은 어느 학자에 관한 설명인가?

> • 주기론의 입장에서 관념적 도덕 세계 중시
> • 해주 향약을 만듦
> • 성학집요, 동호문답 등 편찬

① 이 황   ② 조광조

③ 서경덕   ④ 이 이

> **해설** 이이는 서경덕의 사상을 계승하여 주기철학을 집대성하였다.

18 다음에서 설명하고 있는 단체에 대한 설명으로 옳지 않은 것은?

> 안창호, 양기탁이 중심이 되어 설립한 이 단체는 대성학교와 오산학교를 설립하고, 태극 서관과 자기 회사를 운영하였다. 또한 공화정에 바탕을 둔 국민 국가 건설을 목표로 하였다.

① 국내에서 문화적 · 경제적 실력 양성 운동을 전개하였다.

② 점차 국외에서 독립군 기지의 건설 등 군사적 실력 양성을 꾀하였다.

③ 수백 명의 민족 지도자가 투옥된 105인 사건으로 해체되었다.

④ 지방을 순회하면서 강연회를 열어 민족의식을 고취시키고 노동운동을 지원하였다.

> **해설** 보기는 신민회에 대한 내용이며, ④ 사회주의 세력과 민족주의 세력이 연합한 조직인 신간회에 대한 설명이다.

19 항일의병에 관한 사항으로 잘못 설명된 것은?

① 최초의 항일의병은 을미사변을 계기로 일어났다.

② 평민 출신 의병장인 신돌석의 활약이 두드러졌다.

③ 의병 전쟁도 을사조약을 계기로 확산되었다.

④ 의병은 연합 전선을 형성하여 서울진공작전을 펼쳐 성공하였다.

> **해설** 의병은 연합 전선을 형성하여 13도 창의군을 결성하고 서울진공작전을 펼쳤으나, 실패하였다.

20 갑오개혁에 대한 설명으로 옳은 것을 모두 고른 것은?

> ㄱ. 태양력을 채택하고 종두법을 실시하였다.
> ㄴ. 신분제를 철폐하고, 폐습을 타파하였다.
> ㄷ. 내각의 권한을 강화하고 왕권을 제한하였다.
> ㄹ. 개화파 정부는 단발령을 실시하였다.

① ㄱ, ㄴ
② ㄴ, ㄷ
③ ㄴ, ㄹ
④ ㄷ, ㄹ

해설) 태양력 채택과 종두법 · 단발령 실시는 을미개혁의 주요 내용이다.

21 다음 인물들과 관계 깊은 것은?

> • 박은식 　　　　　　　• 정인보
> • 신채호 　　　　　　　• 문일평

① 사회경제사학
② 민족주의 사학
③ 민속학 연구
④ 문화재 보존

해설) 박은식(〈한국통사〉와 〈한국독립운동지혈사〉 저술), 신채호(〈조선상고사〉와 〈조선사 연구초〉 저술), 정인보(신채호의 사관계승), 문일평, 남궁억, 안재홍 등은 민족주의 사학자이다.

22 다음에서 설명하는 인물이 소속되었던 단체는?

> 상하이 홍커우 공원에서 열린 행사에 참석한 일본 군대의 주요 인물들에게 폭탄을 던졌다. 그 자리에서 일본 헌병에게 체포되어 감옥에 갇힌 후 사형 선고를 받고, 20대의 젊은 나이로 일생을 마쳤다.

① 한인애국단
② 의열단
③ 신민회
④ 북로군정서

해설) 김구의 한인애국단에서 활동하면서 식민통치기관을 파괴하거나 일본인 고관, 친일 인사들을 처단한 대표적 인물은 이봉창과 윤봉길이었다. 이봉창은 도쿄에서 일본 천황에게 폭탄을 투척하였고, 윤봉길은 상하이 홍커우 공원 일본 전승 축하식에서 폭탄을 투척하였다.

23 일제의 식민 통치 형태를 시대 순으로 바르게 배열한 것은?

> ㄱ. 문화 통치
> ㄴ. 헌병경찰 통치
> ㄷ. 민족말살 통치

① ㄱ → ㄴ → ㄷ   ② ㄷ → ㄴ → ㄱ

③ ㄴ → ㄱ → ㄷ   ④ ㄷ → ㄱ → ㄴ

해설 ㄴ. 1910~1919년
　　　ㄱ. 1919~1931년
　　　ㄷ. 1931~1945년

24 일제 식민 통치 중 무단통치시기에 있었던 것이 아닌 것은?

① 토지 조사 실시   ② 신사 참배 강요

③ 조선 회사령 발표   ④ 헌병 경찰 통치

해설 민족말살정책(1937~1945)의 일환인 황국 신민화 정책의 실시로 황국 신민의 서사, 신사 참배, 정오의 묵도, 국민복 착용을 강요하였다.

25 다음에서 설명하는 것은?

> 정학인 성리학과 성리학적 질서는 바른 것이기 때문에 수호하고, 성리학 이외의 모든 종교와 사상은 사악한 것이라고 판단하여 배척하는 운동을 말한다.

① 동학농민운동   ② 위정척사운동

③ 물산장려운동   ④ 국채보상운동

해설 위정척사운동은 정부의 개화 정책 추진에 대해 반하여 전통적인 유생층이 성리학적 전통 질서를 지키고 외세를 배척하자는 운동이다.

26 관광자원의 기능이 아닌 것은?

① 관광자원의 유형별 시장 세분화 기능

② 관광객과 관광지역주민의 상호작용 기능

③ 관광객과 관광가이드의 상호작용 기능

④ 문화적 환경의 보존 · 보호 기능

> **해설** 관광자원의 기능은 ① · ② · ④ 외에 주체인 관광객을 유인하는 기능, 자연적 환경의 보존 · 보호 기능, 관광수요에 따른 공급기능 등이 있다.

27 다음 내용에 해당하는 명소는?

> 서해에 있는 섬으로 후박나무 군락지가 있으며, 한때 일본사람들에 의해 '소흑산도'라 불렸다. 서쪽 해안은 깎아지른 듯한 바위와 절벽, 기암괴석으로 절경을 이룬다.

① 위 도   ② 가거도

③ 영흥도   ④ 백령도

> **해설** '가히 살만한 섬'이란 뜻을 가진 가거도는 해양보호구역으로 지정되어 있다.

28 우리나라의 문화재보호법의 분류 명칭이 아닌 것은?

① 보 물   ② 사 적

③ 명 승   ④ 지 목

> **해설** 국가지정문화재는 문화재보호법에 의해 국보, 보물, 사적 · 명승 · 천연기념물, 국가무형문화재, 국가민속문화재로 분류된다.

29 다음에 해당하는 도립공원은?

> 주흘산과 조령산이 이루는 험준한 지형은 국방상으로 중요한 요새이며 이러한 지형을 이용하여 임진왜란 이후 주흘관, 조곡관, 조령관 3개의 관문과 부속성, 관방시설 등을 축조하였다.

① 문경새재   ② 남한산성
③ 청량산   ④ 모악산

해설) 문경새재는 임진왜란 뒤에 이곳에 3개(주흘관, 조곡관, 조령관)의 관문(사적)을 설치하여 국방의 요새로 삼았다. 이곳은 자연경관이 빼어나고 유서 깊은 유적과 설화·민요 등으로 이름 높은 곳이다. 1981년 도립공원으로 지정되었다.

30 다음 중 관동팔경으로 바르게 묶인 것은?

> ㄱ. 망양정   ㄴ. 청간정
> ㄷ. 상원사   ㄹ. 낙산사
> ㅁ. 연천봉

① ㄱ, ㄴ, ㄷ   ② ㄱ, ㄴ, ㄹ
③ ㄱ, ㄷ, ㄹ   ④ ㄱ, ㄷ, ㅁ

해설) 관동팔경
• 고성의 청간정   • 강릉의 경포대
• 고성의 삼일포   • 삼척의 죽서루
• 양양의 낙산사   • 울진의 망양정
• 통천의 총석정   • 평해의 월송정(흡곡의 시중대를 넣는 경우도 있음)

31 다음에서 설명하는 건축물이 있는 궁궐은?

> • 기둥 윗부분은 이오니아식, 실내는 로코코 양식으로 장식한 서양식 건축기법
> • 르네상스 풍 건축물로 당시 건축된 서양식 건물 가운데 규모가 가장 큼

① 덕수궁   ② 창덕궁
③ 경복궁   ④ 창경궁

해설) 덕수궁 석조전은 서울특별시 중구 정동(貞洞)에 있는 근대식 석조 건물이다.

32 다음 중 혼례상의 물건과 그 의미가 옳지 않은 것은?

① 밤 · 대추 · 쌀 – 장수와 다산
② 닭 – 자손 번영
③ 대나무 – 가족에게 신의를 다함
④ 청실 – 부부화합

해설 대나무 : 변함없는 사랑과 정절

33 신선이 노닐 만큼 주변경관이 아름답다는 데서 이름이 비롯되었고, 탱천굴 또는 선유굴이라고도 불리는 동굴은?

① 성류굴　　　　　　　　　　② 고수동굴
③ 고수굴　　　　　　　　　　④ 정방굴

해설 성류굴은 원래 이름이 선유굴이었으며, 신선이 노닐 만큼 주변경관이 아름답다는 데서 비롯된 이름이다. 성류굴이라는 이름은 임진왜란 때 불상을 이 굴 속에 피난시켰다는 데서 유래되었다.

34 다음 중 통일신라시대의 석등으로만 모두 고른 것은?

| ㄱ. 법주사 쌍사자 석등 | ㄴ. 화엄사 각황전 앞 석등 |
| ㄷ. 부석사 무량수전 앞 석등 | ㄹ. 관촉사 석등 |

① ㄱ, ㄴ　　　　　　　　　　② ㄱ, ㄷ, ㄹ
③ ㄱ, ㄴ, ㄷ　　　　　　　　④ ㄱ, ㄴ, ㄷ, ㄹ

해설 관촉사 석등은 고려시대 석등이다.

35 관광자원의 개념적 특성으로 옳지 않은 것은?

① 개발을 통해서 관광대상이 되어간다.

② 자연과 인간의 상호작용의 결과이다.

③ 자연자원과 인문자원, 유형자원과 무형자원 등 아주 다양하고 넓다.

④ 사회구조나 시대가 변해도 동일한 가치를 지닌다.

> **해설** ① · ② · ③ 외에도 관광자원은 관광객의 욕구나 동기를 일으키는 매력성과 관광객의 행동을 끌어들이는 유인성을 가지고 있다. 또한 보존 또는 보호를 필요로 하며, 사회구조나 시대에 따라 가치를 달리한다.

36 절기 중 여름과 관계있는 절기끼리 바르게 묶인 것은?

① 한식, 청명, 입하, 소만　　　　　　② 단오, 우수, 경칩, 소서

③ 입하, 하지, 소서, 대서　　　　　　④ 소서, 대서, 입추, 처서

> **해설** 여름의 절기는 입하, 소만, 망종, 하지, 소서, 대서이다.

37 경복궁 안에 있는 궁궐로 명성황후가 일본의 낭인들에게 시해당한 곳은?

① 경복궁 건청궁　　　　　　　　　② 경희궁 숭정전

③ 덕수궁 중화전　　　　　　　　　④ 창덕궁 인정전

> **해설** 건청궁은 1887년 미국 에디슨 전기회사에서 발전기를 설치하여 우리나라 최초로 전등이 가설된 곳이기도 하다.

38 다음에서 설명하는 청자는?

> • 고려자기 중 음각한 부분을 자토나 백토로 메워서 만든 청자이다.
> • 백토는 흰색으로, 자토는 검은색으로 나타나게 된다.

① 상감청자　　　　　　　　　　　② 순청자

③ 철회청자　　　　　　　　　　　④ 동화청자

> **해설** 상감이란 태토로 그릇모양을 만든 다음 그릇표면에 나타내고자 하는 문양을 음각하고, 이 음각한 부분을 자토나 백토로 메우는 기법을 말한다.

39 다음에서 설명하는 내용에 해당하는 사람은?

·추사체	·세한도	·금석문

① 신윤복　　　　　　　　　② 강희안
③ 김정희　　　　　　　　　④ 김홍도

해설 완당 김정희는 그림뿐만 아니라 서예에도 능통한 금석학자인 동시에 격조 높은 문인화의 대가이며, '추사체'라는 독보적인 글씨체를 완성시킨 서예가이다. 대표작인 '세한도'는 세련미가 뛰어난 걸작이다.

40 경상남도 창녕군에서 전해지는 것으로 두 패로 편을 짜서 노는 편싸움이며, 농경의식의 하나인 국가무형문화재는?

① 광주칠석고싸움놀이
② 안동차전놀이
③ 남사당놀이
④ 영산줄다리기

해설 ① 정월 대보름을 전후로 하여 행해지는 남성집단의 놀이로, 농경의식의 한 형태이다.
② 정월 대보름을 전후로 하여 행해지는 놀이로, 동채싸움이라고도 하며, 농경의례놀이이다.
③ 민중놀이로 양반사회의 부도덕성을 비판하고, 민중의식을 일깨우는 놀이이다.

41 다음에 해당하는 사찰은?

· 신라 진흥왕 때 인도에서 공부를 하고 돌아온 승려 의신이 처음 지은 절이다.
· 우리나라에 남아 있는 유일한 5층 목조탑이 있다.
· 지금의 건물은 임진왜란 이후에 다시 짓고 1968년에 해체 · 수리한 것이다.

① 법주사　　　　　　　　　② 수덕사
③ 부석사　　　　　　　　　④ 해인사

해설 법주사 팔상전은 지금까지 남아 있는 우리나라의 탑 중에서 가장 높은 건축물이며, 하나뿐인 목조탑이라는 점에서 중요한 의미를 갖는다.

42 다음에 해당하는 전설이 깃들어 있는 사찰은?

> 대웅전 중수를 맡은 도편수가 달아난 여인에 대한 배신감으로 나부상을 조각했다는 전설이 내려오고 있다.

① 전등사 ② 수덕사
③ 용주사 ④ 해인사

해설 전등사(인천 정족산성 위치) 대웅전 지붕을 떠받치고 있는 나부상은 벌거벗은 여인을 묘사하고 있고, 대웅전 중수를 맡은 도편수가 달아난 여인에 대한 배신감으로 조각했다는 전설이 내려오고 있다. 전등사 대웅전은 보물로 지정되어 있다.

43 월별 세시풍속으로 올바른 것은?

① 3월 – 수릿날 ② 5월 – 천중절
③ 7월 – 중양절 ④ 9월 – 백중날

해설 5월 5일을 일컬으며, 단오라고도 부른다.
① 삼짇날
③ 백중날
④ 중양절

44 땅바닥에 여러 가지 모양의 판을 그리고 돌을 말로 삼아 승부하는 놀이는?

① 칠교놀이 ② 투호놀이
③ 고 누 ④ 길쌈놀이

해설 ① 일곱 가지 조각으로 여러 형태를 만들며 노는 놀이
② 궁중이나 규방의 여성들이 하던 놀이로 작은 항아리에 화살을 던져 넣는 놀이
④ 부녀자들이 공동으로 길쌈을 한 후 옛날이야기와 담소·가무를 즐기거나, 편을 갈라서 경쟁하고 승부를 가리며 놀았던 풍습

45 다음 내용 중 옳지 않은 것은?

① 우리나라에서 세운 역사상 가장 오래된 비는 광개토대왕비이다.

② 동양에서 가장 오래된 천문 관측대는 경주 첨성대이다.

③ 솔거의 노송도가 있었다고 전해지는 절은 분황사이다.

④ 현존하는 통일신라시대의 석탑 중 가장 큰 것은 충주 탑평리 칠층석탑이다.

해설) 솔거의 노송도가 있었다고 전해지는 절은 황룡사이다.

⊕참고

충주(중원) 고구려비가 광개토대왕 시기에 제작되었을 가능성이 제기되면서 현재 연구가 진행 중이다.

46 다음은 무엇의 종류를 말하는가?

• 막 새	• 치 미
• 잡 상	• 귀면와

① 기와의 종류 　　　　　　　② 위패의 종류

③ 마루의 종류 　　　　　　　④ 제사의 종류

해설) 기와의 종류로 이 외에도 수키와, 암키와, 서까래기와, 부연기와, 사래기와, 마루기와, 용두 등이 있다.

47 다음 중 민요와 배경지역으로 옳게 연결되지 않은 것은?

① 강원도 – 정선아리랑 　　　　② 전라도 – 진도아리랑

③ 경상도 – 밀양아리랑 　　　　④ 충청도 – 육자배기

해설) 육자배기는 전라도 지방을 중심으로 한 남도잡가이다.

48 불교의 의식 및 일상생활에 쓰이는 용구인 불구의 종류와 설명으로 옳지 않은 것은?

① 범종 – 불교의식 때 사람들을 불러 모으거나 시간을 알리기 위해 치는 종

② 금고 – 가죽으로 만든 북으로 타악기의 하나인 불구

③ 목어 – 나무로 긴 물고기 모양을 만들어 걸어 두고 두드리는 불구

④ 요령 – 손으로 흔들어서 소리를 내는 금속제품의 불구

> **해설** 금고는 금속으로 만든 북이라는 뜻으로, 금구 또는 반자라고도 한다. 가죽으로 만든 북으로 타악기의 하나인 불구는 법고이다.

> **⊕ 참고**
>
> 불교의 의식법구
> - 반자(금고) : 금속으로 만든 쇠북
> - 목어 : 나무를 안이 텅 빈 고기 모양으로 만들어 두고 두드리는 불구
> - 법라(권패) : 소라의 끝 부분에 피리를 붙인 악기
> - 경쇠 : 불경을 읽거나 범패를 할 때 사용하는 동이나 철, 옥, 돌 등으로 만든 악기
> - 운판 : 의식·공양시간을 알려주기 위해 사용하는 것으로 청동, 철을 판판하게 펴서 구름 모양으로 만든 쇠판
> - 범종 : 집회·의례 시간을 알려주기 위해 사용하는 것으로 사람들을 불러 모으거나 시간을 알리기 위해 치는 종
> - 요령 : 주요한 의식을 진행할 때 사용하는 것으로 손으로 흔들어서 소리를 내는 금속 불구

49 신랑이 신부집에 가서 예식을 올리고 신부를 맞아오는 예는?

① 친 영 ② 납 채
③ 관 례 ④ 혼 례

> **해설** 친영은 혼인 육례(六禮)의 하나로, 신랑이 신부 집에 가서 예식을 올리고 신부를 맞아오는 예를 말한다. 조선 후기에 주로 이루어졌다.

50 조선 선조 때 문신 유성룡이 임진왜란의 원인과 전황을 기록한 책이 보관되어 있는 곳은?

① 국립중앙박물관 ② 아산 현충사
③ 한국국학진흥원 ④ 간송 미술관

> **해설** 유성룡의 〈징비록〉(국보)은 임진왜란 전후의 상황을 연구하는 데 귀중한 자료로 〈난중일기〉와 함께 높이 평가되고 있으며, 경북 안동시 퇴계로 한국국학진흥원에 소재하고 있다.

2021 실제기출문제

※ 본 내용은 2021년 9월 시행된 관광통역안내사의 실제기출문제입니다.

제1과목 관광국사

01 신석기시대에 관한 설명으로 옳은 것은?

① 명도전을 화폐로 사용하였다.

② 검은 간토기를 널리 사용하였다.

③ 바닥이 여(呂) · 철(凸)자형인 집을 짓고 거주하였다.

④ 사냥 · 채집 · 어로가 식량을 획득하는 주요 수단이었다.

해설 ① · ② · ③ 철기시대에 대한 설명이다.

02 다음 풍속을 가진 나라에 관한 설명으로 옳은 것은?

> 수해나 한해를 입어 오곡이 잘 익지 않으면, 그 책임을 왕에게 묻기도 하였다.
>
> —삼국지—

① 살인자는 사형에 처하였다.

② 덩이쇠를 화폐처럼 사용하였다.

③ 산둥지방의 제나라와 교역하였다.

④ 매년 무천이라는 제천 행사가 열렸다.

해설 보기의 나라는 부여이다. 부여는 4조목을 적용하여, 살인자는 사형에 처하였다.
② 변한, ③ 고조선, ④ 동예에 대한 설명이다.

03 옥저에 관한 설명으로 옳은 것은?

① 서옥제라는 혼인 풍속이 있었다.

② 도둑질을 한 자는 노비로 삼았다.

③ 낙랑군과 고구려의 지배를 받았다.

④ 지배자를 상가, 고추가 등으로 불렀다.

해설 ① · ④ 고구려, ② 고조선에 해당한다.

04 백제의 통치체제에 관한 설명으로 옳지 않은 것은?

① 제가들이 협의하여 주요 국사를 처리하였다.

② 22부의 실무 관청을 두어 행정을 분담하였다.

③ 지방에 방령, 군장이라 불리는 관리를 파견하였다.

④ 관리를 세 부류로 나누어 공복 색깔을 구별하였다.

해설 제가회의를 통해 국사를 처리한 곳은 고구려이다.
삼국의 회의
· 고구려 : 제가회의
· 백제 : 정사암회의
· 신라 : 화백회의

05 승려에 관한 설명으로 옳지 않은 것은?

① 원효는 불교 대중화에 앞장섰다.

② 자장은 황룡사 9층 목탑 건립을 건의하였다.

③ 의상은 현장의 제자로 유식학을 발전시켰다.

④ 담징은 일본에 종이와 먹의 제조 방법을 전하였다.

해설 유식학을 발전시킨 승려는 원측이다. 의상은 화엄종을 개창하고 부석사를 건립하였다.

06 다음 연표에서 (가), (나)에 들어갈 역사적 사건으로 옳지 않은 것은?

백제, 평양성 공격	백제, 웅진 천도	백제, 국호 남부여로 변경
▼	▼	▼

	(가)	(나)	

① (가) – 고구려가 신라를 침략한 왜를 격퇴하였다.

② (가) – 백제가 신라와 동맹을 맺었다.

③ (나) – 신라가 불교를 공인하였다.

④ (나) – 대가야가 신라에 병합되었다.

> **해설** 백제, 평양성 공격(371) → 백제, 웅진 천도(475) → 대가야 신라 병합(562) → 백제, 국호 남부여로 변경(538)

07 발해 문왕에 관한 설명으로 옳지 않은 것은?

① 수도를 중경에서 상경으로 옮겼다.

② 인안이라는 독자적인 연호를 사용하였다.

③ 불교의 이상적 군주인 전륜성왕을 자처하였다.

④ 일본에 보낸 국서에서 스스로 천손이라 칭하였다.

> **해설** '인안'이라는 독자적 연호를 사용한 왕은 발해의 무왕이다. 문왕은 '대흥'이라는 연호를 사용하였다.

08 신라촌락문서(민정문서)에 관한 설명으로 옳지 않은 것은?

① 3년마다 다시 작성하였다.

② 일본의 정창원에서 발견되었다.

③ 가호를 9등급으로 구분한 것을 알 수 있다.

④ 인구를 연령에 따라 3등급으로 구분한 내용이 기재되어 있다.

> **해설** 16~60세까지의 연령을 기준으로 6등급으로 구분하였다.

09 고려 광종이 추진한 정책으로 옳지 않은 것은?

① 과거 제도 시행

② 노비안검법 실시

③ 지방에 경학박사 파견

④ 백관의 공복 제정

해설) 성종의 업적에 대한 설명이다.

10 다음에서 설명하는 정치기구는?

> 최고위 무신들로 구성된 회의기구로서 무신정변 직후부터 최충헌이 권력을 잡을 때까지 최고 권력
> 기구였다.

① 도 당　　　　　　　　　② 도 방

③ 중 방　　　　　　　　　④ 교정도감

해설) 보기에서 설명하는 기구는 중방이다. 중방은 2군 6위로 구성되어 있다.

11 고려시대에 조성된 탑으로 옳은 것을 모두 고른 것은?

> ㄱ. 경천사지 10층 석탑
> ㄴ. 원각사지 10층 석탑
> ㄷ. 화엄사 4사자 3층 석탑
> ㄹ. 월정사 8각 9층 석탑

① ㄱ, ㄴ　　　　　　　　　② ㄱ, ㄹ

③ ㄴ, ㄷ　　　　　　　　　④ ㄷ, ㄹ

해설) ㄴ. 조선시대, ㄷ. 통일신라시대

12 밑줄 친 '이 사람'에 관한 설명으로 옳지 않은 것은?

> 이 사람은 원나라 세조(쿠빌라이)의 딸인 제국대장공주의 아들로 연경(베이징)에 만권당이라는 연구 기관을 설립하여 이제현 등 고려 학자와 조맹부 등 원나라 학자들이 교류하게 하였다.

① 정방을 폐지하였다.　　　　　　② 심양왕에 책봉되었다.

③ 사림원의 기능을 강화하였다.　　④ 정동행성 이문소를 폐지하였다.

해설) 보기에서 설명하고 있는 사람은 충선왕이다.
④ 공민왕의 업적에 해당한다.

⊕ 참고

충선왕과 공민왕 모두 정방을 폐지하였다.

13 이황에 관한 설명으로 옳은 것을 모두 고른 것은?

> ㄱ. 주자서절요를 편찬하였다.
> ㄴ. 기호학파에 영향을 주었다.
> ㄷ. 향촌 공동체를 위한 해주 향약을 만들었다.
> ㄹ. 국왕에게 건의하여 백운동서원을 소수서원으로 사액받았다.

① ㄱ, ㄴ　　　　　　　　　　② ㄱ, ㄹ

③ ㄴ, ㄷ　　　　　　　　　　④ ㄷ, ㄹ

해설) ㄴ·ㄷ. 이이에 관한 설명이다.
• 이황 : 〈성학십도〉 저술, 주리론
• 이이 : 〈성학집요〉 저술, 주기론

14 세종의 업적에 관한 설명으로 옳지 않은 것은?

① 갑인자를 주조하였다.

② 북방에 4군 6진을 개척하였다.

③ 전분 6등법과 연분 9등법을 시행하였다.

④ 6조 직계제를 시행하여 의정부의 힘을 약화시켰다.

해설) ④ 6조 직계제를 시행한 왕은 태종이다.

15 다음에서 설명하는 의학서는?

> • 의학 백과사전의 형식이다.
> • 중국의 역대 의서를 집대성하였다.
> • 전순의 등에 의해 왕명으로 편찬되었다.

① 마과회통   ② 의방유취

③ 향약집성방   ④ 동의수세보원

> **해설** ① 홍역에 대한 연구를 담은 책이다.
> ③ 우리의 풍토와 알맞은 약재, 치료 방법을 정리하여 담은 책이다.
> ④ 사람의 체질을 구분하여 치료하는 방법을 담은 책이다.

16 광해군 때의 역사적 사실에 관한 설명으로 옳지 않은 것은?

① 대동법이 시행되었다.

② 북벌운동이 전개되었다.

③ 북인 세력이 왕을 지지하였다.

④ 동의보감의 편찬이 완성되었다.

> **해설** 북벌운동은 효종 때 전개되었다.

17 다음에서 설명하는 인물은?

> • 성호사설을 저술하였다.
> • 6가지 폐단으로 노비제도, 과거제, 양반문벌제도, 사치와 미신, 승려, 게으름을 지적하였다.

① 이 익   ② 유수원

③ 박지원   ④ 홍대용

> **해설** 보기에서 설명하는 인물은 이익으로, 한전제를 주장하였다.

18 다음에서 설명하는 조선시대의 교육기관은?

> • 성현에 대한 제사와 유생교육, 지방민의 교화를 위해 부 · 목 · 군 · 현에 설치하여 학생들을 국비로 가르쳤다.
> • 학생들은 여름 농번기에 방학을 맞아 농사를 돌보고, 가을에 추수가 끝나면 기숙사인 재에 들어가 기거하면서 유학 경전을 공부했다.

① 4학   ② 서 원

③ 향 교   ④ 성균관

해설) ① 4부학당을 말하는 것으로 중학 · 동학 · 남학 · 서학 등이 있다.
② 학문을 닦음과 동시에 향음주례를 지내는 곳으로 사립교육기관이다.
④ 조선시대 최고 국립교육기관이다.

19 다음과 같은 사건이 일어난 시기를 연표에서 옳게 고른 것은?

> 명종 즉위 후, 윤원형 등 중신들의 부패가 극심하여 도적떼들이 많이 나타났다. 이 가운데 임꺽정 무리는 황해도 구월산에 본거지를 두고 활동하다가 관군에 토벌당하였다.

경국대전 완성	무오사화	중종반정	임진왜란	인조반정
▼	▼	▼	▼	▼
(가)	(나)	(다)	(라)	

① (가)   ② (나)

③ (다)   ④ (라)

해설) 경국대전 완성(성종) → 무오사화(연산군) → 중종반정(연산군. 중종) → 중신들의 부패가 극심하여 도적떼들이 나타남, 임꺽정 무리가 관군에 토벌당함(명종) → 임진왜란(선조) → 인조반정(광해군)

20 다음에서 설명하는 화가의 작품은?

진경산수화의 대가로서 금강산과 서울 주변의 수려한 경관을 독특한 필치로 그려냈다.

① 인왕제색도
② 몽유도원도
③ 송하보월도
④ 고사관수도

해설) 보기의 화가는 정선이다. 〈인왕제색도〉 외에도 〈금강전도〉가 유명하다.
　　② 안 견
　　③ 이상좌
　　④ 강희안

21 조선 후기에 있었던 사실로 옳지 않은 것은?

① 균역법이 시행되었다.
② 직전법이 실시되었다.
③ 신해통공이 반포되었다.
④ 담배가 상품 작물로 재배되었다.

해설) 직전법은 조선 세조 시기 실시되었다.

22 정조 때의 역사적 사실로 옳은 것은?

① 장용영 설치
② 속오례의 편찬
③ 삼정이정청 설치
④ 백두산 정계비 설치

해설) ② 영조, ③ 철종, ④ 숙종 때의 역사적 사실에 해당한다.

23 다음 사건을 발생시기가 앞선 순으로 바르게 나열한 것은?

> ㄱ. 한성근 부대가 문수산성에서 프랑스군을 격퇴하였다.
> ㄴ. 거중조정 조항이 포함된 조 · 미수호통상조약이 체결되었다.
> ㄷ. 운요호 사건을 계기로 일본과 조선 사이에 강화도 조약이 체결되었다.
> ㄹ. 영국은 러시아의 남하정책을 저지하기 위해 거문도를 점령하였다.

① ㄱ → ㄷ → ㄴ → ㄹ
② ㄱ → ㄹ → ㄷ → ㄴ
③ ㄹ → ㄱ → ㄴ → ㄷ
④ ㄹ → ㄱ → ㄷ → ㄴ

해설) ㄱ. 병인양요(1866) → ㄷ. 강화도 조약 체결(1876) → ㄴ. 조 · 미수호통상조약 체결(1882) → ㄹ. 거문도 점령(1885)

24 (가)와 (나) 사이에 일어난 역사적 사실로 옳은 것을 모두 고른 것은?

> (가) 국군과 유엔군은 압록강과 두만강 일대까지 진격하였다.
> (나) 휴전협정이 체결되었다.

> ㄱ. 인천상륙작전이 성공하였다.
> ㄴ. 애치슨 선언이 발표되었다.
> ㄷ. 흥남 철수 작전이 전개되었다.
> ㄹ. 서울을 다시 내어주는 1 · 4 후퇴가 일어났다.

① ㄱ, ㄴ
② ㄱ, ㄹ
③ ㄴ, ㄷ
④ ㄷ, ㄹ

해설 (가) 1950년 10월, (나) 1953년 7월에 일어난 사실이다.
ㄷ. 1950년 12월
ㄹ. 1951년 1월
ㄱ. 1950년 9월
ㄴ. 1950년 1월

25 1920년대의 역사적 사실로 옳지 않은 것은?

① 민립대학설립 운동이 일어났다.
② 민족협동전선인 신간회가 창립되었다.
③ 상하이에서 국민대표회의가 개최되었다.
④ 의열투쟁을 위해 한인애국단이 조직되었다.

해설 한인애국단이 조직된 것은 1931년이다.

26 관광자원해설 기법 중 매체이용해설에 관한 설명으로 옳지 않은 것은?

① 모형기법, 시청각기법을 활용한다.

② 최신장비 도입을 통해 관람객 관심 유도가 가능하다.

③ 매체 관리유지를 위한 정기적 보수가 필요하다.

④ 역사적 사실 재현에는 효과성이 낮은 방법이다.

> 해설) 매체이용해설
> • 재현에 특히 효과적인 해설 유형
> • 최신장비 도입을 통해 관람객에게 호기심, 신비감을 주어 장시간 관심 유도 가능
> • 고장에 대비하고 관리유지를 위해 정기적 보수가 필요함
> • 모형기법, 실물기법, 청각기법, 시청각기법, 멀티미디어 재현시설기법, 시뮬레이션 기법 등이 있음

27 관광자원의 특성으로 옳지 않은 것은?

① 보존과 보호를 필요로 한다.

② 관광동기를 유발하는 매력성을 지닌다.

③ 관광자원의 가치는 변하지 않는 속성을 갖는다.

④ 관광자원의 범위는 다양하다.

> 해설) ③ 가치의 변화에 대한 설명으로, 관광자원은 시대 · 사회구조에 따라서 그 가치를 달리한다.
> ① 보존과 보호의 필요성에 대한 설명이다.
> ② 매력성에 대한 설명이다.
> ④ 범위의 다양성에 대한 설명이다.

28 우리나라 국가지질공원에 관한 설명으로 옳지 않은 것은?

① 지구과학적으로 중요하고 경관이 우수한 지역이다.

② 인증기간은 고시일로부터 4년이다.

③ 교육 · 관광사업으로 활용한다.

④ 부산 7개 자치구가 최초 지정된 곳이다.

> 해설) 부산 7개 자치구는 3번째로 지정된 곳이다. 최초로 지정된 곳은 울릉도 · 독도, 제주도이다.

29 호수관광자원에 관한 설명으로 옳은 것은?

① 우각호는 해안지역에 토사의 퇴적으로 생긴 호수이다.

② 석호는 하천의 곡류천에 이루어진 호수이다.

③ 충청북도 충주호, 강원도 소양호는 인공호이다.

④ 백두산 천지, 한라산 백록담은 칼데라호이다.

> 해설 ③ 인공호는 충청북도 충주호, 강원도 소양호 외에 경기도 시화호가 있다.
> ① 해안지역에 토사의 퇴적으로 생긴 호수는 석호이다.
> ② 하천의 곡류천에 이루어진 호수는 우각호이다.
> ④ 백두산 천지는 칼데라호, 한라산 백록담은 화구호이다.

30 다음이 설명하는 코리아 둘레길은?

• 부산 오륙도에서 강원 고성 통일전망대까지 이르는 탐방로
• 동해안의 해변길, 숲길, 마을길을 잇는 탐방로

---

① 해파랑길   ② 남파랑길

③ 서해랑길   ④ DMZ 평화의 길

> 해설 코리아 둘레길
> • 동해안(해파랑길) : 강원 고성~부산 오륙도 해맞이 공원
> • 서해안(서해랑길) : 전라남도 해남군 땅끝~인천 강화
> • 남해안(남파랑길) : 부산 오륙도 해맞이 공원~전라남도 해남군 땅끝
> • 비무장지대 접경지역(DMZ 평화의 길) : 철원코스(철원평야, 한탄강), 파주코스(구 장단면사무소, 장단역 죽음의 다리), 고성코스(금강산, 해금강)

31 우리나라 도립공원에 관한 설명으로 옳은 것은?

① 전라북도 모악산 도립공원이 최초로 지정되었다.

② 마이산은 경상북도에 위치한 도립공원이다.

③ 전라남도의 월출산은 도립공원에서 국립공원으로 승격되었다.

④ 문경새재는 경상남도에 위치한 도립공원이다.

> 해설 ① 경상북도 금오산 도립공원이 최초로 지정되었다.
> ② 마이산은 전라북도에 위치한 도립공원이다.
> ④ 문경새재는 경상북도에 위치한 도립공원이다.

32 지역과 관광단지 연결이 옳은 것은?

① 강원도 – 오시아노 관광단지

② 경상북도 – 감포해양 관광단지

③ 전라남도 – 마우나오션 관광단지

④ 경기도 – 구산해양 관광단지

> **해설** ① 전라남도 해남 : 오시아노 관광단지
> ③ 경상북도 경주 : 마우나오션 관광단지
> ④ 경상남도 창원 : 구산해양 관광단지

33 우리나라 지역별 민속주가 아닌 것은?

① 한산의 소곡주 ② 진도의 진양주

③ 면천의 두견주 ④ 안동의 소주

> **해설** 우리나라의 지역별 민속주
> • 한산 소곡주
> • 진도 홍주
> • 면천 두견주
> • 안동 소주
> • 서울 문배주
> • 전주 이강주
> • 경주 교동법주
> • 김천 과하주
> • 제주 오메기술

34 강원랜드 카지노에 관한 설명으로 옳은 것은?

① 2003년 최초로 내국인 출입이 허용된 카지노이다.

② 2045년까지 내국인 출입이 허용 운영될 예정이다.

③ 강원도의 유일한 카지노이다.

④ 2020년 기준 국내 카지노 업체 중 매출액이 두 번째로 높다.

> **해설** ① 2000년 10월 최초로 내국인 출입이 허용된 카지노이다.
> ③ 강원랜드 카지노 외에 외국인을 대상으로 하는 알펜시아 카지노가 있다.
> ④ 2020년 기준 국내 카지노 업체 중 매출액이 첫 번째로 높다.

35 관광레저형 기업도시에 관한 설명으로 옳지 않은 것은?

① 자족적 생활공간 기능을 갖추도록 한다.

② 전남 무주에서 시범사업중이다.

③ 국민 모두가 함께 누리는 관광휴양 도시를 추구한다.

④ 다양한 관광레저시설의 유기적 배치를 계획한다.

> **해설** 관광레저형 기업도시 시범사업 지역은 무주, 태안, 영암·해남이 선정되었으나, 무주는 경제침체 등으로 사업을 포기하여 개발구역 지정 해제되었다. 따라서 현재는 태안, 영암·해남만이 관광레저형 기업도시에 속한다.

36 관광두레에 관한 설명으로 옳지 않은 것은?

① 하드웨어 중심적 지역관광 활성화가 주요 목적이다.

② 관광두레PD는 주민사업체의 육성 및 창업을 현장에서 지원한다.

③ 주민사업체별 최대 5년간 지원이 가능한 사업이다.

④ 주민사업체는 매년 진단평가를 받는다.

> **해설** ① 소프트웨어 중심적 지역관광 활성화가 주요 목적이다.
> 관광두레
> 관광과 두레의 합성어이며, 주민공동체 기반으로 지역 고유의 특색을 지닌 숙박·식음·여행·체험·레저·기념품 등을 생산·판매하는 관광사업체를 창업하고 경영할 수 있도록 지원하는 사업

37 2020년 선정된 지역관광거점도시에 해당하는 것을 모두 고른 것은?

ㄱ. 강원 강릉시	ㄴ. 경북 안동시
ㄷ. 충남 부여시	ㄹ. 전남 목포시
ㅁ. 전북 전주시	ㅂ. 충남 제천시

① ㄱ, ㄴ, ㄷ, ㅁ

② ㄱ, ㄴ, ㄹ, ㅁ

③ ㄴ, ㄷ, ㄹ, ㅂ

④ ㄷ, ㄹ, ㅁ, ㅂ

> **해설** 관광거점도시
> • 국제관광도시 : 부산
> • 지역관광거점도시 : 강릉, 목포, 안동, 전주

38 하회별신굿탈놀이에 관한 설명으로 옳은 것을 모두 고른 것은?

> ㄱ. 안동 하회동과 병산동에서 전승되는 탈놀이에 해당된다.
> ㄴ. 마을의 안녕과 풍년을 기원하는 마을굿에서 유래되었다.
> ㄷ. 가면극으로 사회풍자와 비판내용을 담고 있다.

① ㄱ

② ㄱ, ㄴ

③ ㄴ, ㄷ

④ ㄱ, ㄴ, ㄷ

해설) 하회별신굿탈놀이(국가무형문화재)
3, 5년 혹은 10년마다 마을의 수호신 성황(서낭)님에게 마을의 평화와 농사의 풍년을 기원하는 굿으로 우리나라 가면극의 발생이나 기원을 밝히는 데 중요한 자료가 되고 있다.

39 다음이 설명하는 성곽의 유형은?

> 왕궁과 종묘사직, 의정부가 위치한 도읍을 방어하기 위해 축조한 성곽이다.

① 도 성

② 읍 성

③ 산 성

④ 장 성

해설) ② 지방행정관서가 있는 고을에 축성되는 것으로, 관아와 민가를 함께 수용하는 성
③ 산의 지세를 활용하여 평야를 앞에 둔 산에 쌓은 성
④ 국경의 변방에 외적을 막기 위해 쌓은 성

40 경상북도에 있는 조선시대 서원이 아닌 것은?

① 소수서원

② 도산서원

③ 병산서원

④ 심곡서원

해설) 심곡서원은 경기도에 위치한 조선시대 서원이다.

41 조선왕조실록에 관한 설명으로 옳지 않은 것은?

① 1997년 유네스코 세계기록유산에 등재되었다.

② 태조부터 25대 철종까지 472년간의 조선왕조 역사를 기록하였다.

③ 실록의 기술과 간행을 담당했던 사관의 독립성과 비밀을 제도적으로 보장하여 사실성과 신빙성을 확보하였다.

④ 국왕이 국정운영 내용을 매일 일기형식으로 기록한 공식기록물이다.

해설) 국왕이 국정운영 내용을 매일 일기형식으로 기록한 공식기록물은 일성록이다. 조선왕조실록은 조선 태조부터 철종까지의 역사를 연·월·일의 순서에 따라 편년체로 기록한 책이다.

42 백제에서 조성한 불탑은?

① 익산 미륵사지 석탑   ② 황룡사 9층 목탑

③ 불국사 석가탑   ④ 중원 탑평리 7층 석탑

해설) ② 신라, ③·④ 통일신라에 조성되었다.

43 유네스코 세계문화유산으로 등록된 조선시대 궁궐은?

① 창덕궁   ② 경복궁

③ 창경궁   ④ 경희궁

해설) 1997년 12월 창덕궁이 유네스코 세계문화유산으로 등록되었다.

44 유형문화재 중 국보가 아닌 것은?

① 익산 미륵사지 석탑   ② 부여 정림사지 5층 석탑

③ 경주 불국사 다보탑   ④ 보은 법주사 사천왕 석등

해설) ④ 보물에 해당하며, 보은 법주사 쌍사자 석등이 국보에 해당한다.

45

다음이 설명하는 세시풍속은?

- 부녀자들은 그네뛰기를 하며, 남자들은 씨름을 즐겼다.
- 머리를 윤기 있게 만들기 위해 창포를 삶은 물에 머리를 감는다.
- 음력 5월 5일에 모내기를 끝내고 풍년을 기원하는 풍속이다.

① 추 석　　　　　　　　　　② 설 날
③ 단 오　　　　　　　　　　④ 정월 대보름

> 해설 ① 음력 8월 15일로, 한가위, 가배일, 중추절이라고도 부른다. 추석의 풍속으로는 벌초, 차례, 강강술래 등이 있다.
> ② 새해의 첫 날로, 신정, 신일이라고도 부른다. 설의 풍속으로는 설빔, 차례, 세배, 성묘 등이 있다.
> ④ 음력 1월 15일로, 상원이라고도 부른다. 정월 대보름의 풍속으로는 줄다리기, 부럼깨기, 달맞이, 지신밟기 등이 있다.

46

다음이 설명하는 우리나라 전통마을은?

- 2010년 세계문화유산에 등재되었다.
- 여강 이씨와 월성 손씨의 집성촌으로 조선시대의 생활문화를 잘 보여준다.
- 주요 건축물인 무첨당, 향단, 관가정 등 보물들과, 서백당, 이향정, 심수정 등의 국가 민속문화재가 있다.

① 왕곡마을　　　　　　　　② 외암마을
③ 무섬마을　　　　　　　　④ 양동마을

> 해설 ① 국가민속문화재로, 강릉 함씨와 강릉 최씨, 용궁 김씨의 집성촌이다.
> ② 국가민속문화재로, 강씨와 목씨 등이 정착하여 마을을 이루었으며 조선시대부터 예안 이씨가 대대로 살기 시작한 곳이다.
> ③ 국가민속문화재로, 반남 박씨와 선성 김씨의 집성촌이다.

47

유네스코에 등재된 세계기록유산이 아닌 것은?

① 훈민정음　　　　　　　　② 직지심체요절
③ 판소리　　　　　　　　　④ 조선왕조 의궤

> 해설 판소리는 국가무형문화재이다.

48 전통건축양식에서 주심포공포양식으로 지어진 건축물이 아닌 것은?

① 경복궁 근정전

② 봉정사 극락전

③ 부석사 무량수전

④ 수덕사 대웅전

해설) 경복궁 근정전은 다포양식으로 지어진 건축물이다.
- 주심포양식 : 봉정사 극락전, 부석사 무량수전, 수덕사 대웅전, 성불사 극락전 등
- 다포양식 : 남대문, 동대문, 경복궁 근정전, 창덕궁 인정전, 창경궁 명전전 등

49 우리나라 종묘에 관한 설명으로 옳지 않은 것은?

① 조선시대 역대의 왕과 왕비 및 추존된 왕과 왕비의 신주를 모신 왕가의 사당이다.

② 문묘제향을 봉행하는 관학으로서 지방유학기관이다.

③ 종묘의 정전에는 19개의 신실에 조선 역대 왕 19명과 왕비 30명 등 49위의 신주를 모셨다.

④ 유교사당의 전형으로 건축이 간결하면서도 전체적으로 대칭을 이루는 구조이다.

해설) 문묘제향을 봉행하는 관학으로서 지방유학기관은 향교이다.

50 경기도에 소재한 왕릉은?

① 광 릉

② 태 릉

③ 정 릉

④ 헌 릉

해설) ① 경기도 남양주시에 위치하고 있다.
② 서울 노원구에 위치하고 있다.
③ 서울 성북구, 강남구에 위치하고 있다.
④ 서울 서초구에 위치하고 있다.

여기서 멈출 거예요? 고지가 바로 눈앞에 있어요.
마지막 한 걸음까지 시대에듀가 함께할게요!

여기서 멈출 거예요? 고지가 바로 눈앞에 있어요.
마지막 한 걸음까지 시대에듀가 함께할게요!

2 교시

관광법규&관광학개론

- 실전모의고사 제1회~제9회
- 2021년 실제기출문제

※ 도서에 수록된 〈관광법규〉 과목의 법령 반영 기준일은 2022년 1월 25일입니다. 최종 수록된 법령의 개정 및 시행일은 다음과 같습니다. 이후 개정되는 법령에 대해서는 법제처 국가법령정보센터 홈페이지(www.law.go.kr)를 참고하시어 학습하시기 바랍니다.

- 관광기본법 : 2020.12.22. 일부개정, 2021.06.23. 시행
- 관광진흥법 : 2020.12.31. 타법개정, 2022.01.01. 시행
- 관광진흥법 시행령 : 2021.10.14. 일부개정, 2021.10.14. 시행
- 관광진흥법 시행규칙 : 2020.12.10. 일부개정, 2022.01.01. 시행
- 관광진흥개발기금법 : 2021.06.15. 일부개정, 2021.09.16. 시행
- 관광진흥개발기금법 시행령 : 2021.03.23. 타법개정, 2021.09.24. 시행
- 관광진흥개발기금법 시행규칙 : 2010.09.03. 일부개정, 2010.09.03. 시행
- 국제회의산업 육성에 관한 법률 : 2020.12.22. 일부개정, 2021.06.23. 시행
- 국제회의산업 육성에 관한 법률 시행령 : 2020.11.10. 일부개정, 2020.11.10. 시행
- 국제회의산업 육성에 관한 법률 시행규칙 : 2020.11.10. 일부개정, 2020.11.10. 시행

제3과목 관광법규

01 관광기본법상 정부가 해야 할 시책에 관한 설명으로 옳지 않은 것은?

① 정부는 이 법의 목적을 달성하기 위하여 관광진흥에 관한 기본적이고 종합적인 시책을 강구하여야 한다.

② 정부는 관광진흥 장기계획과 분기별 계획을 각각 수립하여야 한다.

③ 정부는 관광객이 이용할 숙박 · 교통 · 휴식시설 등의 개선 및 확충을 위하여 필요한 시책을 마련하여야 한다.

④ 정부는 관광진흥을 위하여 관광진흥개발기금을 설치하여야 한다.

해설) 정부는 관광진흥의 기반을 조성하고 관광산업의 경쟁력을 강화하기 위하여 관광진흥에 관한 기본계획을 5년마다 수립 · 시행하여야 한다(관광기본법 제3조 제1항).

02 다음 중 관광진흥법의 목적과 거리가 먼 것은?

① 관광여건 조성

② 관광자원 개발

③ 관광사업의 육성

④ 관광진흥의 방향 규정

해설) 관광진흥법은 관광여건을 조성하고 관광자원을 개발하며 관광사업을 육성하여 관광진흥에 이바지하는 것을 목적으로 한다(관광진흥법 제1조).

03 등급신청의 재신청과 관련하여 (   )에 들어갈 말로 옳은 것은?

> 동일한 등급으로 호텔업 등급결정을 재신청하였으나 다시 등급결정이 보류된 경우에는 등급결정 (   ) 부터 60일 이내에 신청한 등급보다 낮은 등급으로 등급결정을 신청하거나 등급결정 수탁기관에 등급 결정의 보류에 대한 이의를 신청하여야 한다.

① 이의를 신청하려는 날

② 신청을 한 날

③ 재신청을 한 날

④ 보류의 통지를 받은 날

해설 동일한 등급으로 호텔업 등급결정을 재신청하였으나 다시 등급결정이 보류된 경우에는 등급결정 보류의 통지를 받은 날부터 60일 이내에 신청한 등급보다 낮은 등급으로 등급결정을 신청하거나 등급결정 수탁기관에 등급결정의 보류에 대한 이의를 신청하여야 한다(관광진흥법 시행규칙 제25조의2 제3항).

04 관광진흥법에서 관광객 이용시설업 중 관광객을 위하여 적합한 공연시설을 갖추고 공연물을 공연하면서 관광객에게 식사와 주류를 판매하는 관광사업은?

① 전문휴양업

② 종합휴양업

③ 관광유람선업

④ 관광공연장업

해설 관광진흥법에서 관광객 이용시설업 중 관광객을 위하여 적합한 공연시설을 갖추고 공연물을 공연하면서 관광객에게 식사와 주류를 판매하는 업은 관광공연장업이다(관광진흥법 시행령 제2조 제1항 제3호 마목).

05 관광진흥법상 5년 이하의 징역 또는 5천만원 이하의 벌금에 해당하는 경우는?

① 카지노업의 허가를 받지 아니하고 카지노업을 경영한 경우

② 유원시설업의 변경허가를 받지 아니하거나 변경신고를 하지 아니하고 영업하는 경우

③ 관광사업자가 아닌 자가 관광표지를 사업장에 붙인 경우

④ 유원시설업을 허가받지 아니하고 영업한 경우

해설 5년 이하의 징역 또는 5천만원 이하의 벌금에 해당하는 경우는 카지노업의 허가를 받지 아니하고 카지노업을 경영한 자, 법령에 위반되는 카지노기구를 설치하거나 사용하는 행위를 한 자, 법령을 위반하여 카지노기구 또는 시설을 변조하거나 변조된 카지노기구 또는 시설을 사용하는 행위를 한 자에 해당한다(관광진흥법 제81조).

06 관광진흥법상 사업장에 붙일 수 있는 관광표지가 아닌 것은?

① 관광사업장 표지　　　　　　　　② 관광편의시설업 지정증

③ 유원시설업 지정증　　　　　　　④ 호텔등급표지(호텔업의 경우만 해당)

> **해설** 관광표지(관광진흥법 시행규칙 제19조)
> * 별표 4의 관광사업장 표지
> * 별표 제5호 서식의 관광사업 등록증 또는 별지 제22호 서식의 관광편의시설업 지정증
> * 등급에 따라 별 모양의 개수를 달리하는 방식으로 문화체육관광부장관이 정하여 고시하는 호텔등급표지(호텔업의 경우만 해당)
> * 별표 6의 관광식당표지(관광식당업만 해당)

07 관광진흥법상 국외여행 인솔자로 등록하려는 사람이 등록 신청서에 첨부하여 제출해야 할 서류가 아닌 것은?

① 관광통역안내사 자격증

② 사진 2매

③ 자격요건을 갖추었음을 증명하는 서류

④ 국내여행안내사 자격증

> **해설** 국외여행 인솔자로 등록하려는 사람은 별지 제24호의2 서식의 국외여행 인솔자 등록 신청서에 관광통역안내사 자격증과 자격요건을 갖추었음을 증명하는 서류 및 사진(최근 6개월 이내에 모자를 쓰지 않고 촬영한 상반신 반명함판) 2매를 첨부하여 관련 업종별 관광협회에 제출하여야 한다(관광진흥법 시행규칙 제22조의2 제1항).

08 관광진흥법상 권역별 관광개발계획에 포함되는 내용이 아닌 것은?

① 권역의 관광 여건과 관광 동향에 관한 사항

② 관광자원의 보호 · 개발 · 이용 · 관리 등에 관한 사항

③ 관광지 및 관광단지의 조성 · 정비 · 보완 등에 관한 사항

④ 관광권역의 설정에 관한 사항

> **해설** ① · ② · ③ 외에 권역의 관광 수요와 공급에 관한 사항, 관광지 및 관광단지의 실적 평가에 관한 사항, 관광지 연계에 관한 사항, 관광사업의 추진에 관한 사항, 환경보전에 관한 사항, 그 밖에 그 권역의 관광자원의 개발, 관리 및 평가를 위하여 필요한 사항이 있다(관광진흥법 제49조 제2항).

09 관광진흥법상 유원시설업을 경영하려는 자는 문화체육관광부령으로 정하는 시설과 설비를 갖추어 누구에게 허가를 받아야 하는가?

① 문화체육관광부장관
② 특별자치시장 · 특별자치도지사 · 시장 · 군수 · 구청장
③ 한국관광공사
④ 관광협회장

해설 유원시설업 중 대통령령으로 정하는 유원시설업을 경영하려는 자는 문화체육관광부령으로 정하는 시설과 설비를 갖추어 특별자치시장 · 특별자치도지사 · 시장 · 군수 · 구청장의 허가를 받아야 한다(관광진흥법 제5조 제2항).

10 관광지 및 관광단지로 지정 · 고시된 지역에서 건축물의 건축, 공작물의 설치, 토석의 채취 등의 행위를 하려는 자가 허가를 받아야 하는 대상은?

① 대통령
② 특별자치시장 · 특별자치도지사 · 시장 · 군수 · 구청장
③ 지방자치단체
④ 문화체육관광부장관

해설 관광지 등으로 지정 · 고시된 지역에서 다음과 같이 대통령령으로 정하는 행위를 하려는 자는 특별자치시장 · 특별자치도지사 · 시장 · 군수 · 구청장의 허가를 받아야 한다. 허가받은 사항을 변경하려는 경우에도 또한 같다(관광진흥법 제52조의2 및 동법 시행령 제45조의2 제1항).
  • 건축물의 건축
  • 공작물의 설치
  • 토지의 형질 변경
  • 토석의 채취
  • 토지분할
  • 물건을 쌓아놓는 행위
  • 죽목(竹木)을 베어내거나 심는 행위

11 관광진흥법상 관광숙박업의 등급을 결정할 수 있는 자는?

① 한국관광협회중앙회장　　　　　② 한국관광공사장
③ 문화체육관광부장관　　　　　　④ 구청장

해설 문화체육관광부장관은 관광숙박시설 및 야영장 이용자의 편의를 돕고, 관광숙박시설 · 야영장 및 서비스 수준을 효율적으로 유지 · 관리하기 위하여 관광숙박업자 및 야영장업자의 신청을 받아 관광숙박업 및 야영장업에 대한 등급을 정할 수 있다(관광진흥법 제19조 제1항).

12 관광진흥법상 관할 등록기관 등의 장이 관광사업자에게 사업 정지를 명하여야 하는 경우에 그 사업의 정지가 그 이용자 등에게 심한 불편을 준다면 사업 정지 처분을 갈음하여 얼마의 과징금을 부과할 수 있는가?

① 500만원 이하
② 1,000만원 이하
③ 2,000만원 이하
④ 3,000만원 이하

해설) 관할 등록기관 등의 장은 관광사업자에게 사업 정지를 명하여야 하는 경우로서 그 사업의 정지가 그 이용자 등에게 심한 불편을 주거나 그 밖에 공익을 해칠 우려가 있으면 사업 정지 처분을 갈음하여 2천만원 이하의 과징금을 부과할 수 있다(관광진흥법 제37조 제1항).

13 관광진흥법상 한국관광협회중앙회 설립에 대한 설명으로 옳지 않은 것은?

① 협회를 설립하려는 자는 대통령령으로 정하는 바에 따라 문화체육관광부장관의 승인을 받을 수 있다.
② 협회는 법인으로 한다.
③ 협회의 설립 후 임원이 임명될 때까지 필요한 업무는 발기인이 수행한다.
④ 협회는 설립등기를 함으로써 성립한다.

해설) 협회를 설립하려는 자는 대통령령으로 정하는 바에 따라 문화체육관광부장관의 허가를 받아야 한다(관광진흥법 제41조 제2항).

14 관광진흥법상 보증보험 등에 가입하거나 영업보증금을 예치한 여행업자는 그 사실을 증명하는 서류를 지체 없이 누구에게 제출하여야 하는가?

① 문화체육관광부장관
② 한국관광공사장
③ 지역별 협회장
④ 특별자치시장 · 특별자치도지사 · 시장 · 군수 · 구청장

해설) 보증보험 등에 가입하거나 영업보증금을 예치한 자는 그 사실을 증명하는 서류를 지체 없이 특별자치시장 · 특별자치도지사 · 시장 · 군수 · 구청장에게 제출하여야 한다(관광진흥법 시행규칙 제18조 제4항).

15 관광진흥법상 관광 홍보 및 관광자원 개발에 대한 설명으로 옳지 않은 것은?

① 문화체육관광부장관 또는 시 · 도지사는 국제 관광의 촉진과 국민 관광의 건전한 발전을 위하여 국내외 관광 홍보 활동을 조정하거나 관광 선전물을 심사하거나 그 밖에 필요한 사항을 지원할 수 있다.

② 문화체육관광부장관 또는 시 · 도지사는 관광홍보를 원활히 추진하기 위하여 필요하면 관광사업자 등에게 해외관광시장에 대한 정기적인 조사, 관광 홍보물의 제작, 관광안내소의 운영 등에 필요한 사항을 권고하거나 지도할 수 있다.

③ 지방자치단체의 장, 관광사업자 또는 관광지 · 관광단지의 조성계획승인을 받은 자는 관광지 · 관광단지 · 관광특구 · 관광시설 등 관광자원을 안내해야 하지만 옥외광고물은 설치할 수 없다.

④ 문화체육관광부장관과 지방자치단체의 장은 관광객의 유치, 관광복지의 증진 및 관광 진흥을 위하여 대통령령으로 정하는 바에 따라 사업을 추진할 수 있다.

> **해설** 지방자치단체의 장, 관광사업자 또는 제54조 제1항에 따라 관광지 · 관광단지의 조성계획승인을 받은 자는 관광지 · 관광단지 · 관광특구 · 관광시설 등 관광자원을 안내하거나 홍보하는 내용의 옥외광고물(屋外廣告物)을 「옥외광고물 등의 관리와 옥외광고산업 진흥에 관한 법률」의 규정에도 불구하고 대통령령으로 정하는 바에 따라 설치할 수 있다(관광진흥법 제48조 제3항).

16 관광진흥법상 관광개발기본계획에 포함되는 내용이 아닌 것은?

① 전국의 관광 여건과 관광 동향에 관한 사항
② 관광권역의 설정에 관한 사항
③ 관광권역별 관광개발의 기본방향에 관한 사항
④ 관광사업 회원의 공제사업에 관한 사항

> **해설** ① · ② · ③ 외에 전국의 관광 수요와 공급에 관한 사항, 관광자원 보호 · 개발 · 이용 · 관리 등에 관한 기본적인 사항, 그 밖에 관광개발에 관한 사항 등이 있다(관광진흥법 제49조 제1항).

17 관광진흥법상 시·도지사가 관광지 등을 지정·고시할 때 포함되어야 하는 사항이 아닌 것은?

① 관광 홍보물

② 고시연월일

③ 관광지 등의 위치 및 면적

④ 관광지 등의 구역이 표시된 축척 2만 5천분의 1 이상의 지형도

해설) 시·도지사의 고시에는 고시연월일, 관광지 등의 위치 및 면적, 관광지 등의 구역이 표시된 축척 2만 5천분의 1이상의 지형도가 포함되어야 한다(관광진흥법 시행령 제45조 제1항).

18 관광진흥법상 관광단지개발자가 조성계획의 승인 또는 변경승인을 신청하는 경우 조성계획 승인 또는 변경승인신청서를 제출받은 시장·군수·구청장은 제출받은 날부터 며칠 이내에 검토의견서를 첨부하여 시·도지사(특별자치시장·특별자치도지사는 제외)에게 제출해야 하는가?

① 15일

② 20일

③ 30일

④ 60일

해설) 관광단지개발자가 조성계획의 승인 또는 변경승인을 신청하는 경우에는 특별자치시장·특별자치도지사·시장·군수·구청장에게 조성계획 승인 또는 변경승인신청서를 제출하여야 하며, 조성계획 승인 또는 변경승인신청서를 제출받은 시장·군수·구청장은 제출받은 날부터 20일 이내에 검토의견서를 첨부하여 시·도지사(특별자치시장·특별자치도지사는 제외한다)에게 제출하여야 한다(관광진흥법 시행령 제46조 제2항).

19 관광진흥법상 관광사업자가 보조금을 받으려고 할 때 국고보조금 신청서에 첨부해야 할 서류가 아닌 것은?

① 사업 기간과 완공 날짜

② 사업 개요(건설공사인 경우 시설내용을 포함) 및 효과

③ 사업공정계획

④ 총사업비 및 보조금액의 산출내역

해설) ②·③·④ 외에 사업자의 자산과 부채에 관한 사항, 사업의 경비 중 보조금으로 충당하는 부분 외의 경비 조달 방법을 첨부해야 한다(관광진흥법 시행규칙 제66조 제1항).

20 관광진흥법상 관광지 등의 관리 · 운영에 필요한 조치를 취해야 하는 자는?

① 특별자치시장 · 특별자치도지사 · 시장 · 군수 · 구청장

② 문화체육관광부장관

③ 한국관광협회장

④ 사업시행자

> 해설 사업시행자는 관광지 등의 관리 · 운영에 필요한 조치를 하여야 한다(관광진흥법 제69조 제1항).

21 관광진흥개발기금법상 기금의 설치 및 재원에 대한 설명으로 옳지 않은 것은?

① 정부는 이 법의 목적을 달성하는 데에 필요한 자금을 확보하기 위하여 관광진흥개발기금을 설치한다.

② 국내 공항과 항만을 통하여 출국하는 자로서 대통령령으로 정하는 자는 1만원의 범위에서 대통령령으로 정하는 금액을 기금에 납부하여야 한다.

③ 납부금을 부과받은 자가 부과된 납부금에 대하여 이의가 있는 경우에는 부과받은 날부터 60일 이내에 문화체육관광부장관에게 이의를 신청할 수 있다.

④ 문화체육관광부장관은 제4항에 따른 이의신청을 받았을 때에는 그 신청을 받은 날부터 20일 이내에 이를 검토하여 그 결과를 신청인에게 서면으로 알려야 한다.

> 해설 문화체육관광부장관은 제4항에 따른 이의신청을 받았을 때에는 그 신청을 받은 날부터 15일 이내에 이를 검토하여 그 결과를 신청인에게 서면으로 알려야 한다(관광진흥개발기금법 제2조 제5항).

22 관광진흥개발기금법상 관광진흥개발기금이 대여 또는 보조할 수 있는 사업에 포함되지 않는 것은?

① 관광상품 개발 및 지원사업

② 관광지 · 관광단지 및 관광특구에서의 공공 편익시설 설치사업

③ 국제회의의 유치 및 개최사업

④ 국내 여행자의 건전한 관광을 위한 교육

> 해설 ① · ② · ③ 외에 국외 여행자의 건전한 관광을 위한 교육 및 관광정보의 제공사업, 국내외 관광안내 체계의 개선 및 관광홍보사업, 관광사업 종사자 및 관계자에 대한 교육훈련사업, 국민관광 진흥사업 및 외래관광객 유치 지원 사업, 장애인 등 소외계층에 대한 국민관광 복지사업, 전통관광자원 개발 및 지원사업, 감염병 확산 등으로 관광사업자에게 발생한 경영상 중대한 위기 극복을 위한 지원사업, 그 밖에 관광사업의 발전을 위하여 필요한 것으로서 대통령령으로 정하는 사업이 있다(관광진흥개발기금법 제5조 제3항).

23 국제회의산업 육성에 관한 법률상 국제기구 또는 국제기구에 가입한 기관 또는 법인·단체가 개최하는 국제회의의 요건으로 옳은 것은?

① 해당 회의에 4개국 이상의 외국인이 참가할 것

② 회의참가자가 500명 이상이고 그 중 외국인이 200명 이상일 것

③ 3일 이상 진행되는 회의일 것

④ 회의 개최에 필요한 부대시설을 확보할 것

> 해설) 국제회의의 종류·규모(국제회의산업 육성에 관한 법률 시행령 제2조 제1호)
> 국제기구나 국제기구에 가입한 기관 또는 법인·단체가 개최하는 회의로서 다음의 요건을 모두 갖춘 회의
> • 해당 회의에 5개국 이상의 외국인이 참가할 것
> • 회의참가자가 300명 이상이고 그 중 외국인이 100명 이상일 것
> • 3일 이상 진행되는 회의일 것
> ④ 부대시설 확보는 요건에 들어 있지 않다.

24 국제회의산업 육성에 관한 법률상 국제회의시설 중 전문회의시설이 갖추어야 할 옥내와 옥외를 합친 전시면적기준은?

① 1,000m² 이상   ② 2,000m² 이상

③ 2,500m² 이상   ④ 3,000m² 이상

> 해설) 국제회의시설 중 전문회의시설은 옥내와 옥외의 전시면적을 합쳐서 2천제곱미터 이상 확보하고 있어야 한다(국제회의산업 육성에 관한 법률 시행령 제3조 제2항 제3호).

25 국제회의산업 육성에 관한 법률상 문화체육관광부장관이 국제회의산업 육성기반을 조성하기 위하여 관계 중앙행정기관의 장과 협의하여 추진하여야 하는 사업으로 옳지 않은 것은?

① 국제회의시설의 건립

② 국제회의 전문인력의 양성

③ 국제회의산업 육성기반의 조성을 위한 국제협력

④ 국제회의 전문인력의 교육 및 수급

> 해설) ①·②·③ 외에 인터넷 등 정보통신망을 통하여 수행하는 전자국제회의 기반의 구축, 국제회의산업에 관한 정보와 통계의 수집·분석 및 유통(국제회의산업 육성에 관한 법률 제8조 제1항), 국제회의 전담조직의 육성, 국제회의산업에 관한 국외 홍보사업이 있다(국제회의산업 육성에 관한 법률 시행령 제12조 제1항).
> ④ 국제회의 전담조직의 업무(시행령 제9조)이다.

26 **여행업의 특성이 아닌 것은?**

① 회사 수익은 전체 여행상품을 얼마나 판매했는가에 따라 결정된다.

② 비용투자가 적어 손실에 대한 부담이 적다.

③ 노동의존도가 낮다.

④ 여행사 직원의 전문성에 따라 서비스의 제공 정도가 달라진다.

해설) 서비스 산업인 만큼 노동의존도가 높다.

27 **Table D'hote Restaurant란?**

① 주문에 의해 요리되는 일품요리   ② 프랑스식 요리의 대명사

③ 풀코스 제공   ④ 셀프서비스 요리

해설) Table D'hote
Appetizer(또는 Hors D'oeuvre) → Soup → Fish → Entree → Roast & Salad → Dessert → Beverage의 풀코스 메뉴

28 **컨벤션센터 중 전시면적이 큰 순서대로 나열한 것은?**

① BEXCO - EXCO - ICC Jeju   ② ICC Jeju - EXCO - COEX

③ EXCO - BEXCO - ICC Jeju   ④ COEX - ICC Jeju - BEXCO

해설) 우리나라 대표적 컨벤션 센터 중 규모의 크기는 부산의 BEXCO, 대구의 EXCO, 제주의 ICC 순이다.

29

4명이 잘 수 있도록 트리플 룸에 엑스트라 베드가 하나 더 추가된 객실은?

① Twin Room

② Suite Room

③ Quard Room

④ Triple Room

해설 ① 싱글 베드가 나란히 2개 있는 객실
② 침실에 거실이 딸린 호화 객실
④ 싱글 베드가 3개 또는 트윈에 베드가 추가된 형태

30

다음 보기가 설명하는 것은 무엇인가?

> 1931년 '미국 증기선 및 관광업체 협회'로 시작되어 현재 미국 버지니아주 알렉산드리아에 본부를 두고 있다.

① ASTA

② IATA

③ EATA

④ IOC

해설 ASTA
1931년 '미국 증기선 및 관광업체 협회'로 시작되어 현재 미국 버지니아주 알렉산드리아에 본부를 두고 있으며, 전 세계 140개국 2만 여명 이상의 회원을 확보하고 있는 세계 최대 여행업 단체이다. 여행업자들 간의 상호 공동이익을 도모하고 동협회 회원을 비롯한 각 호텔산업체, 여행알선업체, 운송기관 등 상호 불공정한 경쟁을 배제함으로써 관광, 호텔, 여행 서비스의 향상을 기하는 데 목적이 있다.

31

다음 중 도시코드로 옳지 않은 것은?

① 방콕 – BKK

② 밴쿠버 – YVR

③ 프랑크푸르트 – FRA

④ 필라델피아 – PLP

해설 필라델피아 : PHL

32 관광의 발전단계로 옳은 것은?

① Tour → Social Tourism → Tourism → Mass Tourism

② Mass Tourism → Tour → Social Tourism → Tourism

③ Mass Tourism → Tourism → Tour → Social Tourism

④ Tour → Tourism → Mass Tourism → Social Tourism

> 해설) Tour(고대~19세기) → Tourism(19세기~2차 세계대전) → Mass Tourism(2차 세계대전 이후) → Social Tourism(현대)

33 다음 내용과 관련이 가장 깊은 것은?

여객선이나 페리호 또는 유람선 등 해상을 운항하는 배 안에 있는 숙박시설

① Yachtel

② Botel

③ Floatel

④ Youth Hostel

> 해설) 플로텔(Floatel)은 플로팅호텔이라고도 하며, 객실(선실)은 캐빈이라 한다.

34 국제회의산업 육성에 관한 법령상의 국제회의도시로 지정된 곳이 아닌 것은?

① 대구광역시

② 경남 창원시

③ 제주특별자치도

④ 울산광역시

> 해설) 우리나라의 국제회의도시
> 서울, 부산, 제주도, 인천, 대구, 제주, 광주, 대전, 창원, 경기도 고양시, 강원도 평창군, 경상북도 경주시 등

35 미주 지역 주요 도시코드로 옳은 것은?

① 뉴욕 – JFO

② 상파울로 – GRU

③ 토론토 – YYM

④ 몬트리올 – YMO

> 해설 ① JFK
> ③ YYZ
> ④ YMQ

36 출국을 앞둔 내국인 홍길동이 국내 면세점에서 면세품을 구입할 수 있는 한도액은?

① 미화 3,000달러

② 미화 4,000달러

③ 미화 5,000달러

④ 미화 6,000달러

> 해설 내국인의 면세품 구매한도액은 5,000달러이다.

37 관광의사결정에 영향을 미치는 요인 중 성격이 다른 하나는?

① 준거집단

② 학 습

③ 성 격

④ 지 각

> 해설 준거집단은 사회적 요인에 해당한다.
> • 개인적 요인 : 학습, 성격, 태도, 동기, 지각
> • 사회적 요인 : 가족, 문화, 사회계층, 준거집단

38 다음 중 우리나라의 일반적인 영업부문 호텔의 조직형태는?

① Line & Staff
② Line & Functional
③ Staff조직
④ Line조직

> 해설 우리나라 호텔조직은 일반적으로 영업부문은 라인(Line)조직으로 관리부문은 스태프(Staff)조직으로 구성되어 있다.

39 국제회의 조건을 다음과 같이 정의한 국제기관은?

> 정기적인 회의로서 3개국 이상을 순회하면서 개최하며 참가자가 50명 이상인 회의이다.

① 국제협회연합
② 세계국제회의전문협회
③ 아시아 컨벤션 뷰로 협회
④ 유네스코

> 해설 세계국제회의전문협회(ICCA)가 정의한 국제회의는 3개국 이상을 순회하며 정기적으로 개최하며, 참가자 수가 50명 이상이어야 한다.

40 다음 중 여행업과 관련된 설명으로 옳지 않은 것은?

① 여행을 사업으로서 최초로 시작한 사람은 영국인 토마스 쿡이다.
② 공최여행이란 여행사가 여정, 여행조건, 여행비용 등을 사전에 기획하여 참가자들을 모집하는 단체여행이다.
③ 여행자 수표에는 사용자의 서명란이 두 곳 있다.
④ 여행업자에 의해 대리되는 개인 또는 회사를 'Principal'이라 한다.

> 해설 공최여행이란 여행사가 그룹 혹은 단체의 대표와 일정, 여행조건 등을 사전 협의 후 결정하여 실시하는 여행이다.

41 세계 3대 항공 동맹(연합)체가 아닌 것은?

① Sky Team
② Star Alliance
③ One World
④ Air Union

해설 세계 3대 항공 동맹체로는 스타 얼라이언스(Star Alliance), 스카이 팀(Sky Team), 원 월드(One World)를 들 수 있으며, 스타 얼라이언스에는 아시아나 항공, 스카이 팀에는 대한항공이 속한다.

42 우리나라의 국제공항으로만 바르게 짝지어지지 않은 것은?

① 양양국제공항, 무안국제공항
② 청주국제공항, 김포국제공항
③ 대구국제공항, 강화국제공항
④ 김해국제공항, 제주국제공항

해설 현재 우리나라의 국제공항으로는 인천, 김포, 청주, 대구, 김해, 제주, 양양, 무안국제공항이 있다.

43 박물관이나 미술관 등에서 관람객들에게 전시물을 설명하는 안내인을 뜻하는 말은?

① Guide
② Commentator
③ Docent
④ Leader

해설 박물관이나 미술관 등에서 관람객들에게 전시물을 설명하는 안내인을 뜻하는 도슨트(Docent)는 지식을 갖춘 안내인을 말한다.

44 운수 및 통신산업에서 불특정 일반 대중에게 운송·전송 서비스를 제공하는 업은?

① Common Carrier
② Carrier Package
③ Cancellation Clause
④ Contract Carrier

해설 영국, 미국에서 15·16세기 이후 확립되었으며, 이와 대치되는 용어로 컨트렉트 캐리어(Contract Carrier)는 특정한 고객과의 개별 계약에 의해 운송 업무 등을 행하는 일이다.

45 비극적 역사와 참혹한 참상이 일어났던 곳을 여행하는 것을 일컫는 용어는?

① Green Tourism

② Dark Tourism

③ Eco Tourism

④ Volun Tourism

> **해설** 다크 투어리즘(Dark Tourism)은 휴양과 관광을 위한 일반 여행과 다르게 재난이나 역사적으로 비극적인 사건이 일어났던 곳을 찾아가 체험함으로써 반성과 교훈을 얻는 여행이다.

46 매슬로우 욕구계층 이론의 단계를 바르게 나열한 것은?

① 생리적 욕구 → 안전의 욕구 → 사회적 욕구 → 존경의 욕구 → 자아실현의 욕구

② 생리적 욕구 → 사회적 욕구 → 안전의 욕구 → 존경의 욕구 → 자아실현의 욕구

③ 안전의 욕구 → 생리적 욕구 → 사회적 욕구 → 존경의 욕구 → 자아실현의 욕구

④ 안전의 욕구 → 사회적 욕구 → 생리적 욕구 → 존경의 욕구 → 자아실현의 욕구

> **해설** 매슬로우의 욕구 5단계 이론
> • 1단계 욕구 : 생리적 욕구로 먹고 자는 등 최하위 단계의 욕구
> • 2단계 욕구 : 안전에 대한 욕구로 추위 · 질병 · 위험 등으로부터 자신을 보호하는 욕구
> • 3단계 욕구 : 애정과 소속에 대한 욕구로 어떤 단체에 소속되어 애정을 주고받는 욕구
> • 4단계 욕구 : 자기존중의 욕구로 소속단체의 구성원으로 명예나 권력을 누리려는 욕구
> • 5단계 욕구 : 자아실현의 욕구로 자신의 재능과 잠재력을 발휘하여 자기가 이룰 수 있는 모든 것을 성취하려는 최고수준의 욕구

47 호텔의 고객이나 외부 고객의 요청에 의해 필요한 고객을 찾아 주고 메시지 전달을 해주는 것은?

① Bell Boy

② Single Rate

③ Pick Up Service

④ Paging Service

> **해설** 호텔의 고객이나 외부 단골손님의 요청에 의해 필요한 고객을 찾아 주고 메시지를 전달하는 등의 심부름을 페이징(Paging)이라 하며, 이를 담당하는 호텔 종사원을 페이지 보이(Page Boy)라고 한다.

48 객실 상황표에 꽂는 간단한 인적 사항표는?

① Stock Card

② Block Ticket

③ Sales Card

④ Room Rack Slip

> 해설) ①·③ 고객에게 객실을 좀 더 효과적으로 판매하기 위하여 사용하는 카드
> ② 객실이 완전히 예약상태일 때 업무상의 실수, 즉 이중판매가 되지 않도록 하기 위한 예약객실 표시

49 다음 설명에 해당하는 호텔용어는?

> 사용물을 객실에 놓아둔 채 단기간 지방 여행에 갔다 오는 경우, 또는 실제 고객이 도착되지 않고 객실을 고객의 성명으로 보류하여 둔 경우에 적용되는 추가 요금

① Skipper

② Down Grading

③ Hold Room Charge

④ Off Season Rate

> 해설) ① 정당한 체크아웃 절차를 이행하지 않고 떠나거나 식당에서 식대를 지불하지 않고 몰래 떠나는 손님
> ② 객실 사정으로 인해 예약 받은 객실보다 싼 객실에 투숙시키는 것
> ④ 비수기에 적용하는 할인된 객실 요금

50 시장세분화의 기준 중 인구적 변수가 아닌 것은?

① 지 역   ② 성 별

③ 가족규모   ④ 직 업

> 해설) 지리적 변수

제3과목 **관광법규**

01 관광기본법상 다음 설명 중 옳지 않은 것은?

① 정부는 매년 관광진흥에 관한 시책과 동향에 대한 보고서를 정기국회가 종료하기 전까지 국회에 제출하여야 한다.

② 국가는 시책을 실시하기 위하여 법제상·재정상의 조치와 그 밖에 필요한 행정상의 조치를 강구하여야 한다.

③ 지방자치단체는 관광에 관한 국가시책에 필요한 시책을 강구하여야 한다.

④ 정부는 외국 관광객의 유치를 촉진하기 위하여 해외 홍보를 강화하고 출입국 절차를 개선하며 그 밖에 필요한 시책을 강구하여야 한다.

해설 정부는 매년 관광진흥에 관한 시책과 동향에 대한 보고서를 정기국회가 시작하기 전까지 국회에 제출하여야 한다(관광기본법 제4조).

02 관광진흥법상 다음에 해당하는 용어는?

> 관광객을 위하여 운송·숙박·음식·운동·오락·휴양 또는 용역을 제공하거나 그 밖에 관광에 딸린 시설을 갖추어 이를 이용하게 하는 업(業)을 말한다.

① 관광지 ② 관광사업

③ 관광지역 ④ 관광시설

해설 관광사업이란 관광객을 위하여 운송·숙박·음식·운동·오락·휴양 또는 용역을 제공하거나 그 밖에 관광에 딸린 시설을 갖추어 이를 이용하게 하는 업을 말한다(관광진흥법 제2조 제1호).

03 관광진흥법상 관광객의 다양한 관광 및 휴양을 위하여 각종 관광시설을 종합적으로 개발하는 관광 거점 지역으로서 법에 따라 지정된 곳을 무엇이라 하는가?

① 관광지역
② 관광특구
③ 관광단지
④ 관광개발

> **해설** 관광객의 다양한 관광 및 휴양을 위하여 각종 관광시설을 종합적으로 개발하는 관광 거점 지역으로서 이 법에 따라 지정된 곳을 관광단지라 한다(관광진흥법 제2조 제7호).

04 관광진흥법상 특별자치시장·특별자치도지사·시장·군수·구청장에게 등록하는 관광사업이 아닌 것은?

① 여행업
② 관광숙박업
③ 관광객 이용시설업
④ 카지노업

> **해설** 여행업, 관광숙박업, 관광객 이용시설업 및 국제회의업을 경영하려는 자는 특별자치시장·특별자치도지사·시장·군수·구청장에게 등록하여야 하고, 카지노업을 경영하려는 자는 전용영업장 등 문화체육관광부령으로 정하는 시설과 기구를 갖추어 문화체육관광부장관의 허가를 받아야 한다(관광진흥법 제4조 제1항, 제5조 제1항).

05 관광진흥법상 관광유람선업 중 크루즈업의 등록기준이 아닌 것은?

① 수세식 화장실과 냉·난방 설비를 갖추고 있을 것
② 욕실이나 샤워시설을 갖춘 객실을 20실 이상 갖추고 있을 것
③ 100m² 이상의 무대를 갖추고 있을 것
④ 체육시설, 미용시설, 오락시설, 쇼핑시설 중 두 종류 이상의 시설을 갖추고 있을 것

> **해설** 크루즈업의 등록기준(관광진흥법 시행령 별표 1)
> ①·②·④ 외에 「선박안전법」에 따른 구조 및 설비를 갖춘 선박일 것, 이용객의 숙박 또는 휴식에 적합한 시설을 갖추고 있을 것, 식당·매점·휴게실을 갖추고 있을 것, 수질오염을 방지하기 위한 오수 저장·처리시설과 폐기물 처리시설을 갖추고 있을 것 등의 기준이 있다.

06 관광진흥법상 여행일정 변경 시 필요한 절차는?

① 여행업자에게 보고한다.

② 여행지에 미리 보고해야 한다.

③ 여행자의 사전 동의를 얻어야 한다.

④ 문체부장관에게 신고한다.

> **해설** 여행업자는 여행일정(선택관광 일정을 포함한다)을 변경하려면 문화체육관광부령으로 정하는 바에 따라 여행자의 사전 동의를 받아야 한다(관광진흥법 제14조 제3항).

07 관광진흥법상 관광사업 등록기준 중 식물원의 식물종류는 몇 종 이상인가?

① 500종

② 1,000종

③ 1,500종

④ 2,000종

> **해설** 식물원의 식물종류는 1,000종 이상이어야 한다(관광진흥법 시행령 별표 1).

08 관광진흥법상 관광사업의 등록기준 중 가족호텔업에 대한 설명이 아닌 것은?

① 가족단위 관광객이 이용할 수 있는 취사시설이 객실별로 설치되어 있거나 층별로 공동취사장이 설치되어 있을 것

② 욕실이나 샤워시설을 갖춘 객실이 20실 이상일 것

③ 객실별 면적이 19m² 이상일 것

④ 외국인에게 서비스를 제공할 수 있는 체제를 갖추고 있을 것

> **해설** 욕실이나 샤워시설을 갖춘 객실이 30실 이상일 것(관광진흥법 시행령 별표 1)

09 관광진흥법상 유원시설업의 변경신고를 하려는 자는 그 변경사유가 발생한 날부터 며칠 이내에 서류를 첨부하여 제출하여야 하는가?

① 15일
② 20일
③ 25일
④ 30일

해설) 유원시설업의 변경신고를 하려는 자는 그 변경사유가 발생한 날부터 30일 이내에 유원시설업 허가사항 변경신고서에 서류를 첨부하여 특별자치시장·특별자치도지사·시장·군수·구청장에게 제출하여야 한다(관광진흥법 시행규칙 제10조 제2항).

10 관광진흥법상 관광숙박업을 경영하려는 자가 등록을 하기 전에 그 사업에 대한 사업계획을 작성하여 누구의 승인을 받아야 하는가?

① 문화체육관광부장관
② 특별자치시장·특별자치도지사·시장·군수·구청장
③ 한국관광공사
④ 관광협회장

해설) 관광숙박업을 경영하려는 자는 등록을 하기 전에 그 사업에 대한 사업계획을 작성하여 특별자치시장·특별자치도지사·시장·군수·구청장의 승인을 받아야 한다(관광진흥법 제15조 제1항).

11 관광진흥법령상 직전 사업연도 매출액이 5억원 이상 10억원 미만인 종합여행업자 중 기획여행을 실시하려는 자가 추가로 가입하거나 예치하고 유지하여야 할 보증보험 등의 가입금액 또는 영업보증금의 예치금액은?

① 50,000천원

② 65,000천원

③ 150,000천원

④ 200,000천원

해설 보증보험 등 가입금액(영업보증금 예치금액) 기준(관광진흥법 시행규칙 제18조 제3항 관련, 별표 3 참조)

(단위 : 천원)

직전 사업연도 매출액 \ 여행업의 종류 (기획여행 포함)	국내여행업	국내외 여행업	종합여행업	국내외 여행업의 기획여행	종합 여행업의 기획여행
1억원 미만	20,000	30,000	50,000		
1억원 이상 5억원 미만	30,000	40,000	65,000		
5억원 이상 10억원 미만	45,000	55,000	85,000	200,000	200,000
10억원 이상 50억원 미만	85,000	100,000	150,000		
50억원 이상 100억원 미만	140,000	180,000	250,000	300,000	300,000
100억원 이상 1,000억원 미만	450,000	750,000	1,000,000	500,000	500,000
1,000억원 이상	750,000	1,250,000	1,510,000	700,000	700,000

12 관광진흥법상 관광호텔업이나 국제회의시설업의 부대시설에서 카지노업을 하려는 경우의 허가요건으로 옳지 않은 것은?

① 전년도 외래관광객 유치실적이 문화체육관광부장관이 공고하는 기준에 맞을 것

② 외래관광객 유치계획 및 장기수지전망 등을 포함한 사업계획서가 적정할 것

③ 현금 및 칩의 관리 등 영업거래에 관한 내부통제방안이 수립되어 있을 것

④ 규정된 사업계획의 수행에 필요한 재정능력이 있을 것

해설 ①의 내용은 2015년 8월 4일부로 허가요건에서 삭제되었다(관광진흥법 시행령 제27조 제2항 제1호 가목).

13 납부금 또는 가산금을 부과받은 자가 부과된 납부금 또는 가산금에 대하여 이의가 있는 경우 문화체육관광부장관에게 이의 신청을 했을 때, 문화체육관광부장관은 신청을 받은 날부터 며칠 이내에 이를 심의하여 그 결과를 신청인에게 서면으로 알려야 하는가?

① 10일
② 15일
③ 20일
④ 25일

해설 문화체육관광부장관은 관광진흥법 제30조 제5항에 따라 이의신청을 받았을 때에는 그 신청을 받은 날부터 15일 이내에 이를 심의하여 그 결과를 신청인에게 서면으로 알려야 한다(관광진흥법 제30조 제6항).

14 관광진흥법상 유원시설업의 신고를 하려는 자가 특별자치시장·특별자치도지사·시장·군수·구청장에게 제출할 때 기타유원시설업 신고서에 첨부해야 할 서류가 아닌 것은?

① 영업시설 및 설비개요서
② 유기시설 또는 유기기구가 안전성검사 대상이 아님을 증명하는 서류
③ 허가·신고 관리대장
④ 보험가입 등을 증명하는 서류

해설 유원시설업의 신고를 하려는 자는 기타유원시설업 신고서에 영업시설 및 설비개요서, 유기시설 또는 유기기구가 안전성검사 대상이 아님을 증명하는 서류, 보험가입 등을 증명하는 서류, 임대차계약서 사본(대지 또는 건물을 임차한 경우만 해당), 안전관리계획서[안전점검 계획·비상연락체계·비상 시 조치계획·안전요원 배치계획(물놀이형 유기시설 또는 유기기구를 설치하는 경우만 해당)·유기시설 또는 유기기구 주요 부품의 주기적 교체 계획 포함]를 첨부하여 특별자치시장·특별자치도지사·시장·군수·구청장에게 제출하여야 한다. 이 경우 6개월 미만의 단기로 기타유원시설업의 신고를 하려는 자는 신고서에 해당 기간을 표시하여 제출하여야 한다(관광진흥법 시행규칙 제11조 제2항).

15 관광진흥법상 호텔업의 등급결정을 하는 경우에 평가해야 할 요소로만 바르게 묶인 것은?

ㄱ. 서비스 상태
ㄴ. 객실 및 부대시설의 상태
ㄷ. 안전 관리 등에 관한 법령 준수 여부
ㄹ. 소방·안전 상태
ㅁ. 소비자 만족도

① ㄱ, ㄴ, ㄷ
② ㄱ, ㄴ, ㄷ, ㄹ
③ ㄱ, ㄴ, ㄷ, ㅁ
④ ㄱ, ㄴ, ㄷ, ㄹ, ㅁ

등급결정을 하는 경우에는 서비스 상태, 객실 및 부대시설의 상태, 안전 관리 등에 관한 법령 준수 여부를 평가하여야 하며, 그 세부적인 기준 및 절차는 문화체육관광부장관이 정하여 고시한다(관광진흥법 시행규칙 제25조 제3항).

16 관광진흥법상 관할 등록기관 등의 장이 관광사업자에 대하여 등록 등을 취소할 경우 그 사실을 누구에게 통보해야 하는가?

① 문화체육관광부장관
② 특별자치시장 · 특별자치도지사 · 시장 · 군수 · 구청장
③ 소관 행정기관의 장
④ 보건복지부장관

관할 등록기관 등의 장은 관광사업자에 대하여 제1항 및 제2항에 따라 등록 등을 취소하거나 사업의 전부 또는 일부의 정지를 명한 경우에는 제18조 제2항에 따라 소관 행정기관의 장(외국인투자기업인 경우에는 기획재정부 장관을 포함한다)에게 그 사실을 통보할 수 있다(관광진흥법 제35조 제5항).

17 관광진흥법상 관광 업무별 자격기준에 대한 설명으로 옳은 것은?

① 외국인 관광객의 국내여행안내와 내국인의 국내여행안내는 관광통역안내사 자격을 취득한 자만 할 수 있다.
② 4성급 이상의 관광호텔업의 객실관리 책임자 업무는 호텔서비스사 자격을 취득한 자가 할 수 있다.
③ 4성급 이상의 관광호텔업의 총괄관리 및 경영업무는 호텔경영사 자격을 취득한 자가 종사하도록 권고할 수 있다.
④ 관광숙박업의 현관 · 객실 · 식당의 접객업무는 호텔경영사 자격을 취득한 자가 할 수 있다.

관광업무별 자격기준(관광진흥법 시행령 별표 4)
① 외국인 관광객의 국내여행안내는 반드시 관광통역안내사 자격을 취득한 자가 해야 하며, 내국인의 국내여행 안내 업무는 국내여행안내사 자격을 취득한 자가 종사할 수 있도록 권고할 수 있다.
② 4성급 이상의 관광호텔업의 객실관리 책임자 업무는 호텔경영사 또는 호텔관리사 자격을 취득한 자가 종사하도록 권고할 수 있다.
④ 관광숙박업의 현관 · 객실 · 식당의 접객업무는 호텔서비스사 자격을 취득한 자가 종사하도록 권고할 수 있다.

18 카지노사업자가 준수하여야 하는 영업준칙으로 옳지 않은 것은?

① 슬롯머신 및 비디오게임의 최소배당률

② 1일 최대 영업시간

③ 게임 테이블의 집전함(集錢函) 부착 및 내기금액 한도액의 표시 의무

④ 카지노 종사원의 게임참여 불가 등 행위금지사항

> **해설** 1일 최소 영업시간이다. ① · ③ · ④ 외에도 전산시설 · 환전소 · 계산실 · 폐쇄회로의 관리기록 및 회계와 관련된 기록의 유지 의무가 있다(관광진흥법 제28조 제2항).

19 관광진흥법상 관광통계 작성 범위가 아닌 것은?

① 외국인 방한(訪韓) 관광객의 관광행태에 관한 사항

② 관광권역의 설정에 관한 사항

③ 국민의 관광행태에 관한 사항

④ 관광사업자의 경영에 관한 사항

> **해설** ① · ③ · ④ 외에 관광지와 관광단지의 현황 및 관리에 관한 사항, 그 밖에 문화체육관광부장관 또는 지방자치단체의 장이 관광산업의 발전을 위하여 필요하다고 인정하는 사항이 있다(관광진흥법 시행령 제41조의2).

20 관광진흥법상 문화체육관광부장관 또는 시 · 도지사 및 시장 · 군수 · 구청장이 한국관광공사, 협회, 지역별 · 업종별 관광협회 및 대통령령으로 정하는 전문 연구 · 검사기관이나 자격검정기관에 위탁할 수 있는 사항이 아닌 것은?

① 관광 편의시설업의 지정 및 지정 취소

② 국외여행 인솔자의 등록 및 자격증 발급

③ 관광숙박업의 등급 결정

④ 협회회원의 공제사항

> **해설** ① · ② · ③ 외에 카지노기구의 검사, 안전성검사 또는 안전성검사 대상에 해당되지 아니함을 확인하는 검사, 안전관리자의 안전교육, 관광종사원 자격시험 및 등록, 문화관광해설사 양성을 위한 교육과정의 개설 · 운영, 한국관광 품질인증 및 그 취소를 위탁할 수 있다(관광진흥법 제80조 제3항).

21 관광진흥법상 지정·고시된 관광지 등에 대하여 그 고시일부터 2년 이내에 조성계획의 승인신청이 없으면 관광지 등의 지정은 그 고시일부터 몇 년이 지난 다음 날에 그 효력을 상실하는가?

① 1년 ② 2년

③ 3년 ④ 4년

> **해설** 제52조에 따라 관광지 등으로 지정·고시된 관광지 등에 대하여 그 고시일부터 2년 이내에 제54조 제1항에 따른 조성계획의 승인신청이 없으면 그 고시일부터 2년이 지난 다음 날에 그 관광지 등 지정은 효력을 상실한다. 제2항에 따라 조성계획의 효력이 상실된 관광지 등에 대하여 그 조성계획의 효력이 상실된 날부터 2년 이내에 새로운 조성계획의 승인신청이 없는 경우에도 또한 같다(관광진흥법 제56조 제1항).

22 관광진흥개발기금법의 목적이 아닌 것은?

① 관광을 통한 외화 수입의 증대

② 관광사업을 효율적으로 발전

③ 관광사업의 육성과 관광여건 조성

④ 관광진흥개발기금의 설치

> **해설** 관광사업을 효율적으로 발전시키고 관광을 통한 외화 수입의 증대에 이바지하기 위하여 관광진흥개발기금을 설치하는 것을 목적으로 한다(관광진흥개발기금법 제1조).

23 관광진흥개발기금법상 기금운용위원회의 위원으로 임명하거나 위촉할 수 없는 자는?

① 기획재정부 및 문화체육관광부의 고위공무원단에 속하는 공무원

② 공인노무사의 자격이 있는 사람

③ 관광 관련 단체 또는 연구기관의 임원

④ 기금의 관리·운용에 관한 전문 지식과 경험이 풍부하다고 인정되는 사람

> **해설** 공인회계사의 자격이 있는 사람으로 문화체육관광부장관이 임명하거나 위촉한다(관광진흥개발기금법 시행령 제4조 제2항).

24 국제회의산업 육성에 관한 법률상 국제기구에 가입하지 아니한 기관 또는 법인·단체가 개최하는 국제회의의 요건으로 옳은 것은?

① 회의 참가자 중 외국인이 150명 이상일 것

② 3일 이상 진행되는 회의일 것

③ 회의 참가자가 300명 이상일 것

④ 해당 회의에 3개국 이상의 외국인이 참가할 것

> 해설) 국제회의는 국제기구에 가입하지 아니한 기관 또는 법인·단체가 개최하는 회의로서 회의 참가자 중 외국인이 150명 이상과 2일 이상 진행되는 회의이다(국제회의산업 육성에 관한 법률 시행령 제2조 제2호).

25 국제회의산업 육성에 관한 법률상 준회의시설이 갖추어야 할 대회의실의 수용인원은?

① 100명 이상

② 200명 이상

③ 1,000명 이상

④ 2,000명 이상

> 해설) 국제회의시설 중 준회의시설은 국제회의 개최에 필요한 회의실로 활용할 수 있는 호텔연회장·공연장·체육관 등의 시설로서 200명 이상의 인원을 수용할 수 있는 대회의실과 30명 이상의 인원을 수용할 수 있는 중·소회의실이 3실 이상 있어야 한다(국제회의산업 육성에 관한 법률 시행령 제3조 제3항).

26 다음 중 호텔용어와 그 설명으로 옳지 않은 것은?

① Walk – in Guest – 예약 없이 들어오는 고객

② Pre – registration – 고객이 도착하기 전 등록 카드를 사전에 작성하는 것

③ Late Arrival – 예약 시간보다 늦게 도착한 고객

④ Early Out – 단골 고객을 위해 프런트에서 체크인 절차를 거치지 않고 바로 미리 배정된 객실로 체크인하는 것

> **해설** 얼리 아웃(Early Out)은 예정된 체크아웃 일자보다 빨리 체크아웃된 객실 또는 고객이다.

27 다음에서 설명하는 용어는?

> 중간 기착지에서 내려서 비행기가 정비 및 주유할 동안 기다렸다가 같은 비행기를 타고 목적지에 가는 것

① Stop – over   ② Transit

③ Transfer   ④ Through Boarding

> **해설** ① 출발지에서 목적지로 가는 도중 경유지에서 국내선 기준 4시간, 국제선 기준 24시간 이상 체류하는 것
> ③ 중간 기착지에서 다른 비행기로 갈아타는 것
> ④ 출발지에서 경유지를 거치지 않고 목적지까지 바로 수하물을 부쳐 찾는 것

28 다음에 해당하는 국제기구는?

> • 사람과 재화의 이동촉진 역할과 항공운송의 안전과 신뢰
> • 항공사 간의 협력과 전 세계 소비자의 경제적 이익 도모

① ICAO   ② IATA

③ WTO   ④ UIA

> **해설** 사람과 재화의 이동촉진 역할과 항공운송의 안전과 신뢰, 항공사 간의 협력과 전 세계 소비자의 경제적 이익을 도모하기 위한 취지로 설립된 것은 '국제항공운송협회(IATA ; International Air Transport Association)'이다.

29 지속가능한 관광이 아닌 것은?

① 책임관광

② 생태관광

③ 대중관광

④ 착한 여행

해설 지속가능한 관광
관광산업의 문제를 극복하기 위한 노력을 통칭한 것으로 착한 여행, 책임관광, 공정여행, 생태관광, 에코투어, 지역기반관광 등 목적과 관점에 따라 여러 가지 다양한 형태로 전개되고 있다.

30 다음 중 호텔비용 평가를 위한 경영수단으로 개발한 제도는?

① Cost Control

② Benefit And Cost Ratio

③ Zero Base Budgeting

④ Capital Budgeting

해설 원가관리(Cost Control)는 호텔비용 평가를 위한 경영수단이다.

31 여행상품의 가격결정요인이 아닌 것은?

① 단체의 규모

② 여행기간

③ 계 절

④ 광고비용

해설 여행상품의 가격결정요인에는 ① · ② · ③ 외에도 목적지까지의 거리, 숙박시설, 식사 내용, 방문관광지, 관광일정 등이 있다.

32 관광분야의 세계적 기구인 UNWTO의 본부는 어디인가?

① 스페인 마드리드　　　　　　② 미국 로스앤젤레스

③ 스위스 제네바　　　　　　　④ 영국 런던

해설 스페인 마드리드에 본부를 둔 UNWTO는 1975년 관광 진흥·발전을 통한 경제성장과 고용창출 등을 목적으로 설립된 관광분야의 세계적 기구이다.

33 관광욕구와 관광대상을 결부시켜 주는 기능을 담당하는 관광매체가 아닌 것은?

① 숙박시설　　　　　　　　　② 교통기관

③ 박물관　　　　　　　　　　④ 통역안내

해설 관광매체는 관광주체와 객체를 연결시켜 주는 숙박시설, 관광객 이용시설, 관광편의시설, 교통기관, 도로, 운수시설, 여행업, 통역안내업 등이다.

34 소규모 모임 또는 비즈니스 고객의 업무를 위한 컴퓨터 등 각종 시설이 갖춰져 있도록 설계된 다목적 호텔 객실은?

① Walk in Guest　　　　　　② Weekly Rate

③ Double Occupancy Rate　　④ Executive Room

해설 ① 사전에 예약을 하지 않고 당일에 직접 호텔에 와서 투숙하는 손님
② 호텔에서 1주일 체재하는 고객에 대해 실시하는 특별요금의 하나
③ 한 객실을 두 사람이 사용할 때의 객실료

35 안내, 차량예약, 우편물의 집배, 열쇠의 관리 등 그 밖의 여러 가지 서비스를 제공하는 것은?

① Concierge　　　　　　　　② Compatible Room

③ Cut – off Date　　　　　　④ Case Goods

해설 ② 큰 객실을 문으로 구분하여 각각 독립된 객실로 판매가 가능한 객실
③ 예약자가 추가적인 특별행위를 하기로 약정한 지정된 날짜
④ 목재로 제작된 모든 가구

36

호텔소유주가 호텔경영을 전문으로 하는 체인회사에 호텔의 전반적인 경영을 일정기간 위탁하는 방식은?

① 일반체인호텔
② 위탁경영호텔
③ 임차경영호텔
④ 레퍼럴조직호텔

해설) **위탁경영호텔 방식**
경영예약에 의해 호텔의 총 경영을 책임지는 것으로, 경영회사는 자본이나 상품판매에 관여하지 않고 위험이나 손실에도 책임을 지지 않으면서 수탁료를 지불하는 조건으로 호텔상품의 판매를 제3자에게 위탁하는 호텔체인이다.

37

다음 설명에 해당하는 것은?

> 교통약자 및 출입국 우대자는 이용하는 항공사의 체크인카운터에서 대상자임을 확인받은 후 전용 출국장을 이용할 수 있다.

① 셀프체크인
② 패스트트랙
③ 셀프백드랍
④ 자동출입국심사

해설) ② 패스트트랙(Fast Track) : 교통약자 및 출입국 우대자를 위한 서비스로 패스트트랙 전용 출국장을 통해 편리하고 신속하게 출국 수속을 진행할 수 있다.
① 셀프체크인(Self Check In) : 무인탑승수송기기를 이용하여 직접 좌석배정 및 탑승권 발급을 하는 것을 말한다.
③ 셀프백드랍(Self Bag Drop) : 자동 수하물 위탁 서비스를 말한다.
④ 자동출입국심사(Smart Entry Service): 사전에 등록한 여권정보와 바이오정보(지문, 안면)를 활용하여 출입국심사를 진행하는 첨단 출입국심사시스템을 말한다.

38

1946년 체결된 미국과 영국 간 최초의 항공협정은?

① 솅겐협정
② 버뮤다협정
③ 마드리드협정
④ 뮌헨협정

해설) ① 유럽연합(EU) 회원국 간의 국경개방조약(1985)
③ 상표의 국제등록에 관한 협정(1891)
④ 독일과 체코의 영토분쟁 수습에 관한 정상회담(1938)

39 다음과 관련이 깊은 호텔 객실 용어는?

> 침대 덮개를 벗기고 고객의 취침을 위해 준비하거나 객실을 정리한 뒤, 사용한 비품과 린넨을 교체시키는 것

① Turn Away Service

② Turn Down Service

③ Connecting Rooms

④ Available Rooms

> **해설** 턴다운 서비스(Turn Down Service)는 이브닝 서비스(Evening Service)로 침대 덮개를 벗기고 고객의 취침을 위해 준비하거나 객실을 정리한 뒤, 사용한 비품과 린넨을 교체시키는 것을 말한다.

40 싱글 베드가 3개 설치된 방으로 주로 가족들이나 단체객이 사용하고 있어 휴양지 호텔에서 볼 수 있으며, 고객 3인이 같이 사용할 수 있는 객실은?

① Trunk Room

② Triple Bed Room

③ Twin Bed Room

④ Available Rooms

> **해설** ① 큰 가방이나 짐을 넣는 장기체류자의 수하물을 보관하는 방
> ③ 싱글 베드 2개가 있는 2인용 객실
> ④ 어느 일정한 시점에서 판매가 가능한 호텔의 객실 수

41 호텔식음료의 표준원가 관리제도의 장점이 아닌 것은?

① 판매분석하는 것이 용이하다.

② 변동원가계산을 하기 편리하다.

③ 작업표준을 설정하기 쉽다.

④ 합리적인 노무비 계산이 가능하다.

> **해설** 작업표준을 설정하기 어렵다.

42 다음에서 설명하는 객실용어는?

> • 호텔 등의 최상층에 꾸민 특별 객실이다.
> • 호화로운 가구나 특별설비가 있고 전망 좋은 거실에 침실, 욕실, 화장실 등이 꾸며져 있다.

① Full House
② Guest House
③ Penthouse
④ Best House

해설) 펜트하우스(Penthouse)는 객실의 한 형태로, 보통 스위트룸이 호텔 맨 꼭대기 층에 위치하게 된다.

43 다음 내용에 해당하는 것은?

> 공중토론의 한 형식으로 학술적인 토론회나 특정 주제를 놓고 2명 또는 그 이상의 사람들이 각자의 견해를 발표하는 지상 토론회

① Congress
② Symposium
③ Clinic
④ Panel Discussion

해설) 심포지엄(Symposium)은 제시된 안건에 대해 전문가들이 청중 앞에서 벌이는 공개토론 형식으로, 청중들도 질의 참여할 수 있는 회의 형태를 말한다.

44 통일된 테마를 바탕으로 오락, 레크리에이션, 놀이 등의 목적을 갖는 시설들로 구성되고 연출된 유원지를 가리키는 것은?

① The National Trust
② Off the Beaten Type
③ Special Interest Tour
④ Theme Park

해설) 테마파크
특정한 주제를 중심으로 공원의 전체 환경을 만들면서 공연·이벤트 등 다양한 서비스를 갖춘 가족 위주의 창조적인 문화적 유희의 오락공원으로, 에버랜드·롯데월드·서울랜드 등이 우리나라의 대표적인 테마파크이다.

45 다음 중 IATA에 관한 설명으로 옳지 않은 것은?

① 1945년 쿠바의 아바나에서 설립되었다.

② 본부는 미국의 뉴욕에 있다.

③ 여객의 안전과 경제적인 운송을 촉진하였다.

④ 국제항공운송업자 간에 제휴를 맺었다.

> **해설** IATA(International Air Transport Association, 국제항공운송협회)는 1945년 쿠바의 아바나에서 설립되었고, 본부는 캐나다의 몬트리올에 있다.

46 관광숙박업의 종류로만 바르게 묶인 것은?

ㄱ. 관광호텔업
ㄴ. 호스텔업
ㄷ. 한국전통호텔업
ㄹ. 자동차여행자호텔업

---

① ㄱ, ㄴ, ㄷ

② ㄱ, ㄷ, ㄹ

③ ㄴ, ㄷ, ㄹ

④ ㄱ, ㄴ, ㄹ

> **해설** 관광숙박업(관광진흥법 제3조 제1항)
> • 호텔업 : 관광호텔업, 수상관광호텔업, 한국전통호텔업, 가족호텔업, 호스텔업, 소형호텔업, 의료관광호텔업
> • 휴양콘도미니엄업

47 고객이 사용할 호텔, 모텔 등 숙박업소의 객실을 관리하는 작업으로서 객실의 정리정돈 및 비품을 관리하여 객실을 상품의 가치가 있게끔 만드는 일련의 작업 또는 그 관리는?

① Occupancy

② Guaranteed Reservation

③ Blocking Room

④ House Keeping

> **해설** 하우스 키핑(House Keeping)은 객실의 관리 및 객실부문에서 제공되는 서비스의 모든 것을 말한다.

48 관광의 유사 개념이 아닌 것은?

① 여 행
② 레 저
③ 레크리에이션
④ 예 술

해설) ① · ② · ③ 외에 여가, 소풍, 유람, 기행, 피서, 방랑이 있다.

49 제시된 한 가지 주제에 대해 상반된 견해를 가진 동일 분야의 전문가들이 사회자의 주도하에 청중 앞에 벌이는 공개토론회는?

① Congress
② Symposium
③ Forum
④ Workshop

해설) 심포지엄(Symposium)은 두 사람 이상의 인원이 동일한 주제에 대해 각자의 시점에서 자기 의견을 곁들여 공개 강연을 하는 것을 말하고, 포럼(Forum)은 동일 분야 전문가들의 찬반토론회를 말한다.

50 다음 중 여행사의 수배업무에 해당하는 것은?

① 관광상품 판매업무
② 관광예약업무
③ 여권발급 및 사증업무
④ 여정표 작성업무

해설) 여행사의 수배업무는 전통적인 여행업자의 업무로 고객의 신청에 의해 고객이 원하는 숙박과 교통편에 대해 각각 예약을 행하는 업무이다.

제3회 실전모의고사

제3과목 관광법규

01 관광기본법상 정부가 해야 할 시책에 관한 설명으로 옳지 않은 것은?

① 정부는 관광자원을 보호하고 개발하는 데에 필요한 시책을 강구하여야 한다.

② 정부는 관광사업을 육성하기 위하여 관광사업을 지도 · 감독하고 그 밖에 필요한 시책을 강구하여야 한다.

③ 정부는 관광하는 자의 자질을 향상시키기 위하여 교육훈련과 그 밖에 필요한 시책을 강구하여야 한다.

④ 정부는 관광에 적합한 지역을 관광지로 지정하여 필요한 개발을 하여야 한다.

> **해설** 정부는 관광에 종사하는 자의 자질을 향상시키기 위하여 교육훈련과 그 밖에 필요한 시책을 강구하여야 한다(관광기본법 제11조).

02 샤워장, 취사장 등의 편의시설과 외국인 및 내국인 관광객을 위한 문화 · 정보 교류시설 등을 함께 갖추어 이용하게 하는 관광사업은?

① 관광호텔업

② 가족호텔업

③ 호스텔업

④ 한국전통호텔업

> **해설** 호스텔업은 배낭여행객 등 개별 관광객의 숙박에 적합한 시설로서 샤워장, 취사장 등의 편의시설과 외국인 및 내국인 관광객을 위한 문화 · 정보 교류시설 등을 함께 갖추어 이용하게 하는 업이다(관광진흥법 시행령 제2조 제1항 제2호 마목).

03 다음 중 관광진흥법상 용어의 정의로 옳지 않은 것은?

① 민간개발자란 단독 소유나 공유의 형식으로 관광사업의 일부 시설을 관광사업자로부터 분양받은 자를 말한다.

② 관광지란 자연적 또는 문화적 관광자원을 갖추고 관광객을 위한 기본적인 편의시설을 설치하는 지역으로서 관광진흥법에 따라 지정된 곳을 말한다.

③ 관광단지란 관광객의 다양한 관광 및 휴양을 위하여 각종 관광시설을 종합적으로 개발하는 관광 거점 지역으로서 관광진흥법에 따라 지정된 곳을 말한다.

④ 조성계획이란 관광지나 관광단지의 보호 및 이용을 증진하기 위하여 필요한 관광시설의 조성과 관리에 관한 계획을 말한다.

해설 공유자란 단독 소유나 공유(共有)의 형식으로 관광사업의 일부 시설을 관광사업자(제15조 제1항 및 제2항에 따른 사업계획의 승인을 받은 자를 포함한다)로부터 분양받은 자를 말한다(관광진흥법 제2조 제5호).

04 관광진흥법상 전문휴양업 중 온천장의 등록기준으로 옳지 않은 것은?

① 온천수를 이용한 대중목욕시설이 있을 것

② 정구장·탁구장·볼링장·활터·미니골프장·배드민턴장·롤러스케이트장·보트장 등의 레크리에이션 시설 중 두 종류 이상의 시설을 갖출 것

③ 유원시설업 시설이 있을 것

④ 건축연면적은 2,000m² 이상일 것

해설 수족관의 등록기준이다(관광진흥법 시행령 별표 1).

05 관광진흥법상 여행업에 관한 설명 중 옳지 않은 것은?

① 여행업의 종류에는 종합여행업, 국내외여행업, 국내여행업이 있다.

② 여행업의 등록을 한 자는 문화체육관광부령으로 정하는 바에 따라 기획여행을 실시할 수 있다.

③ 보증보험 등에 가입하거나 영업보증금을 예치한 자는 그 사실을 증명하는 서류를 지체 없이 특별자치시장·특별자치도지사·시장·군수·구청장에게 제출하여야 한다.

④ 여행업은 종류에 상관없이 보증보험 금액이 동일하다.

해설 여행업자가 가입하거나 예치하고 유지하여야 할 보증보험 등의 가입금액 또는 영업보증금의 예치금액은 직전 사업연도의 매출액(손익계산서에 표시된 매출액) 규모에 따라 다르게 책정한다(관광진흥법 시행규칙 제18조 제3항).

06 관광진흥법상 관광특구 지정 시 최근 1년간 외국인 관광객 수가 얼마 이상이어야 하는가?

① 5만명
② 7만명
③ 10만명
④ 15만명

> **해설** 문화체육관광부장관이 고시하는 기준을 갖춘 통계전문기관의 통계결과 해당 지역의 최근 1년간 외국인 관광객 수가 10만명(서울특별시는 50만명)인 것을 말한다(관광진흥법 시행령 제58조 제1항).

07 관광진흥법상 카지노업의 허가권자는?

① 문화체육관광부장관
② 시 장
③ 군 수
④ 구청장

> **해설** 카지노업을 경영하려는 자는 전용영업장 등 문화체육관광부령으로 정하는 시설과 기구를 갖추어 문화체육관광부 장관의 허가를 받아야 한다(관광진흥법 제5조 제1항).

08 관광진흥법상 관광종사원 자격취소 결격사유로 옳지 않은 것은?

① 거짓이나 그 밖의 부정한 방법으로 자격을 취득한 경우
② 파산선고를 받고 복권되지 아니한 자
③ 집행을 받지 아니하기로 확정된 후 2년이 지난 자
④ 형의 집행유예 기간 중에 있는 자

> **해설** 관광진흥법을 위반하여 징역 이상의 실형을 선고받고 그 집행이 끝나거나 집행을 받지 아니하기로 확정된 후 2년이 지나지 아니한 자(관광진흥법 제40조 제2호에 따른 관광진흥법 제7조 제1항 제4호)

09 관광진흥법상 자격조건을 갖추지 않은 사람이 해외여행을 인솔한 것이 4회 적발된 경우 처분은?

① 사업정지 15일
② 사업정지 20일
③ 사업정지 1개월
④ 사업정지 3개월

> **해설** 등록을 하지 않은 자에게 국외여행을 인솔하게 한 경우는 1차 사업정지 10일, 2차 사업정지 20일, 3차 사업정지 1개월, 4차 사업정지 3개월이다(관광진흥법 시행령 별표 2).

10 문화체육관광부장관이 스마트관광산업의 육성을 위하여 추진·지원할 수 있는 사업이 아닌 것은?

① 스마트관광산업 발전을 위한 정책·제도의 조사·연구 및 기획

② 스마트관광산업 기반 국민관광 개발

③ 스마트관광산업 진흥에 필요한 전문인력 양성

④ 스마트관광산업 관련 창업 촉진 및 창업자의 성장·발전 지원

> 해설 ①·③·④ 외에 스마트관광산업 관련 기술의 연구개발 및 실용화, 스마트관광산업 관련 기술의 연구개발 및 실용화가 있다(관광진흥법 제47조의8 제2항).

11 관광진흥법상 연간 총매출액이 10억원 이하인 카지노업인 경우 관광진흥개발기금으로 납부해야 할 총매출액에 대한 징수비율은?

① 100분의 1   ② 100분의 5

③ 100분의 10   ④ 1000분의 20

> 해설 납부금의 징수비율(관광진흥법 시행령 제30조 제2항)
> • 연간 총매출액이 10억원 이하인 경우 : 총매출액의 100분의 1
> • 연간 총매출액이 10억원 초과 100억원 이하인 경우 : 1천만원 + 총매출액 중 10억원을 초과하는 금액의 100분의 5
> • 연간 총매출액이 100억원을 초과하는 경우 : 4억 6천만원 + 총매출액 중 100억원을 초과하는 금액의 100분의 10

12 관광진흥법상 국외여행 인솔자의 자격요건으로 옳지 않은 것은?

① 관광통역안내사 자격을 취득할 것

② 여행업체에서 6개월 이상 근무하고 국외여행 경험이 있는 자로서 문화체육관광부장관이 정하는 소양교육을 이수할 것

③ 문화체육관광부장관이 지정하는 교육기관에서 국외여행 인솔에 필요한 양성교육을 이수할 것

④ 관광객의 이해와 감상, 체험 기회를 제고하기 위하여 역사·문화·예술·자연 등 관광자원 전반에 대한 전문적인 해설을 이수할 것

> 해설 문화관광해설사에 대한 설명이다(관광진흥법 제2조 제12호).

13 관광진흥법상 1년 이하의 징역 또는 1천만원 이하의 벌금에 처하는 경우는?

① 카지노업자가 사업정지처분을 위반하여 사업정지 기간에 영업을 한 자

② 카지노업자가 개선명령을 위반한 자

③ 허가를 받지 아니하고 유원시설업을 경영한 자

④ 안전성검사를 받지 아니하고 유기시설 또는 유기기구를 설치한 자

> 해설 ① · ② 2년 이하의 징역 또는 2천만원 이하의 벌금(관광진흥법 제83조)
> ③ 3년 이하의 징역 또는 3천만원 이하의 벌금(관광진흥법 제82조)

14 관광진흥법상 관광사업의 등록기준 중 한국전통호텔업에 대한 설명이 아닌 것은?

① 건축물의 외관은 전통가옥의 형태를 갖추고 있을 것

② 객실별 면적이 $19m^2$ 이상일 것

③ 이용자의 불편이 없도록 욕실이나 샤워시설을 갖추고 있을 것

④ 외국인에게 서비스를 제공할 수 있는 체제를 갖추고 있을 것

> 해설 ① · ③ · ④ 외에 대지 및 건물의 소유권 또는 사용권을 확보하고 있을 것. 다만, 회원을 모집하는 경우에는 소유권을 확보하여야 한다(관광진흥법 시행령 별표 1).

15 관광진흥법상 관광 편의시설업의 지정을 받으려고 할 때 지역별 관광협회에 신청해야 하는 업종은?

① 관광사진업

② 관광유흥음식점업

③ 관광펜션업

④ 관광궤도업

> 해설 • 관광유흥음식점업, 관광극장유흥업, 외국인전용 유흥음식점업, 관광순환버스업, 관광펜션업, 관광궤도업, 관광면세업 및 관광지원서비스업 : 특별자치시장 · 특별자치도지사 · 시장 · 군수 · 구청장(관광진흥법 시행규칙 제14조 제1항 제1호)
> • 관광식당업, 관광사진업 및 여객자동차터미널시설업 : 지역별 관광협회(관광진흥법 시행규칙 제14조 제1항 제2호)

16 관광진흥법상 종합유원시설업 및 일반유원시설업의 공통기준이 아닌 것은?

① 방송시설 및 휴식시설(의자 또는 차양시설 등을 갖춘 것)을 설치하여야 한다.

② 화장실(유원시설업의 허가구역으로부터 100m 이내에 공동화장실을 갖춘 경우는 제외)을 갖추어야 한다.

③ 이용객을 지면으로 안전하게 이동시키는 비상조치가 필요한 유기기구 또는 유기시설에 대하여는 비상시에 이용객을 안전하게 대피시킬 수 있는 시설(축전지 또는 발전기 등의 예비 전원 설비, 사다리, 계단시설, 윈치, 로프 등 해당 시설에 적합한 시설)을 갖추어야 한다.

④ 독립된 건축물이거나 다른 용도의 시설과 구획되어야 한다.

> 해설) 실내에 설치한 유원시설업의 공통기준이다(관광진흥법 시행규칙 별표 1의2).

17 관광진흥법상 등록기관 등의 장이 사업자의 사업규모, 사업지역의 특수성과 위반행위의 정도 및 위반횟수 등을 고려하여 가중 또는 경감할 수 있는 과징금의 금액은?

① 과징금 금액의 2분의 1 범위

② 과징금 금액의 3분의 1 범위

③ 과징금 금액의 3분의 2 범위

④ 과징금 금액의 4분의 1 범위

> 해설) 등록기관 등의 장은 사업자의 사업규모, 사업지역의 특수성과 위반행위의 정도 및 위반횟수 등을 고려하여 과징금 금액의 2분의 1 범위에서 가중하거나 감경할 수 있다. 다만, 가중하는 경우에도 과징금의 총액은 2천만원을 초과할 수 없다(관광진흥법 시행령 제34조 제2항).

18 관광진흥법상 문화체육관광부장관과 지방자치단체의 장이 관광객의 유치, 관광복지의 증진 및 관광 진흥을 위하여 추진해야 할 사업이 아닌 것은?

① 문화, 체육, 레저 및 산업시설 등의 관광자원화사업

② 관광여건과 관광동향에 관한 사업

③ 관광상품의 개발에 관한 사업

④ 국민의 관광복지 증진에 관한 사업

> 해설) ① · ③ · ④ 외에 해양관광의 개발사업 및 자연생태의 관광자원화사업, 유휴자원을 활용한 관광자원화사업이 있다(관광진흥법 제48조 제4항).

19 관광진흥법상 관광특구 지정요건이 아닌 것은?

① 해당 지역의 최근 1년간 외국인 관광객 수가 10만명(서울특별시는 50만명)인 것

② 문화체육관광부령으로 정하는 바에 따라 관광안내시설, 공공편익시설 및 숙박시설 등이 갖추어져 외국인 관광객의 관광수요를 충족시킬 수 있는 지역일 것

③ 관광활동과 직접적인 관련성이 없는 토지의 비율이 10%를 초과하지 아니할 것

④ 요건을 갖춘 지역이 서로 분리되어 있을 것

해설 요건을 갖춘 지역이 서로 분리되어 있지 아니할 것(관광진흥법 제70조 제1항 제4호)

20 관광진흥법상 특별자치시장 · 특별자치도지사 · 시장 · 군수 · 구청장이 관광특구진흥계획을 수립 · 시행할 때 포함되어야 할 사항이 아닌 것은?

① 외국인 관광여건과 관광동향에 관한 사항

② 외국인 관광객을 위한 관광편의시설의 개선에 관한 사항

③ 특색 있고 다양한 축제, 행사, 그 밖에 홍보에 관한 사항

④ 관광객 유치를 위한 제도개선에 관한 사항

해설 ② · ③ · ④ 외에 관광특구를 중심으로 주변지역과 연계한 관광코스의 개발에 관한 사항, 그 밖에 관광질서 확립 및 관광서비스 개선 등 관광객 유치를 위하여 필요한 사항으로서 문화체육관광부령으로 정하는 사항(범죄예방 계획 및 바가지 요금, 퇴폐행위, 호객행위 근절 대책, 관광불편신고센터의 운영 계획, 관광특구 안의 접객시설 등 관련시설 종사원에 대한 교육계획, 외국인 관광객을 위한 토산품 등 관광상품 개발 · 육성계획)이 포함되어야 한다(관광진흥법 시행령 제59조 제2항).

21 관광진흥법상 문화체육관광부장관은 권한의 일부를 누구에게 위임할 수 있는가?

① 시 · 도지사

② 시장 · 군수 · 구청장

③ 한국관광공사

④ 한국관광협회중앙회

해설 문화체육관광부장관의 권한은 대통령령으로 정하는 바에 따라 그 일부를 시 · 도지사에게 위임할 수 있다(관광진흥법 제80조 제1항).

22 관광진흥개발기금법상 관광진흥개발기금의 재원(財源)으로 조성할 것이 아닌 것은?

① 기금의 운용에 따라 생기는 수익금과 그 밖의 재원

② 카지노업자가 내는 납부금

③ 출국납부금

④ 관광사업의 출연금

> **해설** ① · ② · ③ 외에 정부로부터 받은 출연금, 보세판매장 특허수수료의 100분의 50이 있다(관광진흥개발기금법 제2조 제2항).

23 관광진흥개발기금법상 관광진흥개발기금의 여유자금의 운용방법이 아닌 것은?

① 금융기관에 예치

② 체신관서에 예치

③ 유가증권의 매입

④ 회사채매입

> **해설** 여유자금의 운용(관광진흥개발기금법 시행령 제3조의2)
> • 「은행법」과 그 밖의 법률에 따른 금융기관, 「우체국예금 · 보험에 관한 법률」에 따른 체신관서에 예치
> • 국 · 공채 등 유가증권의 매입
> • 그 밖의 금융상품의 매입

24 관광진흥개발기금법상 문화체육관광부장관이 기금지출관으로 하여금 관광진흥개발기금의 계정을 설치하도록 한 은행은?

① 한국은행
② 한국산업은행
③ 중소기업은행
④ 국민은행

> **해설** 문화체육관광부장관은 기금지출관으로 하여금 한국은행에 관광진흥개발기금의 계정(計定)을 설치하도록 하여야 한다(관광진흥개발기금법 제10조).

25 국제회의산업 육성에 관한 법률에서 사용하는 용어의 정의가 아닌 것은?

① 국제회의란 상당수의 외국인이 참가하는 회의로서 대통령령으로 정하는 종류와 규모에 해당하는 것을 말한다.
② 국제회의 전담조직이란 국제회의산업의 진흥을 위하여 각종 사업을 수행하는 조직을 말한다.
③ 국제회의시설이란 국제회의시설, 국제회의 전문인력, 전자국제회의체제, 국제회의 정보 등 국제회의의 유치·개최를 지원하고 촉진하는 시설, 인력, 체제, 정보 등을 말한다.
④ 국제회의도시란 국제회의산업의 육성·진흥을 위하여 지정된 특별시·광역시 또는 시를 말한다.

> **해설** "국제회의시설"이란 국제회의의 개최에 필요한 회의시설, 전시시설 및 이와 관련된 부대시설 등으로서 대통령령으로 정하는 종류와 규모에 해당하는 것을 말한다(국제회의산업 육성에 관한 법률 제2조 제3호).
> ③ "국제회의 육성기반"의 정의이다.

26 다음 내용과 관련이 깊은 용어는?

> 외국 항공사의 국내선 운항으로 특별한 경우가 아니면 허용되지 않는다. 특별한 경우란 인명구조 또는 피난민 수송, 국내선 활성화를 위한 정책실시 등을 말한다.

① Coach
② Car Ferry
③ Cabotage
④ Cancellation

해설 **카보타지(Carbotage)**
한 국가영토(연안) 내의 상업적인 운송규제를 말한다. 원칙적으로 타국 항공사는 타 국가 내에서의 국내구간에서만의 운송이 금지되고 있다.

27 다음 비용 중 투어 코스트에 포함되는 비용은?

① 예방주사대
② 임의보험료
③ 여권대
④ 가방 꼬리표 배포비용

해설 여권대, 사증대, 예방주사대, 임의보험료, 개인적 여행비용 등은 투어 코스트에 포함되지 않는다.

28 국민관광에 관한 설명이 아닌 것은?

① 1977년에 전국 36개소 국민관광지를 지정했다.
② 관광에 대한 국제협력 증진을 목표로 한다.
③ 노약자와 장애인 등 취약계층을 지원한다.
④ 내국인의 국내 · 외 관광을 의미한다.

해설 국제관광에 대한 설명이다. 국민관광의 목표는 재노동 의욕 고취와 국민복지 증대이다.

29 일반적인 기업이나 단체에서 실적이 우수하거나 도움이 되어 보내주는 포상 여행은?

① 에코여행

② 인센티브여행

③ 책임여행

④ 소셜여행

해설) 대기업 단체에서 관광하는 것으로 성과 공로를 인정하고 사기를 높이는 데 일차적인 목적이 있다.

30 시장세분화의 기준 중 심리분석적 변수는?

① 구매횟수

② 추구하는 편익

③ 사회적 계층

④ 이용률

해설) 심리분석적 변수로는 사회적 계층, 라이프 스타일, 개성 등이 있다.

31 버스관광의 형태로 분류한 버스운송상품으로 볼 수 없는 것은?

① Charter Tour

② Escorted Tour

③ City Package Tour

④ Linear Motorcar

해설) 리니어 모터카(Linear Motorcar, 자기부상열차)는 자기의 힘에 의해 차륜이 궤도와 접촉되지 않고 떠서 달리는 전차이다.

32 크루즈 여행의 특징과 가장 거리가 먼 것은?

① 용이한 수하물 관리

② 효율적인 시간 관리

③ 비교적 저렴한 가격

④ 일반 여행보다 번거로운 입출국 수속

해설) 크루즈 여행의 경우에는 일괄적으로 입출국 수속을 처리하기 때문에 상당히 간소화된 절차를 통하여 심사를 통과하게 된다.

33 다음 중 21세기 컨벤션산업에 대한 설명으로 옳지 않은 것은?

① 개최하는 나라나 도시에 경제적 이익을 주는 21세기 고부가가치산업이다.

② 아시아 지역은 컨벤션산업의 비중이 점점 줄어들고 있다.

③ 대륙별 개최 순위는 유럽 · 미주 · 아시아 · 아프리카순이다.

④ 컨벤션산업은 국경을 초월한 경제산업이다.

> 해설) 아시아 지역의 컨벤션산업은 비중이 점점 커지고 있는 실정으로, 유망 전시회를 발굴하고 이를 국제적인 수준의 전시회로 육성해야 한다.

34 해외여행을 하고 입국할 때 입국순서로 옳은 것은?

① C → I → Q ② I → Q → C
③ Q → I → C ④ Q → C → I

> 해설) 출국 시에는 CIQ(세관 → 출국 → 검역)의 순서로, 입국 시에는 그 반대인 QIC(검역 → 입국 → 세관)의 순서로 진행된다.

35 관광관련 국제기구 중 동아시아관광협회를 뜻하는 용어는?

① ESTA ② ASTA
③ EATA ④ PATA

> 해설) ① 미국 전자여행허가제
> ② 미국여행업협회
> ④ 아시아태평양관광협회

36 호텔의 객실수가 200실이며, 30일 동안의 이용객실이 2,400실, 숙박객이 6,200명일 때 객실점유율은?

① 약 30% ② 약 40%
③ 약 50% ④ 약 60%

> 해설) 객실점유율
> $$\frac{판매객실}{판매가능객실수} \times 100 = \frac{2,400}{30 \times 200} \times 100 = 40\%$$

37 호텔 객실의 종류 중 객실 2개가 연결되어 내부의 문을 이용하여 상호 왕래가 가능한 형태는?

① Blocking Room

② Suite Room

③ Connecting Room

④ Triple Room

> 해설) ① 예약된 방
> ② 침실에 거실이 딸린 호화 객실
> ④ 싱글 베드가 3개 또는 트윈에 엑스트라 베드가 추가된 객실

38 로마시대의 Gastronomia식 관광이란?

① 교회를 순회하며 여행하는 것

② 경치가 좋은 곳을 찾아다니며 여행하는 것

③ 마차를 타고 여행하는 것

④ 포도주를 마시며 식도락관광을 하는 것

> 해설) 로마 사람들은 전국의 와인을 마셔가며 식사를 즐기는 식도락을 가스트로노미아(Gastronomia)라 불렀고 관광의 한 형태가 되었다.

39 항공과 호텔숙박을 묶어서 파는 여행상품을 무엇이라 하는가?

① Airtel

② Motel

③ Floatel

④ Yachtel

> 해설) 에어텔(Airtel)은 숙박과 항공을 묶어서 파는 패키지상품이다.

40 다음의 관광지를 여행한다면 어떤 여행의 유형인가?

> 미국 뉴욕 9·11 테러사건의 '그라운드 제로', 유대인 대학살 현장인 폴란드의 '아우슈비츠 수용소' 등을 여행한다.

① 팸투어

② 다크투어

③ 그랜드투어

④ 에코투어

> 해설) 다크투어(Dark Tour)
> 휴양과 관광을 위한 일반 여행과 달리 재난과 참상지를 보며 반성과 교훈을 얻는 여행이다.

41 Shore Excursion은 우리나라의 경우 몇 시간을 한계로 하는가?

① 70시간　　　　　　　　　② 78시간

③ 72시간　　　　　　　　　④ 48시간

해설 기항지 상륙 여행(Shore Excursion)
선박 혹은 항공기가 그 항이나 도시에 도착한 후 출발할 때까지의 기간을 이용하여 일시 상륙의 허가를 얻은 여객이 그 부근 도시와 명승지 등을 관광하는 여행으로, 우리나라는 72시간을 한계로 정해놓고 있다.

42 다음 중 소셜 투어리즘에 대한 설명이 아닌 것은?

① 소외 계층을 위해 지원하는 여행이다.

② 단순한 명소 관람에 그치지 않고 참여자의 특별한 관심을 충족시킨다.

③ 영리성과 공리성을 동시에 충족시킨다.

④ 정부 또는 기업이 금액의 일부를 부담한다.

해설 Special Interest Tour에 대한 설명이다.

43 다음 내용과 관련이 깊은 사람은?

> 일반적으로 통제 가능한 마케팅 요소인 Product, Price, Place, Promotion 등 4P에 People이 추가되기도 한다.

① 보덴(N. H. Borden)　　　　② 하워드(J. A. Howard)

③ 맥카시(E. J. McCarthy)　　④ 하자드(R. Hazard)

해설 미국의 맥카시(E. J. McCarthy)는 마케팅믹스를 제품(Product), 가격(Price), 유통경로(Place), 커뮤니케이션(Promotion)의 4P로 불러 이 개념을 유명하게 만들었다.

44 다음 중 국제관광객의 정의에 해당하지 않는 사항은?

① 상용의 목적으로 외국을 여행하는 자

② 건강상의 이유로 해외를 여행하는 자

③ 취업을 목적으로 입국하는 자

④ 회의 참석을 목적으로 여행하는 자

해설 국제관광객이란 외국으로의 이주나 취업 외의 목적으로 타국을 여행하는 자를 말한다.

45 성장기의 마케팅전략으로 부적절한 것은?

① 서비스의 질을 개선하고 새로운 서비스 특성이나 요소를 추가

② 새로운 목표시장의 추구

③ 새로운 유통경로 이용

④ 적절한 가격인상

해설 성장기에는 가격에 민감한 고객의 관심을 끌기 위한 가격인하전략이 필요하다.

46 관광의 구조 및 구성요소에 대한 내용이 아닌 것은?

① 관광주체는 관광자이다.

② 관광객체는 관광동기이다.

③ 관광매체 중 공간적 매체는 교통기관 등이다.

④ 관광매체 중 시간적 매체는 숙박이나 휴게실이다.

해설 관광객체는 관광대상(관광자원, 관광시설)이다.

47 다음 설명에 해당하는 것은?

> • 우리나라 최초의 중저가 관광호텔 체인 브랜드이다.
> • 우리나라를 방문하는 해외여행객 중 특히 개별여행객(FIT ; Free Independent Traveler)의 숙박 문제를 해결하기 위하여 저렴한 숙박비와 우수한 서비스 및 시설로 편리함을 제공한다.

① 콘티네탈
② 프린시펄
③ 베니키아
④ 옴니버스

해설) 베니키아(BENIKEA)는 'Best Nights in Korea'의 약자로 문화체육관광부의 지원 하에 한국관광공사가 체인화 사업을 진행하는 미화 100달러 내외의 저렴한 숙박비와 우수한 서비스 및 시설로 편리함을 제공하고 있다.

48 다음 항공기 요금체계 중 Business Class를 나타내는 코드는?

① F
② C
③ Y
④ M

해설) ① First Class
③ Economy Class
④ Economy Tourist Class

49 코스 요리 순서로 올바른 것은?

① Appetizer → Soup → Fish → Entree → Dessert → Beverage

② Soup → Appetizer → Fish → Entree → Dessert → Beverage

③ Appetizer → Soup → Entree → Fish → Dessert → Beverage

④ Soup → Appetizer → Entree → Fish → Dessert → Beverage

해설) 코스도 현대에 와서는 5가지, 7가지, 9가지 코스 등으로 세분화 · 약식화되어 제공하고 있다. 주로 Appetizer, Soup, Fish, Entree, Dessert, Beverage 순으로 서비스된다.

50 다음 중 Appetizer로 적합하지 않은 것은?

① 캐비어

② 생 굴

③ 훈제연어

④ 차우더

해설) 차우더는 미국풍의 반찬용 수프이다. 애피타이저로는 보통 생굴, 캐비아, 훈제연어 등을 사용한다.

제3과목 **관광법규**

01 관광기본법의 목적이 아닌 것은?

① 관광진흥의 방향과 시책에 관한 사항을 규정한다.

② 국제친선을 증진하고 국민경제와 국민복지를 향상시킨다.

③ 건전한 국민관광의 발전을 도모한다.

④ 국제수지를 개선하고 관광자의 교육을 도모한다.

> **해설** 관광진흥의 방향과 시책에 관한 사항을 규정함으로써 국제친선을 증진하고 국민경제와 국민복지를 향상시키며 건전한 국민관광의 발전을 도모하는 것을 목적으로 한다(관광기본법 제1조).

02 관광진흥법상 다음에 해당하는 용어는?

외국인 관광객의 유치 촉진 등을 위하여 관광 활동과 관련된 관계 법령의 적용이 배제되거나 완화되고, 관광 활동과 관련된 서비스·안내 체계 및 홍보 등 관광 여건을 집중적으로 조성할 필요가 있는 지역으로 지정된 곳

① 관광지역   ② 관광특구

③ 관광단지   ④ 관광개발

> **해설** 관광특구
> 외국인 관광객의 유치 촉진 등을 위하여 관광 활동과 관련된 관계 법령의 적용이 배제되거나 완화되고, 관광 활동과 관련된 서비스·안내 체계 및 홍보 등 관광 여건을 집중적으로 조성할 필요가 있는 지역으로 관광진흥법에서 지정된 곳(관광진흥법 제2조 제11호)

정답 01 ④ 02 ②

03 관광진흥법상 관광숙박업의 종류는?

① 호텔업
② 전문휴양업
③ 관광유람선업
④ 야영장업

해설) ② · ③ · ④ 관광객 이용시설업이다(관광진흥법 시행령 제2조 제1항 제3호).

04 관광진흥법상 여행업의 행정 절차는?

① 등 록
② 허 가
③ 신 고
④ 지 정

해설) 여행업, 관광숙박업, 관광객 이용시설업 및 국제회의업을 경영하려는 자는 특별자치시장 · 특별자치
도지사 · 시장 · 군수 · 구청장에게 등록하여야 한다(관광진흥법 제4조 제1항).

05 관광진흥법상 관광숙박업 등의 등록심의위원회가 심의하는 사항이 아닌 것은?

① 관광숙박업의 등록기준에 관한 사항
② 관계 법령상 신고 또는 인 · 허가 등의 요건에 해당하는지에 관한 사항
③ 국제회의기획업의 등록기준에 관한 사항
④ 관광객 이용시설업의 등록기준에 관한 사항

해설) 국제회의기획업이 아닌 국제회의업의 등록기준에 관한 사항이다(관광진흥법 제17조 제3항 제1호).

06 문화체육관광부장관이 우수숙박시설로 지정된 숙박시설에 대하여 지원할 수 있는 사항이 아닌
것은?

① 국내 또는 국외에서의 홍보
② 숙박시설의 운영을 위하여 필요한 사항
③ 관광진흥개발기금의 대여 또는 보조
④ 숙박시설 등급의 하향 조정

해설) 한국관광 품질인증(관광진흥법 제48조의10 제4항)
  • 관광진흥개발기금의 대여 또는 보조
  • 국내 또는 국외에서의 홍보
  • 그 밖에 시설 등의 운영 및 개선을 위하여 필요한 사항

03 ① 04 ① 05 ③ 06 ④ **정답**

07 관광진흥법상 유기기구의 안전성 검사는 연 몇 회 이상 실시해야 하는가?

① 1회 이상
② 2회 이상
③ 3회 이상
④ 4회 이상

해설 유기시설 또는 유기기구의 안전성 검사는 허가 또는 변경허가를 받은 다음 연도부터는 연 1회 이상 받아야 한다. 다만, 최초로 안전성 검사를 받은 지 10년이 지난 유기시설 또는 유기기구는 반기별로 1회 이상 검사를 받아야 한다(관광진흥법 시행규칙 제40조 제2항).

08 관광진흥법상 카지노 전산시설에 포함되어야 할 사항으로 옳지 않은 것은?

① 시스템의 보안관리에 관한 사항
② 소프트웨어의 성능 및 설치방법에 관한 사항
③ 네트워크의 구성에 관한 사항
④ 시스템의 가동 및 장애방지에 관한 사항

해설 ① · ③ · ④ 외에 하드웨어의 성능 및 설치방법에 관한 사항, 환전관리 및 현금과 칩의 출납관리를 위한 소프트웨어에 관한 사항이 있다(관광진흥법 시행규칙 제29조 제2항).

09 관광진흥법상 여행업을 등록을 하지 않고 경영할 때의 벌칙은?

① 3년 이하의 징역 또는 3천만원 이하의 벌금에 처한다.
② 5년 이하의 징역 또는 5천만원 이하의 벌금에 처한다.
③ 2년 이하의 징역 또는 2천만원 이하의 벌금에 처한다.
④ 1년 이하의 징역 또는 1천만원 이하의 벌금에 처한다.

해설 다음의 어느 하나에 해당하는 자는 3년 이하의 징역 또는 3천만원 이하의 벌금에 처한다. 이 경우 징역과 벌금은 병과할 수 있다(관광진흥법 제82조).
• 제4조 제1항에 따른 등록을 하지 아니하고 여행업 · 관광숙박업(제15조 제1항에 따라 사업계획의 승인을 받은 관광숙박업만 해당한다) · 국제회의업 및 제3조 제1항 제3호 나목의 관광객 이용시설업을 경영한 자
• 제5조 제2항에 따른 허가를 받지 아니하고 유원시설업을 경영한 자
• 제20조 제1항 및 제2항을 위반하여 시설을 분양하거나 회원을 모집한 자
• 제33조의2 제3항에 따른 사용중지 등의 명령을 위반한 자

10 관광진흥법상 등급결정권을 위탁한 법인의 평가요원 자격으로 옳지 않은 것은?

① 한국소비자원 또는 소비자보호와 관련된 단체에서 추천한 사람

② 등급결정 수탁기관이 공모를 통하여 선정한 사람

③ 호텔업에서 5년 이상 근무한 사람으로서 평가 당시 호텔업에 종사하고 있지 아니한 사람 1명 이상

④ 전문대학 이상 또는 이와 같은 수준 이상의 학력이 인정되는 교육기관에서 관광 분야에 관하여 3년 이상 강의한 경력이 있는 교수, 부교수, 조교수 또는 겸임교원 1명 이상

> **해설** 평가요원의 자격(관광진흥법 시행규칙 제72조)
> • 호텔업에서 5년 이상 근무한 사람으로서 평가 당시 호텔업에 종사하고 있지 아니한 사람 1명 이상
> • 전문대학 이상 또는 이와 같은 수준 이상의 학력이 인정되는 교육기관에서 관광 분야에 관하여 5년 이상 강의한 경력이 있는 교수, 부교수, 조교수 또는 겸임교원 1명 이상
> • 다음의 어느 하나에 해당되는 연구기관에서 관광 분야에 관하여 5년 이상 연구한 경력이 있는 연구원 1명 이상
>   – 「정부출연연구기관 등의 설립·운영 및 육성에 관한 법률」 또는 「과학기술분야 정부출연연구기관 등의 설립·운영 및 육성에 관한 법률」에 따라 설립된 정부출연연구기관
>   – 「특정연구기관 육성법」 제2조에 따른 특정연구기관
>   – 국공립연구기관
> • 관광 분야에 전문성이 인정되는 사람으로서 다음의 어느 하나에 해당하는 사람 1명 이상
>   – 「소비자기본법」에 따른 한국소비자원 또는 소비자 보호와 관련된 단체에서 추천한 사람
>   – 등급결정 수탁기관이 공모를 통하여 선정한 사람
> • 그 밖에 문화체육관광부장관이 위에 해당하는 사람과 동등한 자격이 있다고 인정하는 사람

11 관광진흥법상 특별자치시장·특별자치도지사·시장·군수·구청장은 유원시설업 허가를 할 때 몇 년의 범위에서 시설 및 설비를 갖출 것을 조건으로 허가할 수 있는가?

① 3년

② 4년

③ 5년

④ 7년

> **해설** 특별자치시장·특별자치도지사·시장·군수·구청장은 유원시설업 허가를 할 때 5년의 범위에서 시설 및 설비를 갖출 것을 조건으로 허가할 수 있다. 다만, 천재지변이나 그 밖의 부득이한 사유가 있다고 인정하는 경우에는 해당 사업자의 신청에 따라 한 차례에 한하여 1년을 넘지 아니하는 범위에서 그 기간을 연장할 수 있다(관광진흥법 제31조 제1항).

12 관광진흥법상 관할 등록기관 등의 장은 관광사업의 등록 등을 받거나 신고를 한 자 또는 사업계획의 승인을 받은 자가 그 등록 등 또는 사업계획의 승인을 취소하거나 6개월 이내의 기간을 정하여 그 사업의 전부 또는 일부의 정지를 명하거나 시설·운영의 개선을 명할 수 있다는 사항에 해당되지 않는 것은?

① 관광종사원의 교육과 관련하여 관광사업자가 협조를 하지 아니한 경우
② 보험 또는 공제에 가입하지 아니하거나 영업보증금을 예치하지 아니한 경우
③ 기획여행의 실시요건 또는 실시방법을 위반하여 기획여행을 실시한 경우
④ 변경등록을 하지 아니하거나 등록한 영업범위를 벗어난 경우

해설 ①의 경우는 2011년 4월 5일부로 삭제되었다(관광진흥법 제35조 제1항).

13 관광진흥법상 한국관광협회중앙회의 업무가 아닌 것은?

① 관광 통계   ② 관광안내소의 운영
③ 관광종사원의 교육과 사후관리   ④ 해외관광시장의 개발

해설 ①·②·③ 외에 관광사업의 발전을 위한 업무, 관광사업 진흥에 필요한 조사·연구 및 홍보, 회원의 공제사업, 국가나 지방자치단체로부터 위탁받은 업무 등이 있다(관광진흥법 제43조 제1항).

14 관광진흥법상 지역축제 등에 대한 설명으로 옳지 않은 것은?

① 문화체육관광부장관은 지역축제의 체계적 육성 및 활성화를 위하여 지역축제에 대한 실태조사와 평가를 할 수 있다.
② 문화체육관광부장관은 지역축제의 통폐합 등을 포함한 그 발전방향에 대하여 지방자치단체의 장에게 의견을 제시하거나 권고할 수 있다.
③ 문화체육관광부장관은 다양한 지역관광자원을 개발·육성하기 위하여 우수한 지역축제를 문화관광축제로 지정하고 지원할 수 있다.
④ 문화관광축제로 지정받으려는 지역축제의 개최자는 관할 특별시·광역시·특별자치시·도·특별자치도를 거쳐 문화체육관광부장관에게 등록을 하여야 한다.

해설 문화관광축제로 지정받으려는 지역축제의 개최자는 관할 특별시·광역시·특별자치시·도·특별자치도를 거쳐 문화체육관광부장관에게 지정신청을 하여야 한다(관광진흥법 시행령 제41조의8).

15 관광진흥법상 관광지 등의 지정 및 지정 취소 또는 그 면적의 변경을 신청하려는 자가 신청서에 첨부해야 할 서류가 아닌 것은?

① 관광지 등의 개발방향을 기재한 서류

② 관광객 수용능력 등을 기재한 서류

③ 관광여건과 관광동향을 기재한 서류

④ 관광지 등의 구역을 표시한 축척 2만5천분의 1 이상의 지형도 및 지목·지번 등이 표시된 축척 500분의 1부터 6천분의 1까지의 도면

해설 ①·②·④ 외에 관광지 등과 그 주변의 주요 관광자원 및 주요 접근로 등 교통체계에 관한 서류, 용도지역을 기재한 서류, 관광지 등의 지번·지목·지적 및 소유자가 표시된 토지조서 등의 서류를 첨부해야 한다(관광진흥법 시행규칙 제58조 제1항).

16 관광진흥법상 관광지 등 조성계획의 승인 또는 변경승인을 받으려는 자가 첨부해야 할 서류가 아닌 것은?

① 문화체육관광부령으로 정하는 내용을 포함하는 관광시설계획서·투자계획서 및 관광지 등 관리계획서

② 지번·지목·지적·소유자 및 시설별 면적이 표시된 토지조서

③ 조감도

④ 건축설계도

해설 ①·②·③ 외에 민간개발자가 개발하는 경우에는 해당 토지의 소유권 또는 사용권을 증명할 수 있는 서류가 있다. 다만, 민간개발자가 개발하는 경우로서 해당 토지 중 사유지의 3분의 2 이상을 취득한 경우에는 취득한 토지에 대한 소유권을 증명할 수 있는 서류와 국·공유지에 대한 소유권 또는 사용권을 증명할 수 있는 서류를 첨부하여 신청하여야 한다(관광진흥법 시행령 제46조 제1항).

17 카지노업의 허가를 받으려는 자가 갖추어야 할 시설 및 기구의 기준으로 옳지 않은 것은?

① 카지노업의 영업종류 중 세 종류 이상의 영업을 할 수 있는 게임기구 및 시설

② 1개 이상의 외국환 환전소

③ 330제곱미터 이상의 전용 영업장

④ 문화체육관광부장관이 정하여 고시하는 기준에 적합한 카지노 전산시설

해설 카지노업의 영업종류 중 네 종류 이상의 영업을 할 수 있는 게임기구 및 시설이다(관광진흥법 시행규칙 제29조 제1항).

18 관광진흥법상 관광특구 지정요건의 세부기준 중 접객시설로 구분되는 것은?

① 관광호텔

② 한국전통호텔

③ 휴양콘도미니엄

④ 관광공연장

해설 관광공연장 외에 관광유흥음식점, 관광극장유흥업점, 외국인전용유흥음식점, 관광식당이 있다(관광진흥법 시행규칙 별표 21).
① · ② · ③ 숙박시설의 종류이다.

19 관광진흥법상 문화체육관광부장관이 관광사업을 위해 보조금을 지급할 수 있는 기관과 관련이 없는 것은?

① 관광사업자

② 관광사업자단체

③ 지방자치단체

④ 한국관광공사

해설 문화체육관광부장관은 관광에 관한 사업을 하는 지방자치단체, 관광사업자단체 또는 관광사업자에게 대통령령으로 정하는 바에 따라 보조금을 지급할 수 있다(관광진흥법 제76조 제1항).

20 관광진흥법상 관광객의 숙박에 적합한 시설을 갖추어 이를 관광객에게 제공하거나 숙박에 딸리는 음식 · 운동 · 오락 · 휴양 · 공연 또는 연수에 적합한 시설 등을 함께 갖추어 이를 이용하게 하는 관광사업은?

① 호텔업

② 휴양콘도미니엄업

③ 전문휴양업

④ 종합휴양업

해설 호텔업은 관광객의 숙박에 적합한 시설을 갖추어 이를 관광객에게 제공하거나 숙박에 딸리는 음식 · 운동 · 오락 · 휴양 · 공연 또는 연수에 적합한 시설 등을 함께 갖추어 이를 이용하게 하는 업이다(관광진흥법 제3조 제1항 제2호 가목).

21 관광진흥법상 문화체육관광부장관이 관광종사원의 자격을 취소하거나 6개월 이내의 기간을 정하여 자격의 정지를 명할 수 있는 경우가 아닌 것은?

① 거짓이나 그 밖의 부정한 방법으로 자격을 취득한 경우
② 관광종사원이 파산선고를 받고 복권되지 아니한 경우
③ 관광종사원으로서 직무를 수행하는 데에 부정 또는 비위(非違) 사실이 있는 경우
④ 등록 등 또는 사업계획의 승인이 취소되거나 영업소가 폐쇄된 후 2년이 지나지 아니한 경우

> **해설** 등록 등 또는 사업계획의 승인이 취소되거나 영업소가 폐쇄된 후 2년이 지나지 아니한 경우는 제외한다(관광진흥법 제7조 제1항 제3호, 제40조).

22 관광진흥개발기금법상 문화체육관광부장관이 기금수입징수관, 기금재무관, 기금지출관, 기금출납 공무원을 임명한 경우에 알리지 않아도 되는 자는?

① 감사원장
② 기획재정부장관
③ 한국은행총재
④ 시 · 도지사

> **해설** 문화체육관광부장관은 기금수입징수관, 기금재무관, 기금지출관, 기금출납 공무원을 임명한 경우에는 감사원장, 기획재정부장관 및 한국은행총재에게 알려야 한다(관광진흥개발기금법 시행령 제11조).

23 관광진흥개발기금법상 대여금 또는 보조금의 반환 통지를 받은 자가 그 통지를 받은 날 부터 해당 대여금 또는 보조금을 반환하여야 하는 기한으로 옳은 것은?

① 15일
② 1개월
③ 2개월
④ 3개월

> **해설** 대여금 또는 보조금의 반환 통지를 받은 자는 그 통지를 받은 날부터 2개월 이내에 해당 대여금 또는 보조금을 반환하여야 하며, 그 기한까지 반환하지 아니하는 경우에는 그 다음 날부터 제10조에 따른 연체이자율을 적용한 연체이자를 내야 한다(관광진흥개발기금법 시행령 제18조의2 제3항).

24 국제회의산업 육성에 관한 법률상 국제회의시설이 아닌 것은?

① 전문회의시설

② 준회의시설

③ 부대시설

④ 복합회의시설

해설) 국제회의시설은 전문회의시설 · 준회의시설 · 전시시설 및 부대시설로 구분한다(국제회의산업 육성에 관한 법률 시행령 제3조 제1항).

25 국제회의산업 육성에 관한 법률상 국제회의도시의 지정 기준으로 옳지 않은 것은?

① 지정대상 도시에 국제회의시설이 있고, 해당 특별시 · 광역시 또는 시에서 이를 활용한 국제회의산업 육성에 관한 계획을 수립하고 있을 것

② 지정대상 도시에 숙박시설 · 교통시설 · 교통안내체계 등 국제회의 참가자를 위한 편의시설이 갖추어져 있을 것

③ 지정대상 도시 또는 그 주변에 풍부한 관광자원이 있을 것

④ 지정대상 도시의 인구가 5만명 이상 있을 것

해설) 국제회의산업 육성에 관한 법률 시행령 제13조인 국제회의도시의 지정 기준에 없는 내용이다(국제회의산업 육성에 관한 법률 시행령 제13조).

26 태평양 · 아시아 지역의 관광 진흥과 개발을 위해 설립한 국제기구는?

① ASTA

② PATA

③ EATA

④ JATA

> **해설** 아시아태평양관광협회(PATA ; Pacific Area Travel Association)
> 아태지역 관광인들의 제창에 의해 1951년 하와이에서 창설된 동지역 관광산업의 발전을 도모하기 위한 민관합동 국제기구로, 우리나라는 1963년 한국관광공사가 정부회원으로 이 기구에 정식 가입하였다.

27 Over - booking에 관한 내용으로 옳지 않은 것은?

① 전년도 통계를 참고한다.

② 계절과 요일에 따라 다르다.

③ 성수기인 경우 많이 받는다.

④ Go - show도 중요한 원인이 된다.

> **해설** 한 항공편을 예약 받는 데에 있어서, 예약을 했지만 실제 나타나지 않는 사람들을 대비하여 정해진 좌석 수보다 일정량 초과해서 받는 예약으로, 오버부킹의 기준은 예약취소율과 No Show율을 감안하여 설정한다.

28 우리나라가 가입한 국제관광기구가 아닌 것은?

① ASTA(American Society of Travel Agents)

② EATA(East Asia Travel Association)

③ IATA(International Air Transport Association)

④ ELRA(European Leisure and Recreation Association)

> **해설** 전 유럽 지역 내의 레크리에이션 계획과 정책 개발 · 진흥을 설립목적으로 한 국제관광기구로 우리나라는 비가맹국이다.

29 다음 괄호 안에 공통으로 들어갈 알맞은 것은?

> 보통 공항에서 체류하는 시간을 기준으로 24시간 이내이면 Transit이고 그 이상이면 (   )(으)로 분류되는데, (   )의 경우 공항이 있는 도시에서 시내관광을 할 수 있다.

① Rack Rate
② Stop Over
③ Open Ticket
④ Codeshare

해설) ① 호텔 경영진에 의해 책정된 호텔 객실당 기본요금
③ 보통 돌아오는 정확한 날짜를 지정하지 않은 티켓
④ 서로 다른 항공사 간에 구간 공유를 위해 항공좌석을 공유

30 여행사 간에 거래되는 상품으로, 항공기·호텔·시내관광 등 여행의 주요 구성요소들이 이미 구비되어 있어 이를 구입한 여행사는 식사나 옵션여행을 추가로 수배해 상품이 완성되도록 하는 것은?

① Principal
② Airtel
③ Unit Product
④ Tour Conductor

해설) ① 여행업자에 의해 대리되는 회사 또는 개인영업자로서 항공회사, 기선회사, 철도·버스회사, 호텔, 그 밖에 관광객을 대상으로 영업하는 모든 관광관련 업체
② 항공편과 숙박 편을 묶어서 파는 패키지 상품
④ 항공권부터 숙박, 음식까지 여행일정의 전 관리를 맡는 해외여행안내원

31 마케팅믹스의 4P에 속하지 않는 것은?

① Product
② Price
③ People
④ Promotion

해설) 맥카시가 제시한 마케팅믹스의 전략적 통제가능 요소 4가지는 Product, Price, Promotion, Place이다.

32 다음 괄호 안에 들어갈 알맞은 말은?

> '지속가능한 개발(Sustainable Development)'이라는 개념은 1987년 세계환경개발위원회(WCED)가 발표한 (   )의 '우리공동의 미래'에서 처음 제시됐다.

① 리우선언　　　　　　　　　　② 람사협약
③ 브룬트란트보고서　　　　　　④ 기후변화협약

해설) 지속가능한 개발의 개념을 처음 정립한 것은 1987년 세계환경개발위원회(WCED ; the World Commission on Environment and Development)의 동경선언에서 채택한 '브룬트란트보고서'이다.

33 국제관광의 경제적 효과에 해당하지 않는 것은?

① 고용창출　　　　　　　　　　② 인구구조 변화
③ 국민소득 증대　　　　　　　　④ 국제수지 개선

해설) 국제관광의 경제적 효과
　　• 국민소득 창출
　　• 고용증대
　　• 재정수입 증대
　　• 국제수지 개선

34 세계관광기구인 UNWTO 기준으로 비관광객이 아닌 자는?

① 국경통근자　　　　　　　　　② 외교관
③ 유목민　　　　　　　　　　　④ 회의 참석자

해설) UNWTO(United Nations World Tourism Organization) 기준 관광객은 방문국에서 1박 이상 체재하는 사람이며, 비관광객은 외교관, 군인, 선박승객, 해외거주자, 유목민, 국경통근자 등을 말한다.

35 동양에서의 관광의 어원에 대한 설명이 아닌 것은?

① 중국 초나라 때 처음 사용되었다.

② 다른 나라 지역의 새로운 문화와 문명을 보러 간다는 뜻이 '관광'이다.

③ 정도전의 〈삼봉집〉에 '관광집'이라는 말이 쓰였다.

④ 조선 태조가 한성의 북부 지역을 '관광방'으로 지정하였다.

해설) 관광의 어원은 B.C 8세기경 중국 주나라 때 간행된 〈주역〉의 상경 관광에서 관찰이라는 문제를 논하는 부분에 '관국지광, 이용빈우왕(觀國之光, 利用賓于王)'이라는 문구에서 찾을 수 있다. 즉, 관광은 관국지광의 약자이다.

36 다음 중 관광의 개념을 규정하는 데 있어서 고려할 사항으로 옳지 않은 것은?

① 일상의 상용관례에 크게 벗어나지 않아야 한다.

② 관광학의 저명한 학자가 정립한 개념 규정을 충분히 참고해야 한다.

③ 규정된 개념은 누구나 이용하기 쉽게 배려해야 한다.

④ 반드시 돌아오는 것을 전제로 하지 않아도 된다.

해설) 관광의 본질은 이동이고 이동목적은 레크레이션을 추구하고 일상생활을 떠나는 소비활동이며, 반드시 돌아오는 것을 전제로 한다.

37 국제선 항공운임에서 거리제도를 기초로 한 마일리지(Mileage)의 구성요소가 아닌 것은?

① 최소거리 ② 최대허용거리

③ 발권구간거리 ④ 초과거리할증

해설) 마일리지(Mileage) 시스템의 구성요소
최대허용거리(MPM), 발권구간거리(TPM), 초과거리할증(EMS)

38 다음 중 Back Of The House의 구성조직에 해당하지 않는 것은?

① 기 획 　　　　　　　　　② 객 실
③ 회 계 　　　　　　　　　④ 총 무

> **해설** 호텔에서 지원부서(Back Of The House)는 관리부서, 비대면부서, 비수익 부서라고 하며, 인사·총무·회계·기획·감사 등의 경영관리 부문과 시설관리 유지부문 등이 이에 해당된다. 반면 접객부서(Front Of The House)는 영업부서, 대변부서, 수익부서라고 하며, 객실·식음료·부대사업 부문이 해당된다.

39 국제회의를 개최하는 주최측에 가져오는 국제회의의 유치 효과가 아닌 것은?

① 최신 정보·기술 입수 　　　　② 고용 감소
③ 개최국의 정치 이용화 　　　　④ 국제친선 도모

> **해설** 고용 증대·고액의 외화획득 등의 유치 효과가 있다.

40 UNWTO의 국적과 국경에 의한 관광분류(1994년)에 관한 설명으로 옳지 않은 것은?

① Internal 관광은 Domestic Tourism과 Inbound Tourism을 결합한 것이다.
② Intrabound 관광은 Internal Tourism과 National Tourism을 결합한 것이다.
③ International 관광은 Inbound Tourism과 Outbound Tourism을 결합한 것이다.
④ National 관광은 Domestic Tourism과 Outbound Tourism을 결합한 것이다.

> **해설** Intrabound 관광은 Intra와 Bound, 그리고 Tourism을 결합한 것이다.

41 관광의 효과 중 문화적 측면으로 볼 수 없는 것은?

① 국제친선과 문화교류의 향상 　　② 역사적 유물과 유적의 보존
③ 지역문화 발전 　　　　　　　　④ 관광자원의 이용가치 증대

> **해설** 관광의 효과 중 환경적 측면이다.

42 우리나라 상용호텔의 효시를 이룬 호텔은?

① 손탁호텔
② 하남호텔
③ 반도호텔
④ 조선호텔

> 해설) 스타틀러의 경영기법을 도입한 우리나라 상용호텔의 효시는 1936년 세워진 반도호텔이다.

43 우리나라의 호텔경영방식은?

① European Plan
② Continental Plan
③ American Plan
④ Dual Plan

> 해설) 유럽식 호텔은 객실요금과 식사대를 각각 분리하여 계산하는 방식으로, 우리나라의 호텔경영방식이 이에 속한다.

44 관광의 부정적 효과로 볼 수 없는 것은?

① 고용의 감소
② 문화적 예속
③ 생태계의 변화
④ 지역 간 차이

> 해설) 관광사업에 대한 지나친 의존은 산업구조의 종석, 지역 간 차이, 지역관습 및 문화 파괴, 문화적 예속, 교통혼잡, 과소비, 소음, 과대한 개발, 오염, 쓰레기, 생태계의 변화 등을 불러오므로 관광산업 활성화를 위한 관광정책 개발 시 주의해야 한다.

45 여행사가 만든 패키지 여행상품의 유통과정에 포함되지 않는 것은?

① 여행사
② 홈쇼핑매체
③ 지상수배업자
④ 온라인 마켓 플레이스

> 해설) 지상수배업자
> 여행사로부터 현지의 여행지 수배업무를 의뢰받아 전문적으로 수행하는 업자를 말한다. 현지정보의 수집 및 관리, 제공, 예약 등 현지수배기능을 수행하여 업무는 여행사와 거의 동일하나 직접 일반고객을 상대로 영업을 하지 않고 여행사를 대상으로 영업활동을 한다.

46 국제관광정책의 수립시행 시 중요한 사항이 아닌 것은?

① 국제교통노선의 확보 　　　　　② 국가보안제도의 강화

③ 관광시장의 개척 　　　　　　　④ 출입국 제도의 간소화

> 해설) 국제관광정책을 수립할 때에는 교통노선의 확보, 시장 개척, 입출입 간편화, 해외선전 강화, 외국인 유치, 관광시설 확충 등을 중요시해야 한다.

47 역내관광(Intra – regional Tourism)의 예로 옳은 것은?

① 중국인의 캐나다여행 　　　　　② 독일인의 태국여행

③ 한국인의 일본여행 　　　　　　④ 일본인의 콜롬비아여행

> 해설) 역내관광은 특정지역에 속해 있는 사람이 근접 지역 내의 다른 국가로 이동하는 여행 형태이다.

48 다음에 해당하는 식당의 종류는?

> 음식의 조리 과정을 직접 볼 수 있는 카운터 바에 앉아서 주문한 음식을 조리사로부터 직접 서비스 받는 식당으로, 빠른 서비스를 제공하고 음식의 신선함과 식욕을 촉진시킬 수 있는 형태

① 그릴(Grill) 　　　　　　　　　② 런치 카운터(Lunch Counter)

③ 다이닝 룸(Dining Room) 　　　④ 리프레시먼트 스탠드(Refreshment Stand)

> 해설) 런치 카운터는 고객이 카운터에 앉아서 조리사에게 직접 주문하여 먹는 식당으로, 직접 조리 과정을 볼 수 있어 지루함을 덜 수 있다.

49 국제항공운송협회(IATA)에서 수행하는 업무가 아닌 것은?

① 국제항공 요금 책정
② 항공수송력 규제
③ 기내 서비스 기준 제공
④ 항공 운항노선 책정

해설) IATA는 여객의 안전과 경제적인 운송의 촉진, 항공무역상의 문제점 연구, 국제항공운송업자 간의 제휴, 운송회의 및 운임 문제 심의, 항공권 판매 대리점 규제 등의 업무를 한다.

50 개인, 단체를 불문하고 특정객이나 단체 및 주최자의 희망에 따라 여정을 작성하고, 이 여정에 의거한 여행조건 및 여행비를 산정하여 총비용을 제시하는 형식으로 주문을 맡아 실시하는 여행은?

① 주최여행
② 공최여행
③ 청부여행
④ 기획여행

해설) ① 여행사가 여정 · 여행조건 · 여행비용 등을 사전에 기획하여 참가자를 모집하는 여행
② 여행사가 Group 또는 단체의 Organizer와 협의하여 여정 및 여행조건, 여행비용 등을 정하여 집객하는 여행
④ 특별한 사안을 두고 실시하는 여행

제3과목 **관광법규**

01 관광진흥에 관한 기본계획에 포함되어야 하는 사항을 바르게 고른 것은?

> ㄱ. 전국의 관광여건과 관광 동향에 관한 사항
> ㄴ. 관광진흥을 위한 관광사업의 부문별 정책에 관한 사항
> ㄷ. 관광시설의 감염병 등에 대한 안전 · 위생 · 방역 관리에 관한 사항
> ㄹ. 관광진흥을 위한 제도 개선에 관한 사항

① ㄱ, ㄴ

② ㄷ, ㄹ

③ ㄱ, ㄴ, ㄷ

④ ㄴ, ㄷ, ㄹ

해설 ㄱ. 관광개발기본계획에 포함되는 사항이다.

02 관광진흥법상 관광객의 이해와 감상, 체험 기회를 제고하기 위하여 역사 · 문화 · 예술 · 자연 등 관광자원 전반에 대한 전문적인 해설을 제공하는 자는?

① 관광통역안내사

② 여행가이드

③ 문화관광해설사

④ 국제여행관리사

해설 문화관광해설사는 관광객의 이해와 감상, 체험 기회를 제고하기 위하여 역사 · 문화 · 예술 · 자연 등 관광자원 전반에 대한 전문적인 해설을 제공하는 자를 말한다(관광진흥법 제2조 제12호).

03 관광진흥법상 식품위생 법령에 따른 유흥주점 영업의 허가를 받은 자가 관광객이 이용하기 적합한 한국 전통 분위기의 시설을 갖추어 그 시설을 이용하는 자에게 음식을 제공하고 노래와 춤을 감상하게 하거나 춤을 추게 하는 사업은?

① 관광유흥음식점업　　　　　　② 관광극장유흥업
③ 관광식당업　　　　　　　　　④ 관광궤도업

> 해설 관광 편의시설업의 종류(관광진흥법 시행령 제2조 제1항 제6호)
> ② 식품위생 법령에 따른 유흥주점 영업의 허가를 받은 자가 관광객이 이용하기 적합한 무도(舞蹈)시설을 갖추어 그 시설을 이용하는 자에게 음식을 제공하고 노래와 춤을 감상하게 하거나 춤을 추게 하는 업
> ③ 식품위생 법령에 따른 일반음식점영업의 허가를 받은 자가 관광객이 이용하기 적합한 음식 제공 시설을 갖추고 관광객에게 특정 국가의 음식을 전문적으로 제공하는 업
> ④ 궤도사업의 허가를 받은 자가 주변 관람과 운송에 적합한 시설을 갖추어 관광객에게 이용하게 하는 업

04 관광진흥법상 관광공연장업에 대한 설명으로 옳은 것은?

> ㄱ. 야영·취사 및 주차에 적합한 시설 구비
> ㄴ. 관광객을 위한 적합한 공연시설 구비
> ㄷ. 관광통역안내사를 종업원으로 고용
> ㄹ. 관광객에게 식사와 주류를 판매

① ㄱ, ㄷ　　　　　　　　　　　② ㄱ, ㄷ, ㄹ
③ ㄴ, ㄷ, ㄹ　　　　　　　　　④ ㄴ, ㄹ

> 해설 관광공연장업(관광진흥법 시행령 제2조 제1항 제3호 마목)
> 관광객을 위하여 적합한 공연시설을 갖추고 공연물을 공연하면서 관광객에게 식사와 주류를 판매하는 업

05 관광진흥법상 호텔업이 아닌 것은?

① 관광호텔업　　　　　　　　　② 휴양콘도미니엄
③ 호스텔업　　　　　　　　　　④ 한국전통호텔업

> 해설 ①·③·④ 외에 수상관광호텔업, 가족호텔업, 소형호텔업, 의료관광호텔업이 있다(관광진흥법 시행령 제2조 제1항 제2호).

06 관광진흥법상 종합유원시설업 및 일반유원시설업의 허가권자는?

① 문화체육관광부장관

② 시 · 도지사

③ 한국관광공사 이사장

④ 특별자치시장 · 특별자치도지사 · 시장 · 군수 · 구청장

해설) 유원시설업을 경영하려는 자는 문화체육관광부령으로 정하는 시설과 설비를 갖추어 특별자치시장 · 특별자치도지사 · 시장 · 군수 · 구청장의 허가를 받아야 한다(관광진흥법 제5조 제2항).

07 관광진흥법상 카지노업의 영업준칙으로 옳지 않은 내용은?

① 카지노사업자는 카지노업의 건전한 발전과 원활한 영업활동, 효율적인 내부 통제를 위하여 이사회, 카지노총지배인 · 영업부서 · 안전관리부서 · 환전 · 전산전문요원 등 필요한 조직과 인력을 갖추어 1일 8시간 이상 영업하여야 한다.

② 카지노사업자는 게임을 할 때 게임 종류별 일반규칙과 개별규칙에 따라 게임을 진행하여야 한다.

③ 머신게임을 운영하는 사업자는 투명성 및 내부통제를 위한 기구 · 시설 · 조직 및 인원을 갖추어 운영하여야 하며, 머신게임의 이론적 배당률을 65% 이상으로 한다.

④ 카지노사업자는 회계기록 · 콤프비용 · 크레딧제공 · 예치금 인출 · 알선수수료 · 계약게임 등의 기록을 유지하여야 한다.

해설) 머신게임을 운영하는 사업자는 투명성 및 내부통제를 위한 기구 · 시설 · 조직 및 인원을 갖추어 운영하여야 하며, 머신게임의 이론적 배당률을 75% 이상으로 하고 배당률과 실제 배당률이 5% 이상 차이가 있는 경우 카지노검사기관에 즉시 통보하여 카지노검사기관의 조치에 응하여야 한다(관광진흥법 시행규칙 별표 9).

08 관광진흥법상 등록기관의 장에게 관광종사원 중 국내여행안내사 및 호텔서비스사의 자격시험, 등록 및 자격증의 발급에 관한 권한을 위탁받은 기관은?

① 한국산업인력공단   ② 한국관광공사

③ 자격검정기관   ④ 관광협회

해설) 관광종사원 중 국내여행안내사 및 호텔서비스사의 자격시험, 등록 및 자격증의 발급에 관한 권한은 협회에 위탁한다. 다만, 자격시험의 출제, 시행, 채점 등 자격시험의 관리에 관한 업무는 「한국산업인력공단법」에 따른 한국산업인력공단에 위탁한다(관광진흥법 시행령 제65조 제1항 제5호).

09 관광진흥법상 대통령령으로 정하는 기준을 충족하는 외국인 의료관광 유치·지원 관련 기관이 아닌 것은?

① 등록한 외국인환자 유치 의료기관
② 등록한 외국인환자 유치업자
③ 한국관광공사
④ 보건복지부장관이 고시하는 기관

해설 의료관광의 활성화를 위한 사업의 추진실적이 있는 보건·의료·관광 관련 기관 중 문화체육관광부장관이 고시하는 기관(관광진흥법 시행령 제8조의2 제1항 제3호)

10 관광진흥법상 여행계약에 대한 설명으로 옳지 않은 것은?

① 여행업자는 여행자와 계약을 체결할 때에는 여행자를 보호하기 위하여 여행지에 대한 안전정보를 서면으로 제공하여야 한다.
② 여행업자는 여행자와 여행계약을 체결하였을 때에는 그 서비스에 관한 내용을 적은 여행계약서(여행일정표 및 약관 제외)를 여행자에게 내주어야 한다.
③ 여행업자는 여행일정(선택관광 일정 포함)을 변경하려면 여행자의 사전 동의를 받아야 한다.
④ 여행업자는 여행계약서에 명시된 숙식, 항공 등 여행일정을 변경하는 경우 해당 날짜의 일정을 시작하기 전에 여행자로부터 서면으로 동의를 받아야 한다.

해설 여행업자는 여행자와 여행계약을 체결하였을 때에는 그 서비스에 관한 내용을 적은 여행계약서(여행일정표 및 약관 포함) 및 보험 가입 등을 증명할 수 있는 서류를 여행자에게 내주어야 한다(관광진흥법 제14조 제2항).

11 관광진흥법상 외래관광객이 얼마 이상 증가한 경우에만 카지노업을 신규 허가할 수 있는가?

① 30만명
② 40만명
③ 50만명
④ 60만명

해설 문화체육관광부장관은 최근 신규허가를 한 날 이후에 전국 단위의 외래관광객이 60만명 이상 증가한 경우에만 신규허가를 할 수 있다(관광진흥법 시행령 제27조 제3항).

12 관광진흥법상 유원시설업의 시설 및 설비기준 중 종합유원시설업의 개별기준이 아닌 것은?

① 대지 면적(실내에 설치한 유원시설업의 경우에는 건축물 연면적)은 1만m² 이상이어야 한다.

② 안전성검사 대상 유기시설 또는 유기기구 6종 이상을 설치하여야 한다.

③ 음식점 시설 또는 매점을 설치하여야 한다.

④ 안내소를 설치하고, 구급약품을 비치하여야 한다.

해설 일반유원시설업의 개별기준이다(관광진흥법 시행규칙 별표 1의2).

13 관광진흥법상 분양 및 회원모집을 할 수 있는 관광사업은?

① 휴양콘도미니엄업　　　　　　② 관광궤도업

③ 제1종 종합휴양업　　　　　　④ 관광사진업

해설 분양 및 회원모집을 할 수 있는 관광사업(관광진흥법 시행령 제23조 제1항)
- 휴양콘도미니엄업 및 호텔업
- 관광객 이용시설업 중 제2종 종합휴양업

14 관광진흥법상 발급받은 자격증을 잃어버리거나 그 자격증이 못 쓰게 되어 자격증을 재발급 받으려는 자가 신청서를 제출해야 하는 곳은?

① 문화체육관광부　　　　　　② 한국관광공사

③ 소관 행정기관　　　　　　　④ 보건복지부

해설 발급받은 자격증을 잃어버리거나 그 자격증이 못 쓰게 되어 자격증을 재발급받으려는 자는 관광종사
원 자격증 재발급신청서에 사진(최근 6개월 이내에 모자를 쓰지 않고 촬영한 상반신 반명함판) 2매와
관광종사원 자격증(자격증이 헐어 못 쓰게 된 경우만 해당한다)을 첨부하여 한국관광공사 및 한국관
광협회중앙회에 제출하여야 한다(관광진흥법 시행규칙 제54조).

15 관광진흥법령상 관광사업자가 아닌 자가 상호에 포함하여 사용할 수 없는 명칭으로 옳지 않은 것은?

① 관광공연장업과 유사한 영업의 경우 관광공연
② 관광유흥음식점업과 유사한 영업의 경우 전문식당
③ 관광면세업과 유사한 영업의 경우 관광면세
④ 관광숙박업과 유사한 영업의 경우 휴양 콘도미니엄

해설) 상호의 사용제한(관광진흥법 시행령 제8조)
관광사업자가 아닌 자는 다음의 업종 구분에 따른 명칭을 포함하는 상호를 사용할 수 없다.
• 관광숙박업과 유사한 영업의 경우 관광호텔과 휴양 콘도미니엄
• 관광유람선업과 유사한 영업의 경우 관광유람
• 관광공연장업과 유사한 영업의 경우 관광공연
• 관광유흥음식점업, 외국인전용 유흥음식점업 또는 관광식당업과 유사한 영업의 경우 관광식당
• 관광극장유흥업과 유사한 영업의 경우 관광극장
• 관광펜션업과 유사한 영업의 경우 관광펜션
• 관광면세업과 유사한 영업의 경우 관광면세

제5회

16 관광통역안내의 자격이 없는 A가 외국인 관광객을 대상으로 관광안내를 하다가 적발되었을 때 부과해야 하는 과태료는 얼마인가? (단, A는 최근 2년간 같은 위반행위로 이미 두 차례 과태료 부과처분을 받은 상태이다)

① 150만원   ② 300만원
③ 500만원   ④ 1,000만원

해설) 법 제38조 제6항(관광통역안내의 자격이 없는 사람은 외국인 관광객을 대상으로 하는 관광안내를 하여 서는 아니 된다)을 위반하여 관광통역안내를 한 경우 1차 150만원, 2차 300만원, 3차 500만원의 과태료를 부과한다(관광진흥법 시행령 별표 5).

17 관광진흥법상 관광지 등의 조성사업을 시행하는 관광단지개발자 중 공공법인에 해당하는 자는?

① 문화체육관광부장관   ② 한국관광공사
③ 시 · 도지사   ④ 한국관광협회중앙회

해설) 한국관광공사 외에 한국관광공사가 관광단지 개발을 위하여 출자한 법인, 한국토지주택공사, 지방공사 및 지방공단, 제주국제자유도시개발센터가 있다(관광진흥법 시행규칙 제61조 제1항).

18 관광진흥법상 관광특구 지정요건에 세부기준 중 관광안내시설에 포함되지 않는 시설은?

① 관광안내소
② 외국인통역안내소
③ 통신시설
④ 관광지 표지판

해설) 통신시설은 공공편익시설이다(관광진흥법 시행규칙 별표 21).

19 관광진흥법상 관광사업의 등록사항을 변경하고자 할 때 변경등록사항이 아닌 것은?

① 대표자의 변경
② 상호의 변경
③ 사무실 소재지의 변경 및 영업소의 신설(휴양콘도미니엄의 경우)
④ 부대시설의 위치 · 면적 및 종류의 변경(관광숙박업만 해당)

해설) 여행업의 경우에는 사무실 소재지의 변경 및 영업소의 신설(관광진흥법 시행령 제6조 제1항 제5호)

20 관광진흥법상 관광사업장 표지에 대한 설명으로 옳지 않은 것은?

① 소재는 놋쇠로 한다.
② 그림색은 녹색으로 한다.
③ 표지의 두께는 5mm로 한다.
④ 가로×세로는 40×30cm이다.

해설) 그림을 제외한 바탕색은 녹색으로 한다(관광진흥법 시행규칙 별표 4).

21 관광진흥개발기금법상 문화체육관광부장관이 기금의 대여를 신청한 자 또는 기금의 대여를 받은 자에게 그 대여 신청을 거부하거나, 그 대여를 취소하고 지출된 기금의 전부 또는 일부를 회수할 수 있는 경우가 아닌 것은?

① 관광사업체 운영의 활성화를 이행하지 아니한 경우
② 잘못 지급된 경우
③ 대여조건을 이행하지 아니한 경우
④ 거짓으로 대여를 신청한 경우 또는 대여를 받은 경우

②·③·④ 외에 부정한 방법으로 대여를 신청한 경우 또는 대여를 받은 경우, 등록·허가·지정 또는 사업계획 승인 등의 취소 또는 실효 등으로 기금의 대여자격을 상실하게 된 경우, 기금을 대여받은 후 등록 또는 변경등록이나 사업계획 변경승인을 받지 못하여 기금을 대여받을 때에 지정된 목적사업을 계속하여 수행하는 것이 현저히 곤란하거나 불가능한 경우가 있다(관광진흥개발기금법 제11조 제3항, 동법 시행령 제18조의2 제1항).

22 관광진흥개발기금법상 기금운용위원회의 설치 및 구성에 대한 설명으로 옳지 않은 것은?

① 기금의 운용에 관한 종합적인 사항을 심의하기 위하여 문화체육관광부장관 소속으로 기금운용위원회를 둔다.

② 위원회의 조직과 운영에 필요한 사항은 대통령령으로 정한다.

③ 기금운용위원회는 위원장 1명을 포함한 15명 이내의 위원으로 구성한다.

④ 위원장은 문화체육관광부 제1차관이 된다.

기금운용위원회는 위원장 1명을 포함한 10명 이내의 위원으로 구성한다(관광진흥개발기금법 시행령 제4조 제1항).

23 관광진흥개발기금법상 대여업무를 취급하는 곳은?

① 한국관광공사 ② 한국산업은행

③ 한국관광협회 ④ 한국은행

문화체육관광부장관은 한국산업은행이 기금의 대여업무를 할 수 있도록 한국산업은행에 기금을 대여할 수 있다(관광진흥개발기금법 시행령 제3조).

24 국제회의산업 육성에 관한 법률의 제정 목적이 아닌 것은?

① 국제회의의 유치 촉진

② 국제회의산업 육성 · 진흥

③ 국민경제의 향상

④ 관광시설의 서비스 개선

> **해설** 이 법은 국제회의의 유치를 촉진하고 국제회의산업을 육성 · 진흥함으로써 관광산업의 발전과 국민경제의 향상 등에 이바지함을 목적으로 한다(국제회의산업 육성에 관한 법률 제1조).

25 국제회의산업 육성에 관한 법률상 국제회의산업육성기본계획에 포함되어야 할 사항으로 옳지 않은 것은?

① 국제회의의 원활한 개최

② 국제회의에 필요한 인력의 양성

③ 국제회의시설의 설치와 확충

④ 국제회의장의 활용 수익방안

> **해설** ① · ② · ③ 외에 국제회의의 유치와 촉진에 관한 사항, 국제회의시설의 감염병 등에 대한 안전 · 위생 · 방역 관리에 관한 사항, 국제회의산업의 육성 · 진흥에 관한 중요 사항이 있다(국제회의산업 육성에 관한 법률 제6조 제1항).

26 관광서비스의 특성이 아닌 것은?

① 동질성   ② 변동성

③ 무형성   ④ 소멸성

> **해설** 관광서비스는 변동성, 소멸성, 동시성, 무형성 등의 특징을 가지고 있다.

27 다음 내용과 관련 있는 관광의 유형은?

> 환경보호와 보전을 고려하면서 적정한 개발을 통해 관광자원의 지속성을 보장하며 관광경험의 질을 미래에도 제공할 수 있도록 하며 관광개발과 활동으로 지역주민에게 경제적 이득을 제공하는 것이다.

① 의료 관광   ② 국제 관광

③ 지속가능한 관광   ④ 대인 관광

> **해설** '지속가능한 관광'은 관광의 개발이나 이용정도를 다음 세대가 필요로 하는 여건을 훼손하지 않고 현 세대의 욕구에 부응하는 수준에서 관광자원을 개발 또는 이용하자는 것이다.

28 호텔의 기본조직을 4부문으로 구분할 때 해당하지 않는 항목은?

① 객실부문   ② 식음료부문

③ 부대시설부문   ④ 회계부문

> **해설** 호텔의 기본조직은 객실부문, 식음료부문, 부대시설부문, 관리부문으로 구분한다.

29 다음 중 한국관광의 역사에 대한 설명으로 옳지 않은 것은?

① 1960년대에는 아시아태평양관광협회(PATA)에 준회원으로 가입하였다.

② 1970년대에는 외래관광객 100만명을 돌파하는 획기적인 기록을 남겼다.

③ 관광기회의 평준화 · 대중화 · 대량화를 이룩한 시기였다.

④ '한국방문의 해'를 설정, 외래관광객을 유치하는 데 더욱 심혈을 기울였다.

> 해설) 아시아태평양관광협회(PATA)에 준회원으로 가입한 것은 1958년이며, 1960년대는 한국 관광산업의 기반조성과 국제관광객 유치를 위한 체제정비기였다.

30 아시아 · 태평양 지역의 관광산업 진흥을 위해 유럽과 미국 지역의 관광객을 모집하기 위한 조직은?

① PATA   ② EATA

③ ASTA   ④ ISTA

> 해설) PATA(아시아태평양관광협회)의 설립 목적
> • 아시아 · 태평양 지역의 관광진흥 개발
> • 유럽과 미국 관광객 유치를 위한 공동 선전활동
> • 지역관광 개발

31 다음 중 국외여행 인솔자의 역할로 옳지 않은 것은?

① 여정관리자의 역할   ② 회사의 대표자로서의 역할

③ 국제관광기구의 대표자 역할   ④ 고객의 재창조자 역할

> 해설) 국외여행 인솔자의 역할은 여정관리자의 역할, 회사의 대표자로서의 역할, 여행자의 보호자 역할, 여행경비 지출의 관리자 역할, 엔터테인먼트로서의 역할, 고객의 재창조자 역할 등이 있다.

32 에코투어리즘의 일반적인 성격이 아닌 것은?

① 자연과 문화를 즐기고 배우는 소규모 그룹의 여행

② 환경윤리를 익힌 전문 가이드의 동행

③ 보호지역과 주민들을 위한 관광 이익의 환원

④ 교훈을 얻기 위하여 떠나는 여행

해설 ① · ② · ③ 외에 자연보호와 지역 전통문화에 대한 인식과 경의, 출입제한구역이나 자연휴식년제가 적용되는 시설 등 특별지역에 대한 훼손 금지 등이 있다.

33 다음 내용에 해당하는 것은?

> 항공사나 여행업체, 지방자치단체, 기타 공급업자들이 자기네 관광상품이나 특정 관광지를 홍보하기 위하여 여행사 또는 관련업자들, 유관인사들을 초청하여 관광하는 것이다.

① Familiarization Tour   ② Dark Tour

③ Incentive Tour   ④ Charter Tour

해설 팸투어(Familiarization Tour)는 신규 관광자원 또는 상품을 홍보하기 위해 여행사 또는 유관인사, 언론매체기자들을 초청하여 상품개발 독려 및 홍보를 목적으로 하는 사전답사여행이다.

34 주최여행의 전형적인 형태로서 모든 일정이 포괄적으로 실시되는 여행은?

① Convention Tour   ② Charter Tour

③ Incentive Tour   ④ Package Tour

해설 ① 국제회의여행, ② 전세여행, ③ 포상여행

35 해외여행자들과 동행하여 출발에서부터 현지에서의 관광과 귀국에 이르기까지 여행에 관한 일체의 업무를 관장하고 실행하는 활동을 무엇이라고 하는가?

① Tour Escort   ② Tour Mento

③ Tourist Information Center   ④ Supporting

해설 Tour Escort는 Tour Conductor, Tour Leader 등과 함께 혼용하여 쓰여지고 있으며, 여행비의 일체가 포함되고 안내자가 동반되는 여행이다.

36 자국의 국민이 해외여행을 하는 것을 무엇이라 하는가?

① Domestic Tour　　　　② International Tour
③ Out – Bound Tour　　④ In – Bound Tour

> 해설) Out – Bound Tour
> 내국인의 해외여행 행위 또는 그를 다루는 여행 업무

37 소규모 모임이나 또는 비즈니스 업무회의 등이 가능한 다목적 귀빈용 호텔 객실은?

① Executive Room　　　② Grill Room
③ Trunk Room　　　　　④ Blocking Room

> 해설) ② 호텔 식당에서 손님 앞에 고기 등을 구워 내놓는 곳
> ③ 큰 가방이나 짐을 넣는 장기체류자의 수하물을 보관하는 방
> ④ 당일 도착할 고객의 객실을 사전에 배정하는 것

38 여행의 형태 중 다음 내용에 해당하는 것은?

> • 정주지에서 하나의 유행 · 탐행 지역까지 직행하지 않고 회유를 반복하는 형태
> • 숙박 및 체류기간이 길고 소비도 많은 것이 특징

① 피스톤형　　　　　② 텀블링형
③ 안전핀형　　　　　④ 스푼형

> 해설) ① 여행객이 목적지에 가거나 돌아오는 동안 업무 이외에는 아무런 행동 시간을 갖지 않고 동일코스로 직행하는 것
> ③ 정주지에서 목적지까지 직행해서 목적지에서는 자유로운 시간을 갖다가 돌아갈 때에는 다른 경로를 거쳐 돌아오는 것
> ④ 정주지에서 목적지까지 왕복은 동일 코스로 하고, 목적지에서는 휴식 등 여가시간으로 관광이나 유람하는 것

39 호텔의 로비에 있으면서 손님이 도착하면 프론트로 안내하고, 수속이 끝나면 고객의 짐을 들고 객실로 안내하는 서비스는?

① Delivery Service
② Room Service
③ Page Boy Service
④ Cart Service

해설 호텔의 고객이나 외부의 단골손님의 요청에 의해 필요한 고객을 찾아주고, 메시지를 전달하는 등의 심부름을 페이징(Paging)이라고 하며, 이에 종사하는 직종으로는 Bell Boy 또는 Messenger Boy가 있다. 또한, 호텔의 로비에 있으면서 손님이 도착하면 프론트로 안내하고, 수속이 끝나면 고객의 짐을 들고 객실로 안내하는 서비스와 이외에도 프론트 클락이나 고객의 심부름을 서비스하기도 한다.

40 다음 중 유람선 여행(Cruise Tour)의 특징으로만 바르게 묶인 것은?

ㄱ. 효율적 시간활용	ㄴ. 용이한 수하물 관리
ㄷ. 비교적 저렴한 요금	ㄹ. 자유로운 일정
ㅁ. 복잡한 입출국 수속	

① ㄱ, ㄴ, ㄷ
② ㄱ, ㄷ, ㅁ
③ ㄱ, ㄴ, ㄷ, ㄹ
④ ㄱ, ㄴ, ㄷ, ㄹ, ㅁ

해설 ㅁ. 일반 여행의 경우 국외여행을 하고자 할 때에는 입국과 출국 시에 지정된 곳에서 세관과 출국 입국심사를 받아야 하기 때문에 번거롭고 시간이 많이 소요된다. 반면에 크루즈 여행은 일괄적으로 입출국 수속을 처리하기 때문에 매우 간소화된 절차를 통하여 심사를 통과한다.

41 토마스 쿡(Tomas Cook)의 업적으로 옳지 않은 것은?

① 최초의 근대적인 여행알선 업무를 시작하였다.
② 아메리칸 익스프레스를 설립하였다.
③ 패키지 여행상품 개발의 효시를 이루었다.
④ 열차를 전세내 집회 개최지 러그비까지 왕복 30마일의 단체 유료여행을 주선했다.

해설 아메리칸 익스프레스는 1850년 뉴욕시와 버펄로, 그리고 중서부 여러 도시 간에 상품, 귀중품, 정금 등을 특송하던 3개의 회사가 합병하여 탄생하였다. 처음에는 법인화되지 않은 채 헨리 웰스(Henry Wells)가 사장, 윌리엄 G. 파고(William G. Fargo)가 전무로 운영하였다.

42 마케팅개념의 변천 과정 중 생산된 제품을 고객에게 제시하고 설득하여 구매력을 유발하고 판매를 촉진하는 단계는?

① 생산지향단계　　　　　　　　　② 판매지향단계

③ 고객지향단계　　　　　　　　　④ 사회지향단계

해설　판매지향단계는 1930년대 이후부터 1950년대까지로, 생산된 제품을 고객에게 제시하고 설득하여 구매력을 유발하고 판매를 촉진하는 단계이다.

43 다음 호텔 객실 내의 서비스로서 식사와 관련되는 서비스는?

① Room Service　　　　　　　　② Pressing Service

③ Laundry Service　　　　　　　④ Bellman Service

해설　사전 주문에 의해 호텔서비스요원이 식음료를 객실까지 배달해 주는 서비스

44 다음 내용에 알맞은 객실은?

> 2실 이상의 연속객실이라는 뜻을 담고 있는데, 적어도 욕실이 딸린 침실 한 개와 거실겸 응접실 한 개 모두 2실로 짜여 있다. 때로는 침실이 두 개 이상 있기도 하고 거실과 응접실이 따로따로 분리되어 있기도 한 객실을 말한다.

① Twin Room　　　　　　　　　② Suite Room

③ Double Room　　　　　　　　④ Single Room

해설　스위트 룸(Suite Room)에 대한 내용이다.

45 호텔의 경영단위는?

① Room　　　　　　　　　　　　② Unit

③ Cabin　　　　　　　　　　　　④ Class

해설　② 콘도미니엄
③ 선 박
④ 비행기

46 다음 중 커머셜 호텔 시대의 특징으로 옳지 않은 것은?

① 호텔의 이용자가 일반 대중이었고 숙박객의 여행목적도 상용여행이었다.

② 호텔건설의 목적 내지 투자의 목적에 있어 채산성을 충분히 고려하였다.

③ 질적으로 좋은 시설과 서비스를 제공할 수 있는가에 대한 방법을 연구하였다.

④ 새로운 부유계층을 위한 사교장으로 등장하였다.

해설) 그랜드 호텔 시대에 해당하는 설명이다.

47 공공건물이나 상업용 건물 등에서 안락의자 등을 갖추어 이용자가 휴식 또는 대화 등을 할 수 있는 공간은?

① Dining Room   ② Grill

③ Cafeteria   ④ Lounge

해설) ① 식당의 이용 시간이 제한되어 있고, 점심과 저녁식사를 제공하는 식당
② 일품요리 또는 특별요리를 제공하는 식당으로 아침·점심·저녁식사 제공
③ 셀프서비스식 간이식당

48 상품수명주기에 따른 마케팅 전략 중 다음이 설명하는 마케팅 단계는?

매출액의 성장이 크게 둔화되는 시기

① 도입기   ② 성장기

③ 성숙기   ④ 쇠퇴기

해설) ① 서비스가 처음으로 대중에게 소개되는 단계
② 판매가 급속히 증대되고 수익수준이 개선되어 경쟁자의 진입이 많아지는 단계
④ 시장수요가 격감하고 뚜렷하게 수요를 발전시킬 방법이 없는 단계

49 호텔에서 판매 가능한 객실보다 초과해서 예약을 받는 호텔 용어는?

① No Show

② Over Booking

③ Go Show

④ Meeting

> 해설) 호텔에서 판매 가능한 객실보다 초과해서 예약을 받는 것으로, 예약이 취소되는 경우와 예약손님이 나타나지 않는 경우에 대비하여 실제 판매 가능 객실보다 초과 접수한다. 오버부킹(Over Booking)의 기준은 예약취소율과 No Show율을 감안하여 설정한다.

50 중세관광에 대한 설명으로 거리가 먼 것은?

① 중세유럽의 관광은 성지 순례의 형태를 취하였다.

② 기독교문화 공동체였던 만큼 종교관광이 성황을 이루었다.

③ 예루살렘은 종교관광의 최고의 목적지가 되었다.

④ 종교관광이 성황을 이루었으나 가족 단위는 아니었다.

> 해설) 여행의 형태는 대부분이 수도원에서 숙박하고 승원기사단의 보호를 받으면서 가족 단위의 종교관광이 성행하였다.

제**6**회 실전모의고사

제3과목 관광법규

01 관광기본법상 정부가 외국 관광객을 유치하기 위하여 강구해야 할 시책과 거리가 먼 것은?

① 해외 홍보의 강화
② 출입국 절차의 개선
③ 외국어 교육의 확대
④ 그 밖에 필요한 시책

> 해설) 정부는 외국 관광객의 유치를 촉진하기 위하여 해외 홍보를 강화하고 출입국 절차를 개선하며 그 밖에 필요한 시책을 강구하여야 한다(관광기본법 제7조).

02 관광진흥법상 관광 편의시설업의 종류가 아닌 것은?

① 외국인전용 유흥음식점업
② 관광펜션업
③ 관광지원서비스업
④ 카지노업

> 해설) ① · ② · ③ 외에 관광유흥음식점업, 관광극장유흥업, 관광식당업, 관광순환버스업, 관광사진업, 여객자동차터미널시설업, 관광궤도업, 관광면세업이 있다(관광진흥법 시행령 제2조 제1항 제6호).

03 관광진흥법상 관광객 이용시설업에 속하지 않는 것은?

① 야영장업
② 관광유람선업
③ 관광공연장업
④ 관광사진업

> 해설) 관광사진업은 관광 편의시설업의 종류이다(관광진흥법 시행령 제2조 제1항 제6호).

04 관광진흥법상 관광사업자가 해당 사업과 관련하여 사고가 발생했을 경우를 대비하는 손해 배상확보장치가 아닌 것은?

① 보증보험 가입   ② 공제의 가입

③ 영업보증금 예치   ④ 관광진흥 출연금 신청

> 해설 관광사업자는 해당 사업과 관련하여 사고가 발생하거나 관광객에게 손해가 발생하면 문화체육관광부령으로 정하는 바에 따라 피해자에게 보험금을 지급할 것을 내용으로 하는 보험 또는 공제에 가입하거나 영업보증금을 예치하여야 한다(관광진흥법 제9조).

05 외국인 의료관광 활성화 지원사업과 관련된 내용이 아닌 것은?

① 외국인 의료관광 전문인력을 양성하는 우수 전문교육기관 선정

② 국내외에 외국인 의료관광 유치 안내센터 설치

③ 외국인환자 유치 의료기관과 공동으로 해외마케팅사업 추진

④ 의료관광 전담 여행사 선정 및 평가관리

> 해설 외국인 의료관광 지원(관광진흥법 시행령 제8조의3 참조)
> - 문화체육관광부장관은 외국인 의료관광을 지원하기 위하여 외국인 의료관광 전문인력을 양성하는 전문교육기관 중에서 우수 전문교육기관이나 우수 교육과정을 선정하여 지원할 수 있다.
> - 문화체육관광부장관은 외국인 의료관광 안내에 대한 편의를 제공하기 위하여 국내외에 외국인 의료관광 유치 안내센터를 설치 · 운영할 수 있다.
> - 문화체육관광부장관은 의료관광의 활성화를 위하여 지방자치단체의 장이나 외국인환자 유치 의료기관 또는 유치업자와 공동으로 해외마케팅사업을 추진할 수 있다.

06 관광진흥법령상 여행업자와 여행자 간에 국외여행계약을 체결할 때 제공하여야 하는 안전 정보에 관한 설명으로 옳지 않은 것은?

① 외교부 해외안전여행 인터넷 홈페이지에 게재된 여행목적지(국가 및 지역)의 여행경보단계 및 국가별 안전정보

② 해외여행자 인터넷 등록 제도에 관한 안내

③ 여권의 사용을 제한하거나 방문 · 체류를 금지하는 국가 목록

④ 해당 여행지에 대한 안전정보를 서면 또는 구두 제공

> 해설 여행지 안전정보(관광진흥법 시행규칙 제22조의4 제1항)
> - 「여권법」 제17조에 따라 여권의 사용을 제한하거나 방문 · 체류를 금지하는 국가 목록 및 같은 법 제26조 제3호에 따른 벌칙
> - 외교부 해외안전여행 인터넷 홈페이지에 게재된 여행목적지(국가 및 지역)의 여행경보단계 및 국가별 안전정보(긴급연락처를 포함)
> - 해외여행자 인터넷 등록 제도에 관한 안내

07 관광진흥법상 관광극장유흥업의 지정 기준으로 옳지 않은 것은?

① 건물 연면적은 1,000m² 이상으로 할 것

② 홀면적은 무대를 제외하고 500m² 이상으로 할 것

③ 영업장 내부의 노랫소리 등이 외부에 들리지 아니하도록 할 것

④ 관광객에게 민속과 가무를 감상하게 할 수 있도록 특수조명장치 및 배경을 설치한 50m² 이상의 무대가 있을 것

> **해설** 건물 연면적은 1,000m² 이상으로 하고, 홀면적(무대면적을 포함한다)은 500m² 이상으로 할 것(관광진흥법 시행규칙 별표 2)

08 관광진흥법상 3년 이하의 징역 또는 3천만원 이하의 벌금에 처하는 경우는?

① 유원시설업의 변경허가를 받지 아니하거나 변경신고를 하지 아니하고 영업을 한 자

② 규정을 위반하여 시설을 분양하거나 회원을 모집한 자

③ 관할 등록기관 등의 장이 발한 명령을 위반한 자

④ 유원시설업의 신고를 하지 아니하고 영업을 한 자

> **해설** ① · ③ · ④ 1년 이하의 징역 또는 1천만원 이하의 벌금에 처한다(관광진흥법 제84조).

09 관광진흥법상 관광산업의 등록기준 중 종합여행업의 자본금은?

① 5천만원 이상일 것　　　　　② 1억원 이상일 것

③ 2억원 이상일 것　　　　　　④ 3억원 이상일 것

> **해설** 여행업의 자본금(관광진흥법 시행령 별표 1)
> · 종합여행업의 자본금 : 5천만원 이상일 것
> · 국내외여행업의 자본금 : 3천만원 이상일 것
> · 국내여행업의 자본금 : 1천5백만원 이상일 것

10 관광진흥법령상 안전성검사를 받아야 하는 관광사업은?

① 관광유람선업　　　　　　　　　② 관광호텔업

③ 일반유원시설업　　　　　　　　④ 카지노업

> **해설** 안전성검사(관광진흥법 제33조 제1항)
> 유원시설업자 및 유원시설업의 허가 또는 변경허가를 받으려는 자(조건부 영업허가를 받은 자로서 그 조건을 이행한 후 영업을 시작하려는 경우를 포함)는 문화체육관광부령으로 정하는 안전성검사 대상 유기시설 또는 유기기구에 대하여 문화체육관광부령에서 정하는 바에 따라 특별자치시장·특별자치도지사·시장·군수·구청장이 실시하는 안전성 검사를 받아야 하고, 안전성검사 대상이 아닌 유기 시설 또는 유기기구에 대하여는 안전성검사 대상에 해당되지 아니함을 확인하는 검사를 받아야 한다. 이 경우 특별자치시장·특별자치도지사·시장·군수·구청장은 성수기 등을 고려하여 검사시기를 지정할 수 있다.

11 관광진흥법상 우리나라와 외국 간을 왕래하는 여객선에서 카지노업을 하려는 경우 여객선의 크기는 얼마 이상인가?

① 1만톤급　　　　　　　　　　　② 2만톤급

③ 2만5천톤급　　　　　　　　　　④ 3만톤급

> **해설** 여객선이 2만톤급 이상으로 문화체육관광부장관이 공고하는 총톤수 이상일 것(관광진흥법 시행령 제 27조 제2항 제2호)

12 관광진흥법상 호텔업의 등록을 한 자가 문화체육관광부장관으로부터 등급결정권을 위탁받은 법인에 등급결정을 신청해야 하는 사유가 아닌 것은?

① 호텔을 신규 등록한 경우

② 호텔업 등급결정의 유효기간이 만료되는 경우

③ 시설의 증·개축 또는 서비스 및 운영실태 등의 변경에 따른 등급 조정사유가 발생한 경우

④ 공정률에 해당하는 객실 수를 초과하여 분양 또는 회원을 모집한 경우

> **해설** 호텔업의 등록을 한 자는 호텔을 신규 등록한 경우, 호텔업 등급결정의 유효기간(등급결정을 받은 날 부터 3년)이 만료되는 경우, 시설의 증·개축 또는 서비스 및 운영실태 등의 변경에 따른 등급 조정사유가 발생한 경우, 호텔업 등급결정의 유효기간이 연장된 경우 문화체육관광부장관으로부터 등급결정권을 위탁받은 법인에 등급결정을 신청해야 한다(관광진흥법 시행규칙 제25조 제1항).

13 관광진흥법상 분양 또는 회원모집을 하는 관광사업자가 회원증을 발급하는 경우 그 회원증에 포함되어야 할 사항이 아닌 것은?

① 공유자 또는 회원의 번호　　　　　　② 사업장의 상호 · 명칭 및 소재지
③ 회원과 비회원의 구분　　　　　　　④ 발행일자

> **해설** ① · ② · ④ 외에 공유자 또는 회원의 성명과 주민등록번호, 공유자와 회원의 구분, 면적, 분양일 또는 입회일, 발행일자가 있다(관광진흥법 시행규칙 제28조 제1항).

14 관광진흥법상 지역별 · 업종별 관광협회의 설립 허가권자가 바르게 연결된 것은?

	〈지역별〉	〈업종별〉
①	문화체육관광부장관	문화체육관광부장관
②	문화체육관광부장관	시 · 도지사
③	시 · 도지사	문화체육관광부장관
④	문화체육관광부장관	시장 · 군수

> **해설** 지역별 관광협회는 시 · 도지사의 설립허가를, 업종별 관광협회는 문화체육관광부장관의 설립허가를 받아야 한다(관광진흥법 제45조 제2항).

15 관광진흥법령상 기획여행을 실시하는 자가 광고를 하려는 경우 표시하여야 하는 사항으로 옳은 것은?

> ㄱ. 여행업의 상호 및 등록관청
> ㄴ. 최대 여행인원
> ㄷ. 여행일정 변경 시 여행자의 사전 동의 규정
> ㄹ. 보증보험 등의 가입 또는 영업보증금의 예치 내용
> ㅁ. 국외여행인솔자 동행여부

① ㄱ, ㄴ, ㄹ　　　　　　　　　　　② ㄱ, ㄷ, ㄹ
③ ㄱ, ㄷ, ㅁ　　　　　　　　　　　④ ㄴ, ㄹ, ㅁ

기획여행의 광고(관광진흥법 시행규칙 제21조)

기획여행을 실시하는 자가 광고를 하려는 경우에는 다음의 사항을 표시하여야 한다. 다만, 2 이상의 기획여행을 동시에 광고하는 경우에는 다음의 사항 중 내용이 동일한 것은 공통으로 표시할 수 있다.

• 여행업의 등록번호, 상호, 소재지 및 등록관청
• 기획여행명 · 여행일정 및 주요 여행지
• 여행경비
• 교통 · 숙박 및 식사 등 여행자가 제공받을 서비스의 내용
• 최저 여행인원
• 보증보험 등의 가입 또는 영업보증금의 예치 내용
• 여행일정 변경 시 여행자의 사전 동의 규정
• 여행목적지(국가 및 지역)의 여행경보단계

16 관광진흥법상 문화체육관광부장관의 승인을 받아야 하는 경미한 권역계획의 변경사항이 아닌 것은?

① 관광자원의 보호 · 이용 및 관리 등에 관한 사항
② 관광지 또는 관광단지 면적(권역계획상의 면적)의 축소
③ 관광지 등 면적의 100분의 30 이내의 축소
④ 지형여건 등에 따른 관광지 등의 구역조정(그 면적의 100분의 30 이내 조정)이나 명칭 변경

관광지 등 면적의 100분의 30 이내의 확대(관광진흥법 시행령 제43조 제2호)

17 관광진흥법상 시 · 도지사가 관광지 등을 지정하고자 할 때 관계 행정기관의 장과 협의하지 않아도 되는 경미한 면적의 변경은?

① 관광시설계획면적의 100분의 10 이내의 변경
② 관광시설계획면적의 100분의 20 이내의 변경
③ 관광시설계획면적의 100분의 30 이내의 변경
④ 관광시설계획면적의 100분의 50 이내의 변경

② 외에 관광시설계획 중 시설지구별 토지이용계획면적의 100분의 30 이내의 변경(시설지구별 토지이용계획면적이 2,200m² 미만인 경우에는 660m² 이내의 변경), 관광시설계획 중 시설지구별 건축 연면적의 100분의 30이내의 변경(시설지구별 건축 연면적이 2,200m² 미만인 경우에는 660m² 이내의 변경)이 있다(관광진흥법 시행령 제47조 제1항).

18 관광진흥법상 관광사업시행자는 조성사업의 시행에 따른 토지·물건 또는 권리를 제공함으로써 생활의 근거를 잃게 되는 자를 위하여 이주대책을 수립·실시하여야 한다. 다음 중 이주대책 수립·실시에 포함되어야 할 사항이 아닌 것은?

① 택지 및 농경지의 매입   ② 택지 조성 및 주택 건설
③ 이주보상금   ④ 이주인원

> **해설** ①·②·③ 외에 이주방법 및 이주시기, 이주대책에 따른 비용, 그 밖에 필요한 사항이 있다(관광진흥법 시행령 제57조).

19 관광진흥법상 다음 중 100만원 이하의 과태료를 부과하는 경우는?

① 안전성검사를 받지 아니하고 유기시설 또는 유기기구를 설치한 자
② 유기시설·유기기구 또는 유기기구의 부분품(部分品)을 설치하거나 사용한 자
③ 관할 등록기관 등의 장이 발한 명령을 위반한 자
④ 인증을 받지 아니한 교육프로그램 또는 교육과정에 인증표시를 하거나 이와 유사한 표시를 한 자

> **해설** ①·②·③의 경우에는 1년 이하의 징역 또는 1천만원 이하의 벌금에 처한다(관광진흥법 제84조).

20 관광진흥법상 관할 구역 내 관광특구를 방문하는 외국인 관광객의 유치 촉진 등을 위하여 관광특구진흥계획을 수립하고 시행하여야 하는 자는?

① 시·도지사
② 특별자치시장·특별자치도지사·시장·군수·구청장
③ 한국관광공사장
④ 문화체육관광부장관

> **해설** 특별자치시장·특별자치도지사·시장·군수·구청장은 관할 구역 내 관광특구를 방문하는 외국인 관광객의 유치 촉진 등을 위하여 관광특구진흥계획을 수립하고 시행하여야 한다(관광진흥법 제71조 제1항).

21

관광진흥법상 관광지 및 관광단지의 지정권자는?

① 시 · 도지사
② 한국관광협회장
③ 한국관광공사장
④ 문화체육관광부장관

> **해설** 관광지 및 관광단지는 문화체육관광부령으로 정하는 바에 따라 시장 · 군수 · 구청장의 신청에 의하여 시 · 도지사가 지정한다. 다만, 특별자치시 및 특별자치도의 경우에는 특별자치시장 및 특별자치도지사가 지정한다(관광진흥법 제52조 제1항).

22

관광진흥개발기금법상 관광진흥개발기금의 사용금지에 대한 설명으로 옳지 않은 것은?

① 기금을 대여받거나 보조받은 자는 대여받거나 보조받을 때에 지정된 목적 외의 용도에 기금을 사용하지 못한다.

② 대여받거나 보조받은 기금을 목적 외의 용도에 사용하였을 때에는 대여 또는 보조를 취소하고 이를 회수한다.

③ 문화체육관광부장관은 기금의 대여를 신청한 자 또는 기금의 대여를 받은 자가 대여 조건을 이행하지 아니한 경우 그 대여 신청을 거부하거나, 그 대여를 취소하고 지출된 기금의 전부 또는 일부를 회수한다.

④ 기금을 목적 외의 용도에 사용한 자는 해당 기금을 대여받거나 보조받은 날부터 3년 이내에 기금을 대여받거나 보조받을 수 없다.

> **해설** 기금을 목적 외의 용도에 사용한 자, 거짓이나 그 밖의 부정한 방법으로 기금을 대여받거나 보조받은 자는 해당 기금을 대여받거나 보조받은 날부터 5년 이내에 기금을 대여받거나 보조받을 수 없다(관광진흥개발기금법 제11조 제4항).

23

관광진흥개발기금법상 납부금의 부과 · 징수 업무를 위탁받을 수 있는 기관이 아닌 것은?

① 지방해양수산청장
② 항만공사
③ 공항운영자
④ 한국산업은행

> **해설** 문화체육관광부장관은 납부금의 부과 · 징수 업무를 지방해양수산청장, 「항만공사법」에 따른 항만공사 및 「항공사업법」에 따른 공항운영자에게 각각 위탁한다(관광진흥개발기금법 시행령 제22조).

24 국제회의산업 육성에 관한 법률상 국제회의시설 중 부대시설이 아닌 것은?

① 숙박시설

② 주차시설

③ 음식점시설

④ 쇼핑시설

> 해설) 부대시설은 국제회의 개최와 전시의 편의를 위하여 제2항 및 제4항의 시설에 부속된 숙박시설 · 주차시설 · 음식점시설 · 휴식시설 · 판매시설 등으로 한다(국제회의산업 육성에 관한 법률 시행령 제3조 제5항).

25 국제회의산업 육성에 관한 법률상 국제회의 전문인력의 양성 등을 위하여 사업시행기관이 추진하는 사업이 아닌 것은?

① 국제회의 유치 및 개최 지원

② 국제회의 전문인력의 교육 · 훈련

③ 국제회의 전문인력 교육과정의 개발 · 운영

④ 국제회의 전문인력 양성을 위한 현장실습의 기회를 제공하는 사업

> 해설) 문화체육관광부장관은 국제회의 전문인력의 양성 등을 위하여 사업시행기관이 추진하는 국제회의 전문인력의 교육 · 훈련, 국제회의 전문인력 교육과정의 개발 · 운영, 국제회의 전문인력 양성을 위한 인턴사원제도 등 현장실습의 기회를 제공하는 사업을 지원할 수 있다(국제회의산업 육성에 관한 법률 제10조, 동법 시행규칙 제5조).

26 다음 중 안내원이 전체 여행기간과 일정을 책임지고 안내하는 방식은?

① FIT

② ICT

③ IIT

④ FOC

해설) ② Inclusive Conducted Tour, 안내원이 전체 여행기간과 일정을 책임지고 안내하는 방식
① Free Independent Tour, 안내원 없이 외국인이 개인적으로 여행하는 방식으로 개인여행에서 많이 볼 수 있는 방식
③ Inclusive Independent Tour, 안내원이 관광지 서비스만 하고 그 외의 부분은 여행자가 단독으로 여행하는 방식
④ Free Of Charge, 무료 항공권

27 교통에 대한 다음 설명 중 가장 적절하지 않은 것은?

① 교통은 승객과 화물을 일정한 시간에 목적지까지 운송한다.

② 교통은 오로지 사람의 운반을 위해 장소와 장소 간의 거리를 극복한다.

③ 교통은 도시화를 촉진하고 대도시와 주변 도시를 유기적으로 연관시킨다.

④ 교통은 산업활동의 생산성을 제고시키고 생산비를 낮추는 데 기여한다.

해설) 교통은 사람이나 화물의 운반을 위하여 장소와 장소 간의 거리를 극복하기 위한 행위이며, 이동의 편의를 제공하는 행위라고 할 수 있다.

28 IATA(International Air Transport Association)에서 지정한 항공사 코드가 아닌 것은?

① 아메리칸 항공 – AA

② 델타항공 – DL

③ 대한항공 – KE

④ 아시아나항공 – AZ

해설) 아시아나항공의 항공사 코드는 OZ이다.

29 국제회의 분야에서 가장 일반적으로 사용되는 용어로서 사전에 결정된 일정에 의해 진행되는 공식적인 회의 · 전시 · 이벤트 등을 수반하는 국제회의 형태는?

① Convention
② Seminar
③ Meeting
④ Workshop

해설 컨벤션(Convention)
미리 계획된 일정에 따라 정보전달을 목적으로 진행되며, 공식적인 회의나 전시 · 이벤트 등을 수반하는 가장 일반적인 회의

30 다음 관광기구 중 가장 오래된 기구는?

① AACVB
② IATA
③ UNWTO
④ ATMA

해설 ① 1983년, ③ 1975년, ④ 1966년에 각각 창설
국제항공운송협회(IATA ; International Air Transport Association)
본부는 캐나다 몬트리올에 위치하며, 세계 각국의 민간항공회사 단체가 모여 1945년에 결성되었다. 국제항공 운임의 결정이나 회사 간의 운임 대차의 결제를 한다.

31 고객이 거실과 침실이 분리된 방을 원할 때 추천해야 할 객실은?

① Studio Room
② Suite Room
③ Connecting Room
④ Adjoining Room

해설 ① 더블이나 트윈 룸에 소파형의 베드가 있는 형태
③ 객실의 종류 중 객실 2개가 연결되어 내부의 문을 이용하여 상호 왕래가 가능한 형태
④ 나란히 위치한 객실로서 내부 통용문이 없는 객실

32 다음에 해당하는 국제기구는?

> • UN 산하 기관으로 국제민간항공기구이다.
> • 국제민간항공조약에 기초해 1947년 4월에 발족되었다.
> • 비행의 안전확보, 항공로나 공항 및 항공시설 발달의 촉진, 부당경쟁에 의한 경제적 손실의 방지 등을 목적으로 하고 있다.
> • 한국은 1952년에 가입했다.
> • 총회는 통상 5년마다 개최되며 제21회 총회가 1994년 8~9월에 서울에서 개최된 바 있다.

① ASTA
② IATA
③ EATA
④ ICAO

해설) ICAO의 목표는 국제민간항공 운송 발전과 안전의 확보, 항공기 설계 · 운항 기술 발전 등으로, 특히 항공기, 승무원, 통신, 항공시설 등의 표준화와 통일을 추구한다.

33 식사 순서 중 제일 먼저 제공되어 식욕 촉진을 도와주는 애피타이저에 대한 설명으로 가장 적절하지 않은 것은?

① 한 입에 먹을 수 있도록 분량이 적어야 한다.
② 타액 분비를 촉진시켜 소화를 돕도록 차가운 음식이어야 한다.
③ 계절감과 지방색을 곁들이면 더욱 좋다.
④ 색감이 아름다우면 좋다.

해설) 애피타이저(Appetizer)는 타액 분비를 촉진시켜 소화를 돕도록 짠맛, 신맛이 곁들여져야 한다.

34 초과예약으로 인해 예약손님에게 객실을 제공하지 못하는 경우 다른 호텔의 객실을 수배하여 주는 서비스는?

① Turn Away Service
② Tidy – up
③ Turn Down Service
④ Walk – in

해설) ① 초과예약으로 인해 예약손님에게 객실을 제공하지 못하는 경우 호텔 측에서 다른 호텔로 안내해 주는 서비스
② 고객이 퇴실한 후 객실을 정리하고 청소하는 일
③ 기존 투숙객의 편안한 취침을 위하여 침구와 객실을 정리한 후, 사용한 비품 등을 교체하는 오후나 취침 전에 제공되는 서비스
④ 예약이나 사전 문의 없이 현장에서 결제하고 투숙하는 고객

35 다음은 무엇에 대한 설명인가?

> 객실이용률을 의미하며, 판매 가능한 객실 수에 대한 실제 매출된 객실 수의 비율

① Room Occupancy Rate   ② No Show Guest

③ Walk in Guest   ④ Turn Away Service

해설 ② 예약을 하고 사전통고 없이 오지 않는 손님
③ 사전예약 없이 당일에 호텔에 와서 투숙하는 손님
④ 초과예약으로 인해 객실이 부족한 경우 예약손님을 다른 호텔로 안내하는 서비스

36 다음 중 입국관리 순서(QIC)에 해당하지 않는 것은?

① 검 역   ② 입국확인

③ 보안검사   ④ 세 관

해설 입국관리의 순서(QIC)는 검역(Quarantine) → 입국 확인(Immigration) → 세관(Customs)이다.

37 우리나라 인바운드 관광수요에 영향을 미치는 요인 중 그 성격이 다른 하나는?

① 신종 전염병

② 주변국의 핵미사일 위협 확대

③ 일본 아베 정부의 엔저 정책 추진

④ 미국의 기준금리 인상으로 인한 달러가치 상승

해설 미국의 기준금리 인상으로 인한 달러가치 상승은 인바운드 관광수요에 긍정적인 영향을 미친다.

38 관광선전에서 홍보(Publicity)의 개념으로 가장 적절한 것은?

① 광고비를 지불하고 관광선전을 하는 것

② 브로셔를 이용하여 선전하는 것

③ 관광안내원에 의한 선전

④ 수요를 간접적으로 자극하는 활동하는 것

> 해설) 홍보란 상품, 서비스 등에 관한 수요를 간접적으로 자극하는 활동으로, 신문, 잡지, 라디오, TV 등의
> 매스미디어에 상품ㆍ서비스에 관한 정보를 제공함으로써 이를 기사 또는 뉴스로 보도하는 것이다.

39 다음 중 Social Tourism에 대한 설명으로 옳지 않은 것은?

① 자력으로 관광에 참여하지 못하는 계층을 정부나 지방자치단체 등이 정책적으로 인위
   적ㆍ제도적으로 관광에 참여시키는 형태

② 관광이 가지는 국민보건의 향상과 지역개발의 촉진에 착안한 형태

③ 정부의 정책적인 주도로 여행의 소외계층을 대상으로 실시하는 저렴한 관광의 형태

④ 자연 발생적으로 형성된 대중의 대량 관광형태

> 해설) 소셜 투어리즘(Social Tourism)
> 여행할만한 여유가 없는 계층을 위해 정부나 공공기관이 적극 지원함으로써 국민복지 증진이라는 목
> 적을 위한 관광

40 패키지여행(Package Tour)에 대한 설명과 관계가 먼 것은?

① 여행업자가 여행을 계획하고 확정한다.

② 관광객을 시장으로부터 모집한다.

③ 구매 후 불만족으로 인한 수정이나 교환이 불가능하다.

④ 숙박ㆍ교통ㆍ관광 코스 등의 편의는 관광객의 의사에 따라 정한다.

> 해설) 패키지여행(Package Tour)
> 여행업자가 교통수단이나 숙식, 관광 그 밖의 여행코스 및 비용을 미리 정하고 하나의 상품으로 파는
> 여행상품이다.

41 세계 최초로 마일리지 제도를 도입한 회사는?

① 아메리칸 항공사　　　　　　　　② 유나이티드 항공사

③ 델타 항공사　　　　　　　　　　④ 사우스웨스트 항공사

> 해설) 세계 최초로 마일리지 제도를 도입한 회사는 아메리칸 항공(AA)으로, 1981년 'AAdvantage'라는 이름으로 시작했다.

42 자연환경의 파괴, 문화유적의 훼손, 지역사회 전통의 훼손, 대규모 관광산업으로 인한 에너지와 자원의 낭비 등이 문제가 되면서 등장한 관광의 형태는?

① 종교관광　　　　　　　　　　　② 대안관광

③ 대중관광　　　　　　　　　　　④ 다크관광

> 해설) 대안관광은 생태관광을 포함하는 보다 포괄적인 개념으로서, 대중관광의 대안으로 보다 다양한 방법으로 생태계와 자연환경, 지역문화의 지역민의 경제적 이익을 보존하는 방안을 제시하고 있다.

43 17세기 중반의 유럽인들의 여행을 가리키는 용어는?

① Grand Tour　　　　　　　　　② Mass Tour

③ Eco Tour　　　　　　　　　　　④ Inn Tour

> 해설) 그랜드 투어(Grand Tour)는 17세기 중반부터 19세기 초반까지 유럽 상류층 자제들 사이에서 유행한 여행으로, 주로 고대 그리스, 로마의 유적지와 이탈리아, 파리를 필수 코스로 밟았다.

44 호텔 요금 지불방식에 의한 분류 중 1식사(조식)만을 포함시키는 호텔은?

① Continental Plan Hotel　　　　② European Plan Hotel

③ Dual Plan Hotel　　　　　　　④ American Plan Hotel

> 해설) Continental Plan Hotel은 유럽지역에 위치한 호텔들이 사용하는 요금지불방식으로서 고객의 객실 요금에 단지 아침식사 요금만 포함시켜 계산하는 방식을 사용하는 호텔을 의미한다.

45 관광자원의 특성이 아닌 것은?

① 매력성

② 유인성

③ 획일성

④ 변화성

해설) 관광자원의 가치변화는 관광자원의 범위를 광역화시키고 다양하게 만든다.

46 고객의 호텔 도착시간이 그 다음 날 새벽이나 아침인 경우, 호텔은 그 전날부터 객실을 비워두었으므로 그에 해당하는 객실요금을 받는 것을 무엇이라고 하는가?

① Commercial Rate

② Occupancy Rate

③ Weekly Rate

④ Midnight Charge

해설) ① 특정 회사에 대하여 계약에 의한 일정한 요금을 할인해 주는 제도
② 호텔의 객실이용률
③ 호텔에서 일주일 체재하는 고객에 대해 실시하는 특별요금

47 다음 설명에 해당하는 호텔의 형태는?

> 고객에게 식사를 강요하지 않고 손님의 의사에 따라 식사대는 별도로 계산 지불된다.

① Continental Plan Hotel

② European Plan Hotel

③ Dual Plan Hotel

④ American Plan Hotel

해설) 객실요금과 식사대를 분리하여 각각 계산하는 근대식 경영방법이다. 커머셜호텔 등에 적용되는 경영방식으로 우리나라 대부분의 호텔이 사용하는 방식이다.

48 호텔 입장에서 미국식 플랜 호텔의 장점으로 볼 수 없는 것은?

① 메뉴가 한정되므로 해당 메뉴의 식재료의 대량구매가 가능하다.

② 예상식사 인원에 대한 수요예측이 가능하다.

③ 식사시간이 정해져 있으므로 충분한 준비시간 및 정리시간이 생긴다.

④ 남겨진 음식이 없어 잔반처리가 용이하다.

해설) American Plan Hotel은 투숙객의 객실요금에 식대를 포함하여 총 숙박요금을 계산하는 호텔로 식사 메뉴가 정해져 있다. 그러므로 고객의 취향에 맞지 않는 메뉴를 제공했을 때 남겨진 음식이 많이 생겨 낭비의 요인이 될 수도 있다.

제6회

49 ABC(ABC World Airway Guide)는 무엇인가?

① 도착지를 나타낸 것

② 출발지를 나타낸 것

③ 도착지와 출발지를 나타낸 것

④ 항공회사가 편성해 놓은 항공시간표

해설) ABC(ABC World Airway Guide)는 영국에서 매월 발간되는 세계 항공회사의 정기편 시간표이다.

50 유럽식 플랜 호텔에서 고객이 누릴 수 있는 특징으로 볼 수 없는 것은?

① 자유로운 식사시간을 가질 수 있다.

② 식성 및 취향에 따라 식당을 골라 마음에 맞는 식사를 할 수 있다.

③ 식사요금이 객실요금과 분리되어 계산되므로 경비를 절약할 수 있다.

④ 정해진 식사시간에 규칙적으로 식사를 하므로 건강에 좋다.

해설) American Plan Hotel에 대한 특징이다.

제 **7** 회 실전모의고사

제3과목 관광법규

01 관광진흥법상 유기시설이나 유기기구를 갖추어 관광객에게 이용하게 하는 업으로서 법 제 33조에 따른 안전성검사 대상 유기시설 또는 유기기구 한 종류 이상을 설치하여 운영하는 업은?

① 전문휴양업　　　　　　　　　　　② 가족호텔업

③ 종합유원시설업　　　　　　　　　④ 일반유원시설업

> **해설** 유원시설업의 종류(관광진흥법 시행령 제2조 제1항 제5호)
> • 종합유원시설업 : 유기시설이나 유기기구를 갖추어 관광객에게 이용하게 하는 업으로서 대규모의 대지 또는 실내에서 법 제33조에 따른 안전성검사 대상 유기시설 또는 유기기구 여섯 종류 이상을 설치하여 운영하는 업
> • 일반유원시설업 : 유기시설이나 유기기구를 갖추어 관광객에게 이용하게 하는 업으로서 법 제33조에 따른 안전성검사 대상 유기시설 또는 유기기구 한 종류 이상을 설치하여 운영하는 업
> • 기타유원시설업 : 유기시설이나 유기기구를 갖추어 관광객에게 이용하게 하는 업으로서 법 제33조에 따른 안전성검사 대상이 아닌 유기시설 또는 유기기구를 설치하여 운영하는 업

02 관광진흥법령상 사업계획의 승인을 받은 때에 관광사업자가 받게 되는 인 · 허가 등의 의제에 해당하는 것은?

① 주류 면허 등에 관한 법률에 따른 주류판매업의 면허 또는 신고

② 외국환거래법에 따른 외국환업무의 등록

③ 해사안전법에 따른 해상 레저 활동의 허가

④ 초지법에 따른 초지전용의 허가

> **해설** ① · ② · ③ 특별자치시장 · 특별자치도지사 · 시장 · 군수 · 구청장이 위원회의 심의를 거쳐 등록을 하면 관광사업자가 받게 되는 인 · 허가 등의 의제에 해당한다(관광진흥법 제18조 제1항).

03 관광진흥법상 문화관광축제의 지정 기준이 아닌 것은?

① 축제의 특성 및 콘텐츠
② 축제의 운영능력
③ 관광객 유치 효과 및 경제적 파급효과
④ 축제의 예산 범위 및 지역적 안배

해설 문화관광축제의 지정 기준은 ① · ② · ③ 외에 그 밖에 문화체육관광부장관이 정하는 사항이 있다(관광진흥법 시행령 제41조의7).

04 관광사업별로 관광사업자 등록대장에 기재되어야 하는 사항의 연결이 옳지 않은 것은?

① 관광숙박업 - 대지면적 및 건축연면적
② 국제회의시설업 - 회의실별 동시수용인원
③ 외국인관광 도시민박업 - 주택의 연면적
④ 제1종 종합휴양업 - 운영의 형태

해설 ④ 제2종 종합휴양업만 해당한다(관광진흥법 시행규칙 제4조 제3호).

05 관광진흥법상 등록이 필요 없는 것은?

① 여행업
② 카지노업
③ 국제회의업
④ 관광숙박업

해설 카지노업을 경영하려는 자는 전용영업장 등 문화체육관광부령으로 정하는 시설과 기구를 갖추어 문화체육관광부 장관의 허가를 받아야 한다(관광진흥법 제5조 제1항).

06 관광진흥법상 시 · 도지사는 위탁받은 업무를 수행한 지역별 관광협회로부터 보고받은 사항을 매월 종합하여 언제까지 문화체육관광부장관에게 보고하여야 하는가?

① 다음 달 10일까지
② 다음 달 15일까지
③ 다음 달 20일까지
④ 다음 달 30일까지

해설 시 · 도지사는 위탁받은 업무를 수행한 지역별 관광협회로부터 보고받은 사항을 매월 종합하여 다음 달 10일까지 문화체육관광부장관에게 보고하여야 한다(관광진흥법 시행령 제65조 제3항).

07 관광진흥법상 영업소가 폐쇄된 후 다시 몇 년이 지나야 영업이 가능한가?

① 1년 　　　　　　　　　　② 2년
③ 3년 　　　　　　　　　　④ 4년

해설 사업계획의 승인이 취소되거나 제36조 제1항에 따라 영업소가 폐쇄된 후 2년이 지나야 다시 영업이 가능하다(관광진흥법 제7조 제1항 제3호).

08 관광진흥법상 관광사업 등록기준 중 자동차야영장업에 대한 설명이 아닌 것은?

① 차량 1대당 $50m^2$ 이상의 야영공간을 확보할 것
② 야영에 불편이 없도록 수용인원에 적합한 상·하수도 시설, 전기시설, 화장실 및 취사시설을 갖출 것
③ 야영장 입구까지 1차선 이상의 차로를 확보할 것
④ 단일부지로서 50만㎡ 이상일 것

해설 제2종 종합휴양업의 면적에 대한 등록기준이다(관광진흥법 시행령 별표 1).

09 관광진흥법상 카지노업자가 변경신고를 해야 하는 사항은?

① 대표자의 변경 　　　　　　② 상호 또는 영업소의 명칭 변경
③ 영업소 소재지의 변경 　　　④ 영업종류의 변경

해설 ①·③·④의 경우 변경허가를 받아야 한다(관광진흥법 시행규칙 제8조 제1항 제1호).

10 관광진흥법상 관광사업의 등록 또는 지정을 받거나 사업계획의 승인을 얻을 수 없는 자에 해당되지 않는 것은?

① 피성년후견인·피한정후견인
② 파산선고를 받고 복권되지 아니한 자
③ 등록 등 또는 사업계획의 승인이 취소된 후 2년이 지나지 아니한 자
④ 금고 이상의 실형을 선고받고 그 집행이 끝난 자

해설 이 법을 위반하여 징역 이상의 실형을 선고받고 그 집행이 끝나거나 집행을 받지 아니하기로 확정된 후 2년이 지나지 아니한 자 또는 형의 집행유예의 기간 중에 있는 자(관광진흥법 제7조 제1항 제4호).

11 관광진흥법상 등록을 하기 전에 그 사업에 대한 사업계획을 작성하여 특별자치시장 · 특별자치도지사 · 시장 · 군수 · 구청장의 승인을 받을 수 있는 업종이 아닌 것은?

① 전문휴양업
② 종합휴양업
③ 관광유람선업
④ 국제회의기획업

> **해설** 국제회의시설업이다(관광진흥법 제15조 제2항 및 동법 시행령 제12조).

12 관광진흥법상 카지노업의 허가를 받을 수 있는 자는?

① 19세 미만인 자
② 금고 이상의 실형을 선고받고 집행을 받지 아니하기로 확정된 후 2년이 지난 자
③ 조세를 포탈하여 금고 이상의 형을 선고받고 형이 확정된 자
④ 금고 이상의 형의 선고유예를 받고 그 유예기간 중에 있는 자

> **해설** 금고 이상의 실형을 선고받고 그 집행이 끝나거나 집행을 받지 아니하기로 확정된 후 2년이 지나지 아니한 자는 허가를 받을 수 없다(관광진흥법 제22조 제1항 제4호).

13 폐광지역 카지노사업자의 영업준칙으로 옳지 않은 것은?

① 카지노 영업소는 회원용 영업장과 일반 영업장으로 구분하여 운영하여야 하며, 일반 영업장에서는 주류를 판매하거나 제공하여서는 아니 된다.
② 머신게임에 거는 금액의 최고 한도는 1회 2천원으로 한다.
③ 매일 오전 6시부터 오전 11시까지는 영업을 하여서는 아니 된다.
④ 머신게임의 게임기 전체 수량 중 2분의 1 이상은 그 머신게임기에 거는 금액의 단위가 100원 이하인 기기를 설치하여 운영하여야 한다.

> **해설** 매일 오전 6시부터 오전 10시까지는 영업을 하여서는 아니 된다(관광진흥법 시행규칙 별표 10).

14 관광진흥법상 관광사업자가 관광사업의 시설 중 타인에게 경영하도록 하거나, 그 용도로 계속하여 사용하는 것을 조건으로 타인에게 처분할 수 없는 경우가 아닌 것은?

① 관광숙박업의 등록에 필요한 객실
② 국제회의업의 등록에 필요한 시설 중 문화체육관광부령으로 정하는 시설
③ 카지노업의 허가를 받는 데 필요한 시설과 기구
④ 안전성검사를 받아야 하는 유기시설 및 유기기구

> **해설** 관광시설의 타인 경영 및 처분과 위탁 경영(관광진흥법 제11조)
> • 관광사업자는 관광사업의 시설 중 '관광숙박업의 등록에 필요한 객실, 관광객 이용시설업의 등록에 필요한 시설 중 문화체육관광부령으로 정하는 시설, 카지노업의 허가를 받는 데 필요한 시설과 기구, 안전성검사를 받아야 하는 유기시설 및 유기기구' 외의 부대시설을 타인에게 경영하도록 하거나, 그 용도로 계속하여 사용하는 것을 조건으로 타인에게 처분할 수 있다.
> • 관광사업자는 관광사업의 효율적 경영을 위하여 관광숙박업의 객실을 타인에게 위탁하여 경영하게 할 수 있다(해당 시설의 경영은 관광사업자의 명의, 이용자 또는 제3자와의 거래행위에 따른 대외적 책임은 관광사업자가 부담).

15 관광진흥법상 관할 등록기관 등의 장이 관계 공무원으로 하여금 허가 또는 신고 없이 영업을 한 관광영업소를 폐쇄하기 위한 조치와 관계없는 것은?

① 해당 영업소의 간판이나 그 밖의 영업표지물의 제거 또는 삭제
② 해당 영업소가 적법한 영업소가 아니라는 것을 알리는 게시물 등의 부착
③ 영업을 위하여 꼭 필요한 시설물 또는 기구 등을 사용할 수 없게 하는 봉인(封印)
④ 취소·정지처분 및 시설·운영개선명령을 문서화하여 고지

> **해설** 영업의 폐쇄조치(관광진흥법 제36조 제1항)
> 관할 등록기관 등의 장은 제5조 제1항·제2항 또는 제4항에 따른 허가 또는 신고 없이 영업을 하거나 제24조 제2항·제31조 제2항 또는 제35조에 따른 허가의 취소 또는 사업의 정지명령을 받고 계속하여 영업을 하는 자에 대하여는 그 영업소를 폐쇄하기 위하여 관계 공무원에게 해당 영업소의 간판이나 그 밖의 영업표지물의 제거 또는 삭제, 해당 영업소가 적법한 영업소가 아니라는 것을 알리는 게시물 등의 부착, 영업을 위하여 꼭 필요한 시설물 또는 기구 등을 사용할 수 없게 하는 봉인(封印) 등의 조치를 하게 할 수 있다.

16 관광진흥법령상 국내외를 여행하는 내국인을 대상으로 하는 여행업은?

① 일반여행업

② 종합여행업

③ 국내외여행업

④ 국내여행업

> **해설** 여행업의 종류(관광진흥법 시행령 제2조 제1항 제1호)
> • 종합여행업 : 국내외를 여행하는 내국인 및 외국인을 대상으로 하는 여행업
> • 국내외여행업 : 국내외를 여행하는 내국인을 대상으로 하는 여행업
> • 국내여행업 : 국내를 여행하는 내국인을 대상으로 하는 여행업

17 관광진흥법상 한국관광협회중앙회의 공제사업의 내용으로 옳은 것은?

① 관광사업행위에 따른 사고로 인하여 재해를 입은 종사원에 대한 보상업무

② 국가나 지방자치단체로부터 위탁받은 업무

③ 전국의 관광여건과 관광동향에 관한 업무

④ 관광자원의 개발자금에 관한 업무

> **해설** 공제사업의 내용(관광진흥법 시행령 제40조)
> • 관광사업자의 관광사업행위와 관련된 사고로 인한 대물 및 대인배상에 대비하는 공제 및 배상업무
> • 관광사업행위에 따른 사고로 인하여 재해를 입은 종사원에 대한 보상업무
> • 그 밖에 회원 상호간의 경제적 이익을 도모하기 위한 업무

18 관광진흥법상 수립한 권역계획을 문화체육관광부장관의 조정과 관계 행정기관의 장과의 협의를 거쳐 확정할 때, 협의요청을 받은 관계 행정기관의 장은 특별한 사유가 없는 한 그 요청을 받은 날부터 며칠 이내에 의견을 제시하여야 하는가?

① 15일

② 20일

③ 30일

④ 60일

> **해설** 시 · 도지사는 수립한 권역계획을 문화체육관광부장관의 조정과 관계 행정기관의 장과의 협의를 거쳐 확정하여야 한다. 이 경우 협의요청을 받은 관계 행정기관의 장은 특별한 사유가 없는 한 그 요청을 받은 날부터 30일 이내에 의견을 제시하여야 한다(관광진흥법 제51조 제2항).

19 관광진흥법상 관광지 등의 입장료 · 관람료 또는 이용료의 징수 대상의 범위와 금액을 정하는 대상은?

① 문화체육관광부장관

② 관광지 등이 소재하는 지방자치단체의 조례

③ 한국관광협회장

④ 사업시행자

> 해설 입장료 · 관람료 또는 이용료의 징수 대상의 범위와 그 금액은 관광지 등이 소재하는 지방자치단체의 조례로 정한다(관광진흥법 제67조 제2항).

20 관광진흥개발기금법상 국외에 여행하는 내국인으로서 납부금을 내야 할 대상은?

① 국제선 항공기를 운항하는 승무원과 승무교대를 위하여 출국하는 승무원

② 국외로 입양되는 어린이와 그 호송인

③ 대한민국에 주둔하는 외국의 군인 및 군무원

④ 선박을 이용하는 6세 이상의 어린이

> 해설 선박을 이용하는 경우 6세 미만 어린이 외에는 1천원의 납부금을 내야 한다(관광진흥개발기금법 시행령 제1조의 2 제1항 제2호).

21 관광진흥개발기금법상 관광진흥개발기금의 용도로 볼 수 없는 것은?

① 관광상품 개발 및 지원사업의 확보 또는 개수

② 관광을 위한 교통수단의 확보 또는 개수

③ 호텔을 비롯한 각종 관광시설의 건설 또는 개수

④ 관광지 · 관광단지 및 관광특구에서의 관광 편의시설의 건설 또는 개수

> 해설 ② · ③ · ④ 외에 관광사업의 발전을 위한 기반시설의 건설 또는 개수가 있다(관광진흥개발기금법 제5조 제1항 제3호).

22 관광진흥개발기금법상 기금운용위원회에 대한 설명으로 옳지 않은 것은?

① 위원장은 위원회를 대표하고, 위원회의 사무를 총괄한다.

② 위원장이 부득이한 사유로 직무를 수행할 수 없을 때에는 위원장이 지정한 위원이 그 직무를 대행한다.

③ 위원회 회의는 위원장이 소집한다.

④ 회의는 재적위원 과반수의 출석으로 개의하고 출석위원 3분의 1의 찬성으로 의결한다.

> 해설 회의는 재적위원 과반수의 출석으로 개의하고 출석위원 과반수의 찬성으로 의결한다(관광진흥개발기금법 시행령 제6조 제2항).

23 국제회의산업 육성에 관한 법률상 문화체육관광부장관이 국외 여행자의 출국납부금 총액의 얼마에 해당하는 금액의 범위에서 국제회의산업의 육성재원을 지원할 수 있는가?

① 100분의 5

② 100분의 10

③ 100분의 15

④ 100분의 20

> 해설 문화체육관광부장관은 국제회의산업 육성에 관한 법률의 목적을 달성하기 위하여 「관광진흥개발기금법」 제2조 제2항 제3호에 따른 국외 여행자의 출국납부금 총액의 100분의 10에 해당하는 금액의 범위에서 국제회의산업의 육성재원을 지원할 수 있다(국제회의산업 육성에 관한 법률 제16조 제1항).

24 국제회의산업 육성에 관한 법률상 국제회의산업 육성기반의 조성과 관련된 국제협력을 촉진하기 위하여 사업시행기관이 추진하는 사업이 아닌 것은?

① 국제회의 관련 국제협력을 위한 조사 · 연구
② 국제회의 전문인력 및 정보의 국제 교류
③ 국제회의 전문인력 교육과정의 개발 · 운영
④ 외국의 국제회의 관련 기관 · 단체의 국내 유치

> 해설) ① · ② · ④ 외에 국제회의 관련 국제행사에의 참가, 외국의 국제회의 관련 기관 · 단체에의 인력 파견이 있다(국제회의산업 육성에 관한 법률 제11조 및 시행규칙 제6조).

25 국제회의산업 육성에 관한 법률상 국제회의시설 중 준회의시설에 대한 설명으로 옳지 않은 것은?

① 국제회의 개최에 필요한 회의실로 활용할 수 있는 호텔연회장 · 공연장 · 체육관 등의 시설이다.
② 200명 이상의 인원을 수용할 수 있는 대회의실이 있어야 한다.
③ 30명 이상의 인원을 수용할 수 있는 중 · 소회의실이 3실 이상 있어야 한다.
④ 옥내와 옥외의 전시면적을 합쳐서 2천m² 이상 확보하고 있어야 한다.

> 해설) 전문회의시설, 전시시설 요건에 해당한다(국제회의산업 육성에 관한 법률 시행령 제3조 제2항, 제4항).

26 여행사의 판매 상품을 공급해주는 업체들로 호텔, 항공사, 선박회사, 버스회사, 관광지 등을 통틀어서 무엇이라고 하는가?

① Premium
② Principal
③ Pocket Park
④ Pension

> 해설 여행업은 중간에서 대리·매개·중개업무를 통해 보다 효과적인 여행이 되도록 촉매기능을 하는데, 이 경우에 여행수단을 가리켜 '프린시펄(Principal)'이라고 부른다.

27 일반 체인호텔의 특징으로 옳지 않은 것은?

① 경영제도의 독창성이 있다.
② 개인 소유주나 투자기업의 발언권이 거의 없다.
③ 모회사가 소유권에 대한 지분을 보유한다.
④ 거액의 투자가 필요하다.

> 해설 일반 체인호텔은 개인 소유주나 투자기업의 발언권이 거의 없어 경영제도의 독창성이 없다는 제약을 받고 있다.

28 항공운임을 지불하는 사람과 실제로 탑승하는 여객이 지리적으로 떨어져 있는 경우에 지불인으로부터 항공요금을 영수한 항공회사가 탑승여객이 있는 지역의 항공회사에 항공권을 여객에게 넘겨주도록 의뢰하는 통지는?

① ETA(Estimated Time of Arrival)
② PTA(Prepaid Ticket Advice)
③ ETD(Estimated Time of Departure)
④ GTR(Government Transportation Request)

> 해설 ① 도착예정시간
> ③ 출발예정시간
> ④ 정부 및 산하단체가 항공사와 특별계약을 맺어 특별요금을 적용시키는 것

29 UNWTO의 기본 목표가 아닌 사항은?

① 각국 간의 관광사업 발전 도모
② 여행업계의 상업적 이익 극대화
③ 회원국 간의 관광경제를 발전
④ 각국 상호간의 관광정보 및 자료 교환

해설 UNWTO(세계관광기구)
각국 간의 관광사업의 발전을 도모하고 다각적인 활동으로 국제 간의 관광여행을 촉진하며, 이를 통해 각 회원국 간의 관광경제를 발전시킴과 동시에 국제 상호간의 사회·경제·문화적 우호관계의 증진을 목적으로 한다.

30 관광객이 아닌 사람은?

① 건강상의 이유로 국외를 여행하는 자
② 국경지대에 거주하면서 인접국에 자주 출입하는 자
③ 호화선박으로 각지에 주유 중 입국하는 자
④ 수행원의 자격으로 회의 겸 여행하는 자

해설 비관광객이다. UNWTO 통계기준에 따르면, 비관광객은 이(이민)·거(거주목적)·취(취업)·통(단순통과객)으로 요약된다.

31 Unit Products(유니트 상품)에 대한 설명으로 옳지 않은 것은?

① 여행사 간에 거래되는 상품이다.
② 매입력이 약한 중소여행사에게는 상품기획 조성력을 보완시켜 주는 역할도 한다.
③ 항공기, 호텔, 시내관광, 트랜스퍼 등 여행의 주요 구성 요소들이 이미 구비되어 있다.
④ 항공, 호텔, 식사 등을 통합적으로 판매하는 것이다.

해설 Unit Products(유니트 상품)
항공기, 호텔, 시내관광, 트랜스퍼 등 여행의 주요 구성 요소들이 이미 구비되어 있어서, 이를 구입한 여행사는 고객의 요구에 맞추어 식사나 옵션 여행을 추가로 수배하여 그 상품이 완성되도록 한다. 매입력이 약한 중소여행사에게는 상품기획 조성력을 보완시켜 주는 역할도 한다. 다만, 이 경우 여행 주최의 책임 소재가 불명확하게 된다는 문제점이 있다.

32

관광마케팅의 전략으로 가장 적절하지 않은 것은?

① 시장세분화

② 표적화

③ 동질화

④ 포지셔닝

해설) 목표시장 선정을 위해 전체시장을 여러 개의 하위시장으로 나누는 시장세분화를 거쳐 집중적으로 공략할 표적시장을 선정한다. 이후 목표시장 내의 고객들의 마음에 제품서비스가 위치를 잡도록 하는 것을 포지셔닝이라 한다.

33

유엔환경계획(UNEP)이 제시한 지속가능한 개발의 일반 원칙으로 볼 수 없는 것은?

① 경제성장과 환경보전의 추구

② 삶의 질 제고

③ 세대 간 · 현세대 구성원 간의 형평성 추구

④ 개발의 입장이 보전적인 입장 우선

해설) ① · ② · ③ 외에 환경자산의 가치측정과 수용능력에 대한 연구, 범세계적 환경문제에 대한 국가의 역할 인식과 대응, 지속가능한 개발에 필요한 법제의 기구의 정비 등이 있다.

⊕참고   지속가능한 개발

1987년 세계환경 · 개발이사회(World Commission on Environment and Development)가 발간한 보고서에 포함되어 있는 것으로 지속가능한 개발을 "미래 세대의 필요를 충족시킬 수 있는 능력을 훼손시키지 않으면서 현재의 필요를 충족시키는 개발"이라고 정의하였다. 한편, 유엔환경계획(UNEP)의 제15차 이사회에서는 지속가능한 개발을 "생태학적 회복력과 경제성장의 토대가 되는 천연자원의 보존, 합리적 사용 등은 물론 국내 및 국제적인 형평성을 향해 나아가는 과정"이라고 설명하고 있다.

34 다음 내용에 해당하는 호텔의 형태는?

상용, 공용 등 비즈니스와 쇼핑 등의 목적으로 방문하는 관광객들이 많이 이용하는 호텔로, 주말에 비교적 객실점유율이 낮은 편이지만 주중에는 상용고객들로 객실점유율이 높은 편이다.

① City Hotel ② Metropolitan Hotel

③ Resort Hotel ④ Terminal Hotel

해설 ① 시티호텔은 비즈니스(Business)와 쇼핑 등이 원활히 이루어지는 도시의 중심가에 존재하고 있어 주로 사업가나 상용(常用), 공용(公用) 또는 도시를 방문하는 관광객들에게 많이 이용되고 있으며, 도시민의 사교의 장이나 공공장소로도 사용되고 있다.
② 대도시에 위치하면서 수천 개의 객실을 보유한 대형호텔이다.
③ 휴양지와 온천지에 건축된 호텔이다.
④ 역이나 터미널 근처에 위치한 호텔이다.

35 Tour Guide(T/G)와 Tour Conductor(T/C)에 대한 설명이 아닌 것은?

① T/C는 여행에 관한 전반적인 것을 다 지휘하고 살펴야 한다.
② T/C는 여행사에서 해외여행지까지 손님을 인솔하는 인솔자의 역할을 한다.
③ T/G는 관광객이 원하면 일정을 바꿀 수 있다.
④ T/G는 해당 지역의 문화와 관광지에 대해 해박한 지식을 가지고 있어야 한다.

⊕ 참고   T/G와 T/C의 비교

Tour Conductor	Tour Guide
여행에 관한 전반적인 것을 모두 지휘하고 살펴야 하는(공항에서의 Check – In에서부터 수화물, 여행객들의 안전, 호텔투숙, 무사 귀국까지의 전 과정) 리더의 역할을 한다.	보통 현지에서 체류하며 현지의 언어를 완벽히 구사하고, 해당 지역의 문화와 관광지에 대해 해박한 지식을 가지고 T/C가 인솔하는 손님에게 관광지와 일정에 대해 설명해주는 역할이다.

36 다음에서 설명하는 것은 무엇인가?

> 국내 · 국제선 간 혹은 국내선~국제선 구간으로 탑승 편을 갈아타는 데 필요한 최저 시간

① MCT　　　　　　　　　　② HMF
③ FAT　　　　　　　　　　④ FCT

해설 MCT(Minimum Connection Time)
공항 환승 시 필요한 최소 연결시간으로, 국내 · 국제선 간 혹은 국내선~국제선 구간으로 탑승 편을 갈아타는 데 필요로 하는 최소 환승시간을 말한다.

37 세계적인 여행사들의 공통적 영업형태와 가장 거리가 먼 것은?

① 여행자 수표 발행　　　　　　② 신용카드 실시
③ 신용판매 또는 크레디트 투어제도 실시　　④ 항공운임후불제 실시

해설 팬 아메리칸(PAN – American) 항공회사가 1954년에 실시하였다.

⊕참고　세계적으로 유명한 대형 여행사

- 대한민국 – 하나투어 Hanatour Services Inc
- 유럽 – 독일 기반의 여행기업 TUI
- 미국 – American Express Travel Related Services
- 미국 – Carlson Wagonlit Travel
- 미국 – 온라인 여행기업 익스피디어
- 미국 – 온라인 여행기업 트래블로 시티(Travelo City)
- 러시아 – 국영여행사 인투어리스트
- 일본 – JTB(Japan Travel Bureau)

38 다음 중 항공수배업무에 해당하는 것은?

① 항공권 발급　　　　　　　② 안전대책기능
③ 현지수배기능　　　　　　　④ 현지정보수집 · 제공

해설 ② · ③ · ④ 지상수배업자가 수행하는 업무이다.

39 판매요원의 능력을 높이고 사기를 앙양시킬 뿐만 아니라 효율적인 판매활동을 할 수 있도록 영업방침, 신제품 또는 캠페인에 관한 소개를 하고, 판매기법 등을 주지시키는 회의는?

① 세일즈 미팅　　　　　　　　　　② 딜러미팅
③ 트레이닝 미팅　　　　　　　　　　④ 퍼블릭 미팅

해설) 세일즈 미팅에서는 참가자들의 이해를 촉진시키기 위해 미리 자료를 준비하는 것은 물론이고, 긴장감을 풀어줄 수 있도록 배려해야 한다.

40 우리나라 최초의 여행사와 그 연대로 올바른 것은?

① 셋방여행사, 1912년　　　　　　　② 일본교통공사, 1912년
③ 동방여행사, 1945년　　　　　　　④ 대한여행사, 1949년

해설) 1912년 일본여행협회 조선지사가 시초(일제 강점기)가 되어 1945년 조선여행사로 개칭된 후, 1949년 재단법인인 대한여행사로 개편되었으며 1963년 관광공사에 흡수되었다.

41 관광의 승수효과를 가장 잘 설명한 것은?

① 관광객에게 재화나 서비스를 직접 제공하는 호텔, 여행사, 소매상, 항공사 모든 것을 말한다.
② 한 지역에서 소비된 일정의 관광소비액이 1년 동안 몇 배의 경제적 효과를 창출하는가에 대한 비율을 말한다.
③ 관광수요를 창출하고 다양한 관광행동에 적합한 사업 활동을 말한다.
④ 관광의 다각적인 효과를 거두려는 인류의 평화와 복지를 위한 사업을 말한다.

해설) 관광 승수효과란 한 지역에서 소비된 일정의 관광소비액이 1년 동안 몇 배의 경제적 효과를 창출하는가에 대한 비율, 즉 관광부문에서의 투자, 소득, 고용 등의 변화가 한 국가 경제에서 발생하는 소득의 변화를 말한다.

42 다음 중 항공권 쿠폰의 종류가 아닌 것은?

① Passenger　　　　　　　　　　② Audit
③ Flight　　　　　　　　　　　　④ Boarding

해설) 항공권 쿠폰의 종류에는 Passenger Coupon(승객용), Audit Coupon(심사용), Flight Coupon(탑승용)이 있다.

43 다음 중 관광의 긍정적 효과로 볼 수 없는 것은?

① 지역경제 활성화
② 국가 및 지역홍보 증진
③ 지역고유문화 개발
④ 관광지 사회범죄 감소

해설) 관광의 효과
- 관광의 긍정적 효과 : 지역경제 활성화, 고용창출, 문화교류 확대, 국가 및 지역홍보 증진, 지역고유문화 개발, 국민들의 국제감각 증진 등
- 관광의 부정적 효과 : 무분별한 관광개발에 따른 환경파괴, 해당 지역주민과의 마찰, 관광지 사회범죄 증가, 도덕적 문란, 지역고유풍토 파괴 등

44 다음 중 Mountain Hotel과 가장 연관성이 있는 것은?

① Surburban Hotel
② City Hotel
③ Beach Hotel
④ Country Hotel

해설) 컨트리호텔은 산간에 세워지는 호텔로 마운틴호텔이라고도 하며, 골프·스키·등산 등 레크리에이션 기능을 할 수 있다.

45 여행업의 주요 업무가 아닌 것은?

① 보험업무
② 대행업무
③ 판매업무
④ 인수업무

해설) ②·③·④ 외에 중개업무(여행상해보험의 취급 및 환전), 안내업무가 있다.

46 마케팅믹스의 개념을 잘못 설명한 것은?

① 최소의 비용으로 최대의 효과를 일으키게 하는 마케팅수단
② 관광객 욕구충족을 통한 기업이윤 창출
③ 마케팅계획을 수립하기 위한 전제조건
④ 통제 불가능 변수를 억제하여 최적의 마케팅 구축

해설) 통제 가능 변수를 통제 불가능 변수에 최적으로 혼합시킨 것이다.

47 관광구조의 구성요소가 가장 복합적으로 형성되어 있는 것은?

① 도심지 상용호텔　　　　　　　　② 자동차 여행

③ 크루즈 여행　　　　　　　　　　④ 놀이공원

> 해설　크루즈 여행은 운송뿐만 아니라 식사, 숙박, 오락시설, 편의시설 등을 갖추고 있기 때문에 가장 복합적이다.

48 불특정 다수의 여행자를 대상으로 여행을 기획하여 수배(준비)를 하는 업자를 가리키는 용어는?

① Tour Operator　　　　　　　　② Tourists

③ Tourist Organization　　　　　④ Wholesaler

> 해설　불특정 다수의 여행자를 대상으로 여행을 기획하여 준비하는 자로서 오로지 상품을 만들기만 할 뿐 판매를 하지 않는 도매전문인 곳과 소매까지 겸업하는 업체도 있다.

49 관광의 구성요소 중 관광객체로 옳은 것은?

① 관광자원　　　　　　　　　　② 관광정보

③ 여행사　　　　　　　　　　　④ 관광자

> 해설　관광의 구성요소
> * 관광주체 : 관광객(관광자)
> * 관광객체 : 관광자원, 관광시설
> * 관광매체 : 관광사업, 관광정보, 이동수단

50 외교부의 여행경보제도의 단계와 그 내용의 연결이 옳지 않은 것은?

① 남색경보 – 여행유의　　　　　② 황색경보 – 여행자제

③ 녹색경보 – 여행경고　　　　　④ 흑색경보 – 여행금지

> 해설　여행경보제도
> * 남색경보 : 여행유의(신변안전유의)
> * 황색경보 : 여행자제(신변안전 특별유의/여행필요성 신중 검토)
> * 적색경보 : 철수권고(긴급용무가 아닌한 철수/가급적 여행 취소, 연기)
> * 흑색경보 : 여행금지(즉시 대피, 철수/여행 금지)

제**3**과목 **관광법규**

01 관광진흥법상 여행업, 관광숙박업, 관광객 이용시설업 및 국제회의업을 경영하려는 자는 누구에게 등록신청을 해야 하는가?

① 특별자치시장 · 특별자치도지사 · 시장 · 군수 · 구청장

② 문화체육관광부장관

③ 한국관광공사

④ 사업시행자

해설 여행업, 관광숙박업, 관광객 이용시설업 및 국제회의업을 경영하려는 자는 특별자치시장 · 특별자치도지사 · 시장 · 군수 · 구청장(자치구의 구청장을 말한다)에게 등록하여야 한다(관광진흥법 제4조 제1항).

02 관광진흥법상 기획여행을 실시하는 자가 광고를 하려는 경우에 표시하여야 할 사항이 아닌 것은?

① 여행업의 등록번호, 상호, 소재지 및 등록관청

② 여행경비

③ 최저 여행인원

④ 여행안내자가 알아야 할 내용

해설 ① · ② · ③ 외에 기획여행명 · 여행일정 및 주요 여행지, 교통 · 숙박 및 식사 등 여행자가 제공받을 서비스의 내용, 보증보험 등의 가입 또는 영업보증금의 예치 내용, 여행일정 변경 시 여행자의 사전 동의 규정, 여행목적지(국가 및 지역)의 여행경보단계 등이 있다(관광진흥법 시행규칙 제21조).

03 관광진흥법상 행정처분의 기준 중 1차에서 사업정지 10일인 내용은?

① 안전정보 또는 변경된 안전정보를 제공하지 않은 경우

② 여행계획서를 여행자에게 내주지 아니한 경우

③ 등록을 하지 않은 자에게 국외여행을 인솔하게 한 경우

④ 여행자의 사전 동의 없이 여행일정을 변경한 경우

해설) 행정처분의 기준(관광진흥법 시행령 별표 2)
③ 1차 사업정지 10일, 2차 사업정지 20일, 3차 사업정지 1개월, 4차 사업정지 3개월
① 1차 시정명령, 2차 사업정지 5일, 3차 사업정지 10일, 4차 취소
② 1차 시정명령, 2차 사업정지 10일, 3차 사업정지 20일, 4차 취소
④ 1차 시정명령, 2차 사업정지 10일, 3차 사업정지 20일, 4차 취소

04 관광진흥법상 등록기관의 장에게 관광종사원 중 관광통역안내사 · 호텔경영사 및 호텔관리사의 자격시험, 등록 및 자격증의 발급에 관한 권한을 위탁받은 단체는?

① 한국산업인력공단
② 한국관광공사
③ 지역별 협회
④ 업종별 협회

해설) 관광종사원 중 관광통역안내사 · 호텔경영사 및 호텔관리사의 자격시험, 등록 및 자격증의 발급에 관한 권한 : 한국관광공사. 다만, 자격시험의 출제, 시행, 채점 등 자격시험의 관리에 관한 업무는 「한국산업인력공단법」에 따른 한국산업인력공단에 위탁한다(관광진흥법 시행령 제65조 제1항 제4호).

05 관광진흥법상 종합유원시설업은 안전성검사 대상 유기시설 또는 유기기구 몇 종류 이상을 설치 · 운영하는 업인가?

① 5종류
② 6종류
③ 8종류
④ 10종류

해설) 종합유원시설업은 유기시설이나 유기기구를 갖추어 관광객에게 이용하게 하는 업으로서 대규모의 대지 또는 실내에서 안전성검사 대상 유기시설 또는 유기기구 여섯 종류 이상을 설치하여 운영하는 업이다(관광진흥법 시행령 제2조 제1항 제5호 가목).

06 관광진흥법령상 특별관리지역에 관한 설명으로 옳지 않은 것은?

① 시·도지사나 시장·군수·구청장은 특별관리지역에 대하여 조례로 정하는 바에 따라 관광객 방문시간 제한, 이용료 징수, 차량·관광객 통행 제한 등 필요한 조치를 할 수 있다.

② 시·도지사나 시장·군수·구청장은 특별관리지역을 지정·변경 또는 해제할 때에는 대통령령으로 정하는 바에 따라 미리 주민의 의견을 들어야 하며, 문화체육관광부장관 및 관계 행정기관의 장과 협의하여야 한다.

③ 시·도지사나 시장·군수·구청장은 조례를 위반한 사람에게 지방자치법에 따라 2천만원 이하의 과태료를 부과·징수할 수 있다.

④ 시·도지사나 시장·군수·구청장은 수용 범위를 초과한 관광객의 방문으로 자연환경이 훼손되거나 주민의 평온한 생활환경을 해칠 우려가 있어 관리할 필요가 있다고 인정되는 지역을 조례로 정하는 바에 따라 특별관리지역으로 지정할 수 있다.

> 해설) 시·도지사나 시장·군수·구청장은 조례를 위반한 사람에게 지방자치법에 따라 1천만원 이하의 과태료를 부과·징수할 수 있다(관광진흥법 제48조의3 제7항).

07 관광진흥법상 카지노사업자가 2년 이하의 징역 또는 2천만원 이하의 벌금을 받는 경우가 아닌 것은?

① 변경허가를 받지 아니하거나 변경신고를 하지 아니하고 영업을 한 자

② 지위승계신고를 하지 아니하고 영업을 한 자

③ 관광사업의 시설 중 부대시설 외의 시설을 타인에게 경영하게 한 자

④ 허가를 받지 아니하고 카지노업을 경영한 자

> 해설) 카지노업의 허가를 받지 아니하고 카지노업을 경영한 자는 5년 이하의 징역 또는 5천만원 이하의 벌금에 처한다(관광진흥법 제81조).

08 관광진흥법상 관광공연장업에서 실내관광공연장에 대한 관광사업 등록기준이 아닌 것은?

① 100㎡ 이상의 무대를 갖추고 있을 것

② 출연자가 연습하거나 대기 또는 분장할 수 있는 공간을 갖추고 있을 것

③ 출입구는 다중이용업소의 영업장에 설치하는 안전시설 등의 설치기준에 적합할 것

④ 공연으로 인한 소음이 밖으로 전달되지 아니하도록 방음시설을 갖추고 있을 것

> 해설) 실외관광공연장과 실내관광공연장 모두 70㎡ 이상의 무대를 갖추고 있어야 한다(관광진흥법 시행령 별표 1).

09 관광진흥법상 유원시설업자의 허가를 받은 자의 변경허가사항에 해당하지 않는 것은?

① 영업소의 소재지 변경

② 안전성검사대상 유기시설 또는 유기기구의 신설·이전·폐기

③ 대표자 또는 상호의 변경

④ 영업장 면적의 변경

> **해설** 유원시설업의 대표자 또는 상호의 변경은 변경신고를 하여야 한다(관광진흥법 시행규칙 제8조 제2항).

10 관광진흥법상 문화체육관광부장관이 등급결정권을 위탁할 때 요건으로 옳지 않은 것은?

① 영리법인일 것

② 서비스 개선 등에 관한 연구 및 계몽활동 등을 하는 법인일 것

③ 평가요원을 50명 이상 확보하고 있을 것

④ 관광숙박업의 육성 등을 하는 법인일 것

> **해설** 문화체육관광부장관의 허가를 받아 설립된 비영리법인이거나 공공기관일 것(관광진흥법 시행령 제66조 제1항 제1호).

11 관광진흥법상 카지노 전산시설의 유효기간은 검사에 합격한 날부터 몇 년으로 해야 하는가?

① 1년 　　　　　　　　　　② 3년

③ 5년 　　　　　　　　　　④ 7년

> **해설** 검사의 유효기간은 검사에 합격한 날부터 3년으로 한다. 다만, 검사 유효기간의 만료 전이라도 카지노 전산시설을 교체한 경우에는 교체한 날부터 15일 이내에 검사를 받아야 하며, 이 경우 검사의 유효기간은 3년으로 한다(관광진흥법 시행규칙 제30조 제2항).

12 관광진흥법상 카지노업을 허가받으려는 자에게 신청서를 제출받은 문화체육관광부장관이 행정정보의 공동이용을 통하여 확인해야 하는 서류가 아닌 것은?

① 법인 등기사항증명서(법인만 해당한다)　　② 카지노 영업소 임직원 신원조회

③ 건축물대장　　④ 전기안전점검확인서

> **해설** ①·③·④ 관광진흥법 시행규칙 제6조 제2항

13 관광진흥법상 관광종사원의 자격시험 중 면접시험의 평가사항이 아닌 것은?

① 국가관 · 사명감 등 정신자세

② 전문지식과 응용능력

③ 창의력과 의지력

④ 의사발표의 정확성과 논리성

해설) ① · ② · ④ 외에 예의 · 품행 및 성실성이 있다(관광진흥법 시행규칙 제45조 제1항).

14 관광진흥법상 관광홍보를 위해 문화체육관광부장관 또는 시 · 도지사가 권고 · 지도하는 업무가 아닌 것은?

① 해외관광시장에 대한 정기적인 조사

② 관광 선전물 심사

③ 관광 홍보물의 제작

④ 관광안내소의 운영

해설) 문화체육관광부장관 또는 시 · 도지사는 관광홍보를 원활히 추진하기 위해 필요한 경우 문화체육관광부령으로 정하는 바에 따라 관광사업자 등에게 해외관광시장에 대한 정기적인 조사, 관광 홍보물의 제작, 관광안내소의 운영 등에 필요한 사항을 권고 · 지도할 수 있다(관광진흥법 제48조 제2항).

15 특별관리지역을 지정 · 변경 또는 해제할 때에 문화체육관광부장관 및 관계 행정기관의 장에게 제출해야 하는 서류가 아닌 것은?

① 특별관리지역의 구역이 표시된 축척 1만 5천분의 1 이상의 지형도

② 수용 범위를 초과한 관광객의 방문으로 발생하는 피해의 유형 및 정도 등에 대한 실태조사 결과서

③ 특별관리지역의 운영 · 관리 계획서

④ 지정 · 변경 또는 해제하려는 특별관리지역의 적정 관광객 수, 소음 수준, 교통 혼잡도 등 수용 범위에 관한 조사결과서

해설) 특별관리지역의 구역이 표시된 축척 2만 5천분의 1 이상의 지형도(관광진흥법 시행규칙 제57조)

16 관광진흥법상 둘 이상의 시·도에 걸치는 지역이 하나의 권역계획에 포함되는 경우, 관계되는 시·도지사의 협의가 성립하지 않았을 때의 권역계획의 수립권자는?

① 문화체육관광부장관
② 한국관광협회장
③ 한국관광공사장
④ 문화체육관광부장관이 지정하는 시·도지사

> 해설) 권역계획은 그 지역을 관할하는 시·도지사가 수립하여야 한다. 다만, 둘 이상의 시·도에 걸치는 지역이 하나의 권역계획에 포함되는 경우에는 관계되는 시·도지사와의 협의에 따라 수립하되, 협의가 성립되지 아니한 경우에는 문화체육관광부장관이 지정하는 시·도지사가 수립하여야 한다(관광진흥법 제51조 제1항).

17 관광진흥법상 관광단지개발자가 조성사업을 위한 용지의 매수 업무와 손실보상 업무를 관할 지방자치단체의 장에게 위탁할 때 명시해야 할 사항은?

① 사업시행자의 성명 및 주소
② 위탁업무의 시행지 및 시행기간
③ 조성사업의 명칭
④ 조성사업의 개발 자금

> 해설) ② 외에도 위탁업무의 종류·규모·금액, 위탁업무 수행에 필요한 비용과 그 지급방법, 그 밖에 위탁업무를 수행하는 데에 필요한 사항을 명시해야 한다(관광진흥법 시행령 제49조 제1항).

18 관광진흥법상 관광특구진흥계획의 타당성 검토는 몇 년마다 하는가?

① 1년
② 2년
③ 3년
④ 5년

> 해설) 특별자치시장·특별자치도지사·시장·군수·구청장은 관광특구진흥계획을 수립·시행하여야 하며, 수립된 진흥계획에 대하여 5년마다 그 타당성을 검토하고 진흥계획의 변경 등 필요한 조치를 하여야 한다(관광진흥법 시행령 제59조 제3항).

19 관광진흥법상 시 · 도지사(특별자치시장 · 특별자치도지사는 제외)가 관광지 등을 지정 · 고시하는 경우 그 지정내용을 누구에게 통지하여야 하나?

① 시장 · 군수 · 구청장 　　　　　　② 한국관광협회장
③ 한국관광공사장 　　　　　　　　④ 문화체육관광부장관

> **해설** 시 · 도지사(특별자치시장 · 특별자치도지사는 제외한다)는 관광지 등을 지정 · 고시하는 경우에는 그 지정내용을 관계 시장 · 군수 · 구청장에게 통지하여야 한다(관광진흥법 시행령 제45조 제2항).

20 관광진흥개발기금법상 관광진흥개발기금의 관리에 대한 설명으로 옳지 않은 것은?

① 기금은 문화체육관광부장관이 관리한다.
② 기금의 집행 · 평가 · 결산 및 여유자금 관리 등을 효율적으로 수행하기 위하여 10명 이내의 민간전문가를 고용한다.
③ 민간전문가는 계약직으로 하며, 그 계약기간은 3년을 원칙으로 하되, 1년 단위로 연장할 수 있다.
④ 민간전문가의 업무분장 · 채용 · 복무 · 보수 및 그 밖의 인사관리에 필요한 사항은 문화체육관광부장관이 정한다.

> **해설** 민간전문가는 계약직으로 하며, 그 계약기간은 2년을 원칙으로 하되, 1년 단위로 연장할 수 있다(관광진흥개발기금법 시행령 제1조의4 제1항).

21 관광진흥개발기금법상 한국산업은행은 매월의 기금사용업체별 대여금액, 대여잔액 등 기금대여 상황을 언제까지 보고하여야 하는가?

① 다음 달 5일 이전까지 　　　　　② 다음 달 10일 이전까지
③ 다음 달 15일 이전까지 　　　　　④ 다음 달 20일 이전까지

> **해설** 한국산업은행은 매월의 기금사용업체별 대여금액, 대여잔액 등 기금대여 상황을 다음 달 10일 이전까지 보고하여야 하고, 반기(半期)별 대여사업 추진상황을 그 반기의 다음 달 10일 이전까지 보고하여야 한다(관광진흥개발기금법 시행규칙 제4조).

22 관광진흥개발기금법상 관광진흥개발기금이 민간자본의 유치를 위하여 출자할 수 있는 사업이나 투자조합이 아닌 것은?

① 관광지 및 관광단지의 조성사업

② 장애인 등 소외계층에 대한 국민관광 복지사업

③ 국제회의시설의 건립 및 확충 사업

④ 관광사업에 투자하는 것을 목적으로 하는 투자조합

> 해설 ① · ③ · ④ 외에 그 밖에 관광사업의 발전을 위하여 필요한 것으로서 대통령령으로 정하는 사업이 있다(관광진흥개발기금법 제5조 제4항).

23 국제회의복합지구의 국제회의시설에 대하여 감면할 수 있는 부담금이 아닌 것은?

① 개발이익 환수에 관한 법률에 따른 개발부담금

② 산지관리법에 따른 대체산림자원조성비

③ 농지법에 따른 농지개발부담금

④ 초지법에 따른 대체초지조성비

> 해설 농지법에 따른 농지보전부담금이다. 이 외에 도시교통정비 촉진법에 따른 교통유발부담금이 있다(국제회의산업 육성에 관한 법률 제15조의4 제1항).

24 국제회의산업 육성에 관한 법률상 국제회의도시의 지정을 신청하려는 특별시장·광역시장 또는 시장이 문화체육관광부장관에게 제출해야 할 서류가 아닌 것은?

① 국제회의시설의 보유 현황 및 이를 활용한 국제회의산업 육성에 관한 계획

② 숙박시설·전시시설·교통안내체계 등 국제회의 참가자를 위한 편의시설의 현황 및 확충 계획

③ 지정대상 도시 또는 그 주변의 관광자원의 현황 및 개발계획

④ 국제회의 유치·개최 실적 및 계획

> **해설** 숙박시설·교통시설·교통안내체계 등 국제회의 참가자를 위한 편의시설의 현황 및 확충계획(국제회의산업 육성에 관한 법률 시행규칙 제9조 제2호)

25 국제회의산업 육성에 관한 법률상 국제회의시설의 건립 및 운영 촉진 등을 위하여 사업시행기관이 추진하는 사업이 아닌 것은?

① 국제회의시설의 건립   ② 국제회의 전문인력 수급

③ 국제회의시설의 운영   ④ 국제회의시설의 국외 홍보활동

> **해설** 문화체육관광부장관은 국제회의시설의 건립 및 운영 촉진 등을 위하여 사업시행기관이 추진하는 국제회의시설의 건립, 국제회의시설의 운영, 국제회의시설의 국외 홍보활동을 지원할 수 있다(국제회의산업 육성에 관한 법률 제9조 및 시행규칙 제4조).

26 타 지역에서의 탑승을 위해 요금이 선불되는 것은?

① PTA　　　　　　　　　　　　② OAG

③ ABC　　　　　　　　　　　　④ GTR

> 해설) PTA(Prepaid Ticket Advice)
> 어떤 지점에 있는 사람이 타 지점에 있는 사람을 위해 미리 운임을 대신 지불하고, 그 사람을 위해 항공권을 발행하도록 의뢰하는 제도

27 다음 중 체인호텔의 효시는?

① Ritz Hotel　　　　　　　　　② Der Badische Hof hotel

③ Le Grand Hotel　　　　　　　④ The Savoy Hotel

> 해설) 체인호텔의 효시로 고급호텔시대를 열었으며, "고객은 항상 정당하다(Guest is always right)"라는 슬로건을 창시한 호텔이다.

28 1914년 조선철도국에 의해 설립된 근대식 호텔은?

① 손탁호텔　　　　　　　　　　② 하남호텔

③ 반도호텔　　　　　　　　　　④ 조선호텔

> 해설) 조선호텔은 일제 강점기인 1914년 서울 중구 소공동에 세워진 근대식 호텔로서 현재는 우리나라를 대표하는 호텔 중 하나이다.

29 다음 관광대상(관광객체)에 관한 설명으로 가장 옳은 것은?

① 관광객과 관광대상을 연결해준다.

② 관광자원과 관광시설을 포함한다.

③ 공간 · 시간 · 기능매체로 나눌 수 있다.

④ 교통기관, 도로, 운송시설 등이 있다.

> 해설) ① · ③ · ④ 관광매체에 대한 설명이다.

30 다음 내용에 알맞은 국제회의 형태는?

> 소집단(30~35명) 정도의 인원이 특정문제나 과제에 관해 새로운 지식 · 기술 · 아이디어 등을 교환하는 회의

① Conference
② Workshop
③ Seminar
④ Symposium

해설) 워크숍(Workshop)
문제해결능력의 일환으로서 참여를 강조하고 소집단(30~35명) 정도의 인원이 특정문제나 과제에 관해 새로운 지식 · 기술 · 아이디어 등을 교환하는 회의로서 강력한 교육적 프로그램

31 다음 중 우리나라 최초의 호텔과 서울의 최초 호텔을 순서대로 짝지은 것은?

① 손탁호텔, 대불호텔
② 대불호텔, 반도호텔
③ 조선호텔, 손탁호텔
④ 대불호텔, 손탁호텔

해설) 우리나라에서 최초로 세워진 호텔은 인천의 대불호텔(1888)이다. 손탁호텔(1902)은 서울에 세워진 서양식 호텔로 일부 상류층과 외국인만이 이용할 수 있었다.

32 우리나라의 호텔등급은 모두 몇 등급으로 구분하는가?

① 3개 등급
② 4개 등급
③ 5개 등급
④ 6개 등급

해설) 관광숙박업 중 호텔업의 등급은 5성급 · 4성급 · 3성급 · 2성급 및 1성급으로 구분한다(관광진흥법 시행령 제22조 제2항).

33 'Itinerary'란 무엇을 말하는가?

① 여행상 필요한 조건서
② 여행상품계약서
③ 여행일정표
④ 여행요금영수증

해설) Itinerary는 '여행일정표'를 뜻하는데, 보통 방문하게 될 장소, 시간, 이동 경로 및 숙박 등의 상세한 정보가 포함되어 있다.

34 원주민 및 그들의 생활습관 · 예능 · 건축 · 복식 · 공예품 등의 문화적 이국정서를 주된 흥밋 거리로 하는 관광활동의 주요한 형태 중 하나는?

① Alternative Tourism   ② Ethnic Tourism

③ Peace Tourism   ④ Cultural Tourism

> 해설) 민족성이 미술, 음악, 연극, 건축공예품, 음식 등의 관광대상이 되는 형태로, 문화적인 이국정서를 주된 흥밋거리로 하는 관광활동의 주요형태 중 하나이다.

35 관광의 경제적 효과 중 소득효과가 아닌 것은?

① 투자소득효과   ② 소비소득효과

③ 직접조세효과와 간접조세효과   ④ 관광수입으로 인한 외화획득효과

> 해설) 관광 소득효과는 관광산업에 필요한 지역 외부로부터 투자에 의한 경우와 관광객의 소비에 의한 경우로 구분할 수 있다. 이를 기준으로 투자소득효과, 소비소득효과, 외화획득효과로 나눌 수 있다.

36 다음은 경영형태에 의한 호텔의 분류 중 어디에 속하는가?

> 단독경영호텔들 간 각각의 경영상은 유지하되, 체인경영의 이점과 관련된 업무에 대하여 상호협력 제휴하여 경영의 효율성을 높이려는 형태

① 임차경영호텔   ② 위탁경영호텔

③ 리퍼럴호텔   ④ 프랜차이징호텔

> 해설) 리퍼럴호텔(Referral Hotel)은 위탁경영 및 프랜차이즈 체인호텔의 증가에 따른 독립호텔들의 방어전략차원에서 조성되었다.

37

다음 설명에 해당하는 여행의 형태는?

> 특정 관심분야에 대한 경험을 높이기 위해 특정 주제와 관련된 장소나 지역을 방문하는 여행으로, 자신의 관심분야에 초점을 맞춰 식견을 높일 수 있는 여행을 선호하면서 등장한 고급여행 형태이다.

① SIT

② FIT

③ FCT

④ Fam Tour

해설 ① Special Interest Tour, 특별한 목적 등 테마를 가진 여행상품
② Free Independent Tour, 안내원 없이 외국인이 개인적으로 여행하는 방식으로 개인여행에서 많이 볼 수 있다.
③ Foreign Conducted Tour, 여행시작부터 완료까지 안내원이 동행하는 형태로 단체 여행이 대부분이다.
④ 사전답사여행이다.

38

호텔의 형태 중 'Extended Stay'에 대한 설명으로 옳지 않은 것은?

① 미국에서 처음 시작되었다.

② 장기체재 숙박자를 위한 시설과 서비스를 제공하는 새로운 호텔의 형태이다.

③ 자동차 여행객을 대상으로 한 숙박시설로 자동차의 주유, 세차, 수리설비를 갖추어야 한다.

④ 비교적 간소한 목조건축으로 부엌이 딸린 스위트 룸 형식의 객실을 특징으로 한다.

해설 Highway Hotel(하이웨이 호텔)에 대한 설명이다.

39

'Idle Time'에 대한 설명으로 옳지 않은 것은?

① 내객수가 감소되어 영업이 비효율적으로 이루어지는 시간대이다.

② 음료업장에서는 각 식사시간의 시간대가 이에 해당된다.

③ 이 시간대에도 고객의 불편을 덜기 위해 영업은 해야 한다.

④ 공간의 효율성을 높이는 방안이 요구되어야 한다.

해설 내객수가 감소되어 영업이 비효율적으로 이루어지는 시간대이다. 특히 음료업장에서는 각 식사시간의 시간대가 이에 해당된다. 이 시간대에는 영업을 하지 않거나 다른 용도로 전환하는 등의 방법으로 공간의 효율성을 높이는 방안이 요구된다.

40 고객이 처음으로 투숙했을 때 작성하는 카드는?

① Questionnaire ② Comment Cards

③ Proposed Index ④ Registration Cards

> 해설) 숙박등록카드(Registration Cards)
> 고객이 처음으로 투숙했을 때 작성하는 카드이다.

41 호텔객실 예약을 한 고객이 예약 유보시간을 경과하여 호텔에 도착하는 것은?

① Late Arrival ② Land Operator

③ Ladies Program ④ House Guest

> 해설) 호텔객실 예약을 한 고객이 예약 유보시간을 경과하여 호텔에 도착하는 것으로, 이때 미리 호텔 측에
> 연착을 통보하여야 하며 그렇지 않은 경우 자동적으로 객실예약은 취소된다.

42 다양한 생태계를 가지고 있는 습지를 보전하고, 그것을 현명하게 이용할 것을 목적으로 한
국제조약은?

① 리우환경협약 ② 교토조약

③ 바젤협약 ④ 람사르 협약

> 해설) 람사르 협약은 습지보호 협약으로, 1971년 2월 2일에 이란의 람사르에서 작성, 1975년 12월 21일 발
> 효되었다. 정식명칭은 '물새 서식지로서 특히 국제적으로 중요한 습지에 관한 협약(Convention on
> Wetlands of International Importance Especially as Waterfowl Habitat)'이다.

43 호텔 기업의 프랜차이즈(Franchise)에 대한 설명이 아닌 것은?

① 이름, 상호, 영업방법 등을 제공하여 상품과 서비스를 파는 시스템이다.

② 체인의 종류에는 일반 체인, 경영협약적 체인, 프랜차이즈, 리퍼럴 그룹 등이 있다.

③ 윌슨(K. Wilson)은 현대적 의미의 프랜차이즈를 처음으로 적용시켰다.

④ 윌슨은 Holiday - inn의 창업자로 프랜차이즈의 방식으로 호텔 체인망의 전개를 실현하였다.

이름, 상호, 영업방법 등을 제공하여 상품과 서비스를 파는 시스템으로, 체인의 종류에는 일반 체인, 경영협약적 체인, 프랜차이즈, 리퍼럴 그룹 등이 있다. 스타틀러는 현대적 의미의 프랜차이즈를 처음으로 적용시켰고, 윌슨은 Holiday-inn의 창업자로 프랜차이즈의 방식으로 호텔 체인망의 전개를 실현하였다. 다시 말해 스타틀러는 프랜차이즈 시스템을 처음으로 정립했으며, 윌슨은 Holiday-inn을 세계 최대의 프랜차이즈로 발전시키는 데 성공했다.

44 다음 중 MICE 산업에 포함되지 않는 것은?

① Meeting
② Casino
③ Exhibition
④ Convention

해설 MICE 산업은 '비즈니스 관광'이라고도 불리며, 회의(Meeting) · 포상관광(Incentive) · 컨벤션(Convention) · 이벤트 및 전시(Event & Exhibition)의 머리글자를 따서 만들어졌다.

45 다음 중 의료관광의 성장요인과 가장 거리가 먼 것은?

① 의료기술의 진보
② 의료서비스 제도의 발전
③ 고령인구의 감소
④ 건강에 대한 관심의 증가

해설 의료관광이 각광받고 있는 이유 중 하나는 '전 세계적인 고령화 추세'이다.

46 다음 설명에 해당하는 것은?

> 1981년 아메리칸 항공이 탑승거리의 누적실적에 따라 무료항공권과 교환하는 서비스를 시작한 것이 시초가 되어 현재 많은 항공사가 마케팅의 수단으로 이용하고 있다.

① FFP
② FCT
③ IIT
④ ICT

해설 FFP(Frequent Flyer Program)는 마일리지 프로그램이다. 탑승거리에 따라 무료 항공권과 무료 업그레이드 서비스를 제공하고 있다.

47 해외 선전광고 전략인 'AIDMA'의 용어가 잘못 짝지어진 것은?

① A – Attention

② I – Interest

③ D – Desire

④ M – Money

> 해설 AIDMA(AIDCA)
> • Attention(주의)
> • Interest(흥미)
> • Desire(욕망)
> • Memory(기억) 또는 Confidence(확신)
> • Action(행동)

48 다음 설명에 해당하는 것은?

> 민속문화를 체험하는 하와이의 폴리네시아 문화센터나 한국의 민속촌, 역사를 따라 체험하는 미국의 플리머스 플랜테이션(초기 식민지), 대중적 미디어문화를 체험하는 디즈니 랜드 등을 들 수 있다.

① Dude Ranch

② Cultural Tourism

③ Model Culture

④ Resort Tourism

> 해설 관광용으로 복원·연출된 민속문화나 역사문화, 또는 그것들을 체험 학습할 수 있는 테마파크를 말한다.

49 빈곤과 기아, 환경파괴와 역사 유적의 퇴화 등을 그저 견학만 하는 것이 아니라, 그 개선과 보전을 도모하는 목적을 가진 관광은?

① Moving Tourism

② Cultural Tourism

③ Mass Tourism

④ Supporting Tourism

해설) 사막녹화를 위한 식수작업이나 사적의 복구작업 등에 참여하는 투어, 작업에는 참여하지 않지만 여행 비용의 일부가 여행지 야생생물의 보호나 사적보전을 위한 기금으로 이용되는 투어 등이 있다.

50 1인용 침대 2개를 갖춘 호텔객실의 종류는?

① 싱글 베드룸　　　　　　　　　② 더블 베드룸

③ 트윈 베드룸　　　　　　　　　④ 트리플 베드룸

해설) ① 1인용 침대 1개
② 2인용 침대 1개
④ 1인용 침대 3개 또는 트윈에 엑스트라 베드가 추가된 형태

제3과목 관광법규

01 관광진흥법상 관광사업의 종류가 아닌 것은?

① 관광객 이용시설업

② 항공업

③ 국제회의업

④ 카지노업

> 해설 관광사업의 종류(관광진흥법 제3조 제1항)
> 여행업, 관광숙박업, 관광객 이용시설업, 국제회의업, 카지노업, 유원시설업, 관광 편의시설업

02 관광진흥법상 관광숙박업 등의 등록심의위원회의 내용이 아닌 것은?

① 관광숙박업 및 관광객 이용시설업 등록심의위원회의 심의를 거쳐야 할 관광사업의 경우에는 등록한 후 심의를 거친다.

② 관광숙박업 및 대통령으로 정하는 관광객 이용시설업이나 국제회의업의 등록에 관한 사항을 심의하기 위하여 특별자치시장 · 특별자치시장 · 특별자치도지사 · 시장 · 군수 · 구청장 소속으로 관광숙박업 및 관광객 이용시설업 등록심의위원회를 둔다.

③ 위원회는 위원장과 부위원장 각 1명을 포함한 위원 10명 이내로 구성한다.

④ 위원회의 구성 · 운영이나 그 밖에 위원회에 필요한 사항은 대통령령으로 정한다.

> 해설 특별자치시장 · 특별자치도지사 · 시장 · 군수 · 구청장은 관광숙박업, 관광객 이용시설업, 국제회의업의 등록을 하려면 미리 위원회의 심의를 거쳐야 한다. 다만, 대통령령으로 정하는 경미한 사항의 변경에 관하여는 위원회의 심의를 거치지 아니할 수 있다(관광진흥법 제17조 제4항).

03 관광진흥법상 관광통계 작성 범위가 아닌 것은?

① 외국인 방한 관광객의 관광행태에 관한 사항

② 국민의 관광행태에 관한 사항

③ 관광사업자의 경영에 관한 사항

④ 관광여행안내자의 안내 일정에 관한 사항

해설 ① · ② · ③ 외에 관광지와 관광단지의 현황 및 관리에 관한 사항, 그 밖에 문화체육관광부장관 또는 지방자치단체의 장이 관광산업의 발전을 위하여 필요하다고 인정하는 사항이 있다(관광진흥법 시행령 제41조의2).

04 관광진흥법상 관광개발계획의 수립시기 중 권역별 관광개발계획은 몇 년마다 수립하여야 하는가?

① 3년 　　　　　　　　　　② 5년

③ 7년 　　　　　　　　　　④ 10년

해설 관광개발기본계획은 10년마다, 권역별 관광개발계획은 5년마다 수립한다(관광진흥법 시행령 제42조 참조).

05 관광진흥법상 카지노사업자 등의 준수 사항으로서 "다음 각 호의 어느 하나에 해당하는 행위를 하여서는 아니 된다"라는 해당 행위와 거리가 먼 것은?

① 법령에 위반되는 카지노기구를 설치하거나 사용하는 행위

② 변조된 카지노기구 또는 시설을 사용하는 행위

③ 정당한 사유 없이 그 연도 안에 30일 이상 휴업하는 행위

④ 총매출액을 누락시켜 관광진흥개발기금 납부금액을 감소시키는 행위

해설 정당한 사유 없이 그 연도 안에 60일 이상 휴업하는 행위(관광진흥법 제28조 제1항 제9호)

06 관광진흥법상 등록기관의 장에게 국외여행 인솔자의 등록 및 자격증 발급에 관한 권한을 위탁받은 단체는?

① 한국산업인력공단 ② 한국관광공사
③ 지역별 관광협회 ④ 업종별 관광협회

07 관광진흥법상 유원시설업자의 준수사항에서 공통사항으로 가장 옳지 않은 것은?

① 사업자는 이용자가 보기 쉬운 곳에 이용요금표 · 준수사항 및 이용 시 주의하여야 할 사항을 게시하여야 한다.
② 사업자는 허가 또는 신고된 영업소의 명칭(상호)을 표시하여야 한다.
③ 사업자는 조명이 70럭스 이상이 되도록 유지하여야 한다.
④ 사업자는 화재발생에 대비하여 소화기를 설치하고, 이용자가 쉽게 알아볼 수 있는 곳에 피난 안내도를 부착하거나 피난방법에 대하여 고지하여야 한다.

08 관광진흥법상 호텔업의 등급결정기준에 대한 설명으로 옳지 않은 것은?

① 관광호텔업, 수상관광호텔업, 한국전통호텔업, 소형호텔업 또는 의료관광호텔업의 신규 등록을 한 자는 등록을 한 날부터 30일 이내에 문화체육관광부장관으로부터 등급결정권을 위탁받은 법인에 호텔업의 등급 중 희망하는 등급을 정하여 등급결정을 신청하여야 한다.
② 등급결정 수탁기관은 등급결정 신청을 받은 경우에는 문화체육관광부장관이 정하여 고시하는 호텔업 등급결정의 기준에 따라 신청일부터 90일 이내에 해당 호텔의 등급을 결정하여 신청인에게 통지하여야 한다.
③ 등급결정을 하는 경우에는 서비스 상태, 객실 및 부대시설의 상태, 안전 관리 등에 관한 법령 준수 여부의 요소를 평가하여야 하며, 그 세부적인 기준 및 절차는 문화체육관광부장관이 정하여 고시한다.
④ 등급결정 수탁기관은 평가의 공정성을 위하여 필요하다고 인정하는 경우에는 평가를 마칠 때까지 평가의 일정 등을 신청인에게 알리지 아니할 수 있다.

관광호텔업, 수상관광호텔업, 한국전통호텔업, 가족호텔업, 소형호텔업 또는 의료관광호텔업의 신규 등록을 한 자는 등록을 한 날부터 60일 이내에 문화체육관광부장관으로부터 등급결정권을 위탁받은 법인에 호텔업의 등급 중 희망하는 등급을 정하여 등급결정을 신청해야 한다(관광진흥법 시행규칙 제25조 제1항).

09 관광진흥법상 등록을 하지 아니하고 여행업 · 관광숙박업(사업계획의 승인을 받은 관광숙박업만 해당) · 국제회의업 및 관광객 이용시설업을 경영한 자에 대한 벌칙은?

① 3년 이하의 징역 또는 3천만원 이하의 벌금에 처한다.
② 5년 이하의 징역 또는 5천만원 이하의 벌금에 처한다.
③ 2년 이하의 징역 또는 2천만원 이하의 벌금에 처한다.
④ 1년 이하의 징역 또는 1천만원 이하의 벌금에 처한다.

3년 이하의 징역 또는 3천만원 이하의 벌금에 처하는 경우는 관광진흥법상 등록을 하지 아니하고 여행업 · 관광숙박업(사업계획의 승인을 받은 관광숙박업만 해당) · 국제회의업 및 법 제3조 제1항 제3호 나목의 관광객 이용시설업을 경영한 자, 허가를 받지 아니하고 유원시설업을 경영한 자, 법을 위반하여 시설을 분양하거나 회원을 모집한 자, 사용중지 등의 명령을 위반한 자 등이다(관광진흥법 제82조).

10 관광진흥법상 관광종사원 자격시험에 대한 설명이 아닌 것은?

① 필기시험, 외국어시험 및 면접시험으로 구분하되, 평가의 객관성이 확보될 수 있는 방법으로 시행하여야 한다.
② 필기시험 및 외국어시험에 합격하고 면접시험에 불합격한 자에 대하여는 다음 회의 시험에만 필기시험 및 외국어시험을 면제한다.
③ 시험의 면제를 받으려는 자는 관광종사원 자격시험 면제신청서에 경력증명서, 학력증명서 또는 그 밖에 자격을 증명할 수 있는 서류를 첨부하여 한국산업인력공단에 제출하여야 한다.
④ 문화체육관광부령으로 따로 정하는 자는 시험의 전부는 아니지만 일부를 면제할 수 있다.

관광종사원의 자격을 취득하려는 자는 문화체육관광부령으로 정하는 바에 따라 문화체육관광부장관이 실시하는 시험에 합격한 후 문화체육관광부장관에게 등록하여야 한다. 다만, 문화체육관광부령으로 따로 정하는 자는 시험의 전부 또는 일부를 면제할 수 있다(관광진흥법 제38조 제2항).

11 관광진흥법상 관광사업 등록기준에 대한 설명으로 옳은 것은?

① 수족관 어종은 200종 이상일 것

② 농어촌휴양시설 중 재배지 또는 양육장의 면적은 2만m² 이상일 것

③ 실내관광공연장은 70m² 이상의 무대를 갖추고 있을 것

④ 크루즈업은 욕실이나 샤워시설을 갖춘 객실을 30실 이상 갖추고 있을 것

> 해설) 관광객 이용시설업 등록기준(관광진흥법 시행령 별표 1)
> ① 수족관 어종은 100종 이상일 것
> ② 농어촌휴양시설 중 재배지 또는 양육장의 면적은 2천m² 이상일 것
> ④ 크루즈업은 욕실이나 샤워시설을 갖춘 객실을 20실 이상 갖추고 있을 것

12 관광진흥법상 국제회의기획업의 자본금은 얼마인가?

① 3천만원 이상   ② 5천만원 이상

③ 6천만원 이상   ④ 2억원 이상

> 해설) 국제회의기획업(관광진흥법 시행령 별표 1)
> • 자본금 : 5천만원 이상일 것
> • 사무실 : 소유권이나 사용권이 있을 것

13 관광진흥법령상 등급결정의 유효기간과 관한 설명으로 옳지 않은 것은?

① 문화체육관광부장관은 기존의 등급결정의 유효기간을 재난 및 안전관리 기본법에 따른 경계 이상의 위기경보가 발령된 날부터 2년의 범위에서 문화체육관광부장관이 정하여 고시하는 기한까지 연장할 수 있다.

② 문화체육관광부장관은 등급결정의 결과를 분기별로 문화체육관광부의 인터넷 홈페이지에 공표하여야 하고, 필요한 경우에는 그 밖의 효과적인 방법으로 공표할 수 있다.

③ 규정한 사항 외에 호텔업의 등급결정에 필요한 사항은 문화체육관광부장관이 정하여 고시한다.

④ 호텔업 등급결정의 유효기간은 등급결정을 받은 날부터 2년으로 한다.

> 해설) 호텔업 등급결정의 유효기간은 등급결정을 받은 날부터 3년으로 한다. 다만 통지 전에 호텔업 등급결정의 유효기간이 만료된 경우에는 새로운 등급결정을 받기 전까지 종전의 등급결정이 유효한 것으로 본다(관광진흥법 시행규칙 제25조의3 제2항).

14 관광진흥법상 유원시설업의 변경허가를 받으려는 자가 유원시설업 허가사항 변경허가신청서에 첨부해야 할 서류가 아닌 것은?

① 허가증

② 영업소의 소재지 또는 영업장의 면적을 변경하는 경우에는 그 변경내용을 증명하는 서류

③ 대표자 또는 상호를 변경하는 경우에는 그 변경내용을 증명하는 서류

④ 안전성검사 대상 유기시설 또는 유기기구를 폐기하는 경우에는 폐기내용을 증명하는 서류

> **해설** 유원시설업 허가사항 변경신고서에 첨부할 서류이다(관광진흥법 시행규칙 제10조 제2항 제1호).

15 관광진흥법상 카지노업의 허가를 받으려는 자가 카지노업 허가신청서에 첨부하여 문화체육관광부장관에게 제출해야 하는 서류가 아닌 것은?

① 신청인의 성명 · 주민등록번호를 기재한 서류

② 정관(법인만 해당)

③ 사업계획서

④ 자신 소유의 부동산을 사용하는 경우에는 그 사용권을 증명하는 서류

> **해설** 타인 소유의 부동산을 사용하는 경우에는 그 사용권을 증명하는 서류(관광진흥법 시행규칙 제6조 제1항 제4호)

16 관광진흥법상 호텔업의 등급결정기준이 아닌 것은?

① 호텔을 신규 등록한 경우

② 등급결정을 받은 날부터 2년이 경과한 경우

③ 시설을 증 · 개축한 경우

④ 서비스 및 운영 실태 등의 변경에 따른 등급 조정사유가 발생한 경우

> **해설** 호텔업 등급결정의 유효기간(등급결정을 받은 날부터 3년)이 만료되는 경우(관광진흥법 시행규칙 제25조 제1항 제2호)

17 관광진흥법상 휴양콘도미니엄업 시설의 분양 및 회원모집 기준에 대한 설명이 아닌 것은?

① 대지가 저당권의 목적물로 되어 있는 경우에는 그 저당권을 말소할 것

② 해당 휴양콘도미니엄이 건설되는 대지의 소유권을 확보할 것

③ 분양을 하는 경우 한 개의 객실당 분양인원은 5명 이내로 할 것

④ 공유자 또는 회원의 연간 이용일수는 365일을 객실당 분양 또는 회원모집계획 인원수로 나눈 범위 이내일 것

해설) 분양을 하는 경우 한 개의 객실당 분양인원은 5명 이상으로 하되, 가족(부부 및 직계존비속)만을 수분양자로 하지 아니할 것. 다만, 공유자가 법인인 경우나 법무부장관이 정하여 고시한 투자지역에 건설되는 휴양 콘도미니엄으로서 공유자가 외국인인 경우에는 그러하지 아니하다(관광진흥법 시행령 제24조 제1항 제3호).

18 관광진흥법상 관광사업자에게 부과 및 납부하는 과징금에 대한 설명으로 옳지 않은 것은?

① 등록기관 등의 장은 과징금을 부과하려면 그 위반행위의 종류와 과징금의 금액 등을 명시하여 납부할 것을 서면으로 알려야 한다.

② 통지를 받은 자는 30일 이내에 과징금을 등록기관 등의 장이 정하는 수납기관에 내야 한다.

③ 천재지변이나 그 밖의 부득이한 사유로 그 기간에 과징금을 낼 수 없는 경우에는 그 사유가 없어진 날부터 7일 이내에 내야 한다.

④ 과징금은 분할하여 낼 수 있다.

해설) 통지를 받은 자는 20일 이내에 과징금을 등록기관 등의 장이 정하는 수납기관에 내야 한다(관광진흥법 시행령 제35조 제2항).

19 관광진흥법상 관광종사원 중 호텔경영사 시험에 응시할 수 있는 자격은?

① 호텔서비스사 또는 조리사 자격을 취득한 후 관광숙박업소에서 3년 이상 종사한 경력이 있는 자

② 4성급 이상 호텔의 임원으로 3년 이상 종사한 경력이 있는 자

③ 호텔서비스사 또는 조리사 자격을 취득한 후 관광숙박업소에서 3년 이상 종사한 경력이 있는 자

④ 고등기술학교의 관광분야를 전공하는 과의 2년 과정 이상을 이수하고 졸업한 자

해설) ② 외에 호텔관리사 자격을 취득한 후 관광호텔에서 3년 이상 종사한 경력이 있는 자이다(관광진흥법 시행규칙 제48조 제1호).

20

관광진흥법상 문화관광해설사의 선발 및 활용에 대한 설명으로 옳지 않은 것은?

① 문화체육관광부장관 또는 지방자치단체의 장은 문화관광해설사를 선발하는 경우 이론 및 실습을 평가하고, 3개월 이상의 실무수습을 마친 자에게 자격을 부여할 수 있다.

② 선발계획에 따라 문화관광해설사를 선발하려는 경우에는 평가 결과 이론 및 실습 평가항목 각각 60점 이상을 득점한 사람 중에서 각각의 평가항목의 비중을 곱한 점수가 고득점자인 사람의 순으로 선발한다.

③ 문화체육관광부장관 또는 지방자치단체의 장은 문화관광해설사를 배치 · 활용하려는 경우에 해당 지역의 관광객 규모와 관광자원의 보유 현황 및 문화관광해설사에 대한 수요, 문화관광해설사의 활동 실적 및 태도 등을 고려하여야 한다.

④ 문화체육관광부장관 또는 지방자치단체의 장은 예산의 범위에서 문화관광해설사의 활동에 필요한 비용 등을 지원할 수 있다.

> **해설** 선발계획에 따라 문화관광해설사를 선발하려는 경우에는 평가 결과 이론 및 실습 평가항목 각각 70점 이상을 득점한 사람 중에서 각각의 평가항목의 비중을 곱한 점수가 고득점자인 사람의 순으로 선발한다(관광진흥법 시행규칙 제57조의5 제3항).

21

관광진흥법상 관광지 등을 관할하는 시장 · 군수 · 구청장은 조성계획을 작성하여 누구에게 승인을 받아야 하는가?

① 시 · 도지사   ② 한국관광협회장

③ 한국관광공사장   ④ 문화체육관광부장관

> **해설** 관광지 등을 관할하는 시장 · 군수 · 구청장은 조성계획을 작성하여 시 · 도지사의 승인을 받아야 한다(관광진흥법 제54조 제1항).

22

관광진흥개발기금법상 관광진흥개발기금이 관광사업의 발전을 위하여 대여 또는 보조할 수 있는 사업이 아닌 것은?

① 여행업을 등록한 자나 카지노업을 허가받은 자의 해외지사 설치

② 관광사업체 운영의 활성화

③ 여행업체의 시설개선사업

④ 관광진흥에 기여하는 문화예술사업

> **해설** ① · ② · ④ 외에 지방자치단체나 관광단지개발자 등의 관광지 및 관광단지 조성사업, 관광지 · 관광단지 및 관광특구의 문화 · 체육시설 · 숙박시설 · 상가시설로서 관광객 유치를 위하여 특히 필요하다고 문화체육관광부장관이 인정하는 시설의 조성, 관광 관련 국제기구의 설치가 있다(관광진흥개발기금법 시행령 제2조).

23 관광진흥개발기금법상 기금운용계획안을 수립하거나 기금운용계획을 변경하고자 할 때의 심의기관은?

① 기획재정부   ② 한국관광공사

③ 한국산업은행   ④ 기금운용위원회

> **해설**   기금운용계획안을 수립하거나 기금운용계획을 변경하려면 기금운용위원회의 심의를 거쳐야 한다(관광진흥개발기금법 제7조 제2항).

24 국제회의산업 육성에 관한 법률상 국제회의 정보의 공급·활용 및 유통을 촉진하기 위하여 사업시행기관이 추진하는 사업이 아닌 것은?

① 국제회의 정보 및 통계의 수집·분석

② 국제회의 정보의 가공 및 유통

③ 전자국제회의 개최를 위한 관리체제의 개발 및 운영

④ 국제회의 정보망의 구축 및 운영

> **해설**   ①·②·④ 외에 국제회의 정보의 활용을 위한 자료의 발간 및 배포가 있다(국제회의산업 육성에 관한 법률 시행규칙 제8조 제1항).

25 국제회의산업 육성에 관한 법률상 문화체육관광부장관이 전자국제회의 기반의 구축을 촉진하기 위하여 지원할 수 있는 사업시행기관이 추진하는 사업이 아닌 것은?

① 인터넷 등 정보통신망을 통한 사이버 공간에서의 국제회의 개최

② 전자국제회의 개최를 위한 관리체제의 개발 및 운영

③ 전자국제회의 개최를 위한 국내외 기관 간의 협력사업

④ 국제회의 정보 및 통계의 수집·분석

> **해설**   국제회의 정보의 공급·활용 및 유통을 촉진하기 위하여 사업시행기관이 추진하는 사업이다(국제회의산업 육성에 관한 법률 제13조 제2항 제1호).

26 항공 용어 중 Through Check In에 대한 설명이 아닌 것은?

① 2개 구간 이상을 탑승하는 경우, 최초 출발지의 공항에서 환승편까지 포함하여 최종 목적 지까지의 탑승수속을 하는 것이다.

② 복수의 탑승권이 발행된다.

③ 항공회사로서는 환승시간이 길고, 지상비가 많이 드는 단점이 있다.

④ 직항편을 이용할 수 없는 항공이용자에 대한 탑승수속의 간소화가 도모된다.

해설　항공회사로서도 환승시간의 단축 및 지상비의 절감에 효과가 있다.

27 항공편과 호텔만 예약되어 있을 뿐, 식사나 구체적인 관광활동 등은 아직 수배되어 있지 않 은 여행형태는?

① Skeleton Type　　　　　　　② Space Type
③ Hotel Type　　　　　　　　④ Air Type

해설　겉으로 보기에 값싼 여행을 할 수 있다는 점에서 여행사의 프로모션 상품으로 자주 이용되며, 자유활 동의 시간이 많은 만큼 여행을 많이 해본 사람들이 선호하는 상품이다.

28 호텔이 사전에 여행업자와 같은 예약 중개업자에게 일정 수의 객실을 확보하여 제공하는 것을 말하는 용어는?

① Land Operator　　　　　　② Space Block
③ Technical Visit　　　　　　④ Late Arrival

해설　호텔이 사전에 여행업자와 같은 예약 중개업자에게 일정 수의 객실을 확보하여 제공하는 것을 말한 다. 또는 이렇게 해서 확보, 제공된 객실을 가리켜 스페이스 블록이라고 한다.

29 다음 중 생태관광의 특징으로 옳지 않은 것은?

① 자연에 바탕을 둔 관광으로, 자연자원의 한계에 대한 인식을 통해 자연의 피해를 최소화하는 것이다.

② 지역주민보다 방문객들이 개발을 주도하는 등 방문객을 적극 고려하는 관광이다.

③ 개발에 앞서 자연의 수용능력을 인식하고 그 안에서 적절하게 운용하는 관광이다.

④ 인간과 자연의 조화를 이루는 관광으로 개발에 앞서 자연의 수용능력을 인식하고 그 안에서 적절하게 운용하는 관광이다.

해설) 지역의 자본으로 지역주민이 개발을 주도하고 지역주민을 우선 고용하며 기존의 지역산업을 우선 고려하는 방식의 관광이다.

30 Island Hopping(아일랜드 호핑)에 대한 설명이 아닌 것은?

① 도서지역에서 여러 섬을 방문하는 주유성이 높은 관광형태를 말한다.

② 대표적인 것은 카리브해 크루즈와 에게해 크루즈가 있다.

③ 한 곳에서의 체재는 길지만, 전체적인 여행기간은 짧아지는 것이 특징이다.

④ 투어하면서 스노클링을 즐기는 프로그램도 있다.

해설) 한 곳에서의 체재는 짧지만 전체적인 여행기간은 길어지는 것이 특징이며, 여객선의 시설과 쾌적성도 크루즈 여행의 매력을 형성하는 커다란 요인이 된다.

31 여행 이외의 주된 목적을 가진 각종 단체가 그 회원을 수송하기 위하여 빌리는 전세기는?

① Affinity Group　　　　② Attrition

③ Amenity　　　　　　 ④ Alternative

해설) 비행기의 사용자인 법인 또는 단체는 구성원이 5만 명 미만이거나 거주하는 행정단위 인구의 5% 미만 중 적은 쪽의 숫자이어야 하며 여객은 그 단체의 구성원일 것, 운항일 이전 6개월 이상 그 단체에 소속되어 있을 것 등의 상세한 규칙이 있다.

32 전체 시장을 여러 개의 세분시장으로 나누고 이들 모두를 목표시장으로 삼아 각기 다른 마케팅믹스를 적용하는 전략은?

① 비차별적 마케팅 전략 ② 차별적 마케팅 전략

③ 집중적 마케팅 전략 ④ 시장적소 마케팅 전략

해설 ① 세분시장의 차이점을 무시하고 단일의 마케팅믹스를 통해 전체 시장을 대상으로 마케팅 활동을 벌이는 전략
③ 세분화된 소수의 세분시장만을 목표시장으로 선정하여 집중적으로 마케팅 활동을 하는 전략
④ 세분화된 여러 시장부분 중 기업의 목적과 자원에 적합한 단일의 목표시장을 선정하고 마케팅 활동을 집중하여 특화시키는 전략

33 Alternative Tourism과 관계없는 것은?

① Green Tourism ② Rural Tourism

③ Eco Tourism ④ Fictional Tourism

해설 대량관광(Mass Tourism)을 의미하는 매스 투어리즘에 대한 대안관광(Alternative Tourism)을 말한다. 그린(Green) 투어리즘, 루럴(Rural) 투어리즘, 에코(Eco) 투어리즘, 소프트(Soft) 투어리즘 등의 형태로 표현된다.

34 숙박은 저렴한 호텔에서 하고 식사와 관광은 알차고 고급스럽게 하는 계층을 겨냥해 개발된 호텔은?

① Boatel ② Boarding Houses

③ Floatel ④ Budget Hotel

해설 저렴한 요금으로 시설이 좋은 객실을 이용하도록 만든 실비 호텔로, 주로 가족 단위로 여행하는 고객이 대상이다.

35

Optional Tour에 대한 설명으로 옳지 않은 것은?

① 서비스의 취사선택이 가능하다.
② 처음 여행일정에는 포함되지 않는 투어로서 현지에서 직접 신청을 하는 여행을 말한다.
③ 여행사들이 여행 상품의 가격을 낮추어 현지의 옵션 여행에서 보충하려는 측면이 있다.
④ 자유 투어가 아니라 지정된 투어가 많은 투어이다.

> **해설** 옵션 투어는 지정된 투어가 아니라 자유시간이 많은 투어를 좋아하는 여행수요가 강해짐에 따라서 그 종류도 다양해졌다. 그러나 여행사들의 기본 상품 중 관광이나 식사를 적게 함으로써 여행 상품의 가격을 낮추어 현지의 옵션 여행에서 보충하려는 측면도 있다.

36

모텔의 발전 과정에 해당하지 않는 것은?

① 투어리스트 캐빈(Tourist Cabin) 　② 투어리스트 코트(Tourist Court)
③ 모터 호텔(Motor Hotel) 　④ 인(Inn)

> **해설** 1096년부터 시작된 십자군 원정을 계기로 성지순례 여행이 성행하였는데, 각지의 교회가 숙박시설로서의 기능을 맡았고 결국에는 이들 숙소가 독립하여 인(Inn)으로 불리게 되었다.

37

전세비행일 때 전세편의 운항 개시지점이나 종착지로부터 기지까지 공수하는 경우 징수되는 요금은?

① Ferry Charge 　② Barter Ticket
③ Liner 　④ Through Fare

> **해설** ② 항공회사가 선전매체로 자기회사의 선전과 교환으로 주는 항공권
> ③ 정기적으로 운항하는 정기선, 정기항공
> ④ 출발지점으로부터 도달지점까지의 전체 적용 운임

38

소수 인원으로 구성된 비공식회의는?

① Concierge 　② Conference
③ Congress 　④ Buzz Session

④ 구성원 모두가 적극적으로 참가하여 발언할 수 있도록 한 소집단 토의법으로, 미시간대학교의 J.D
　필립스가 창안한 방법이다.
① 각종 상담, 수배업무를 종합적으로 담당하는 호텔 직종을 가리키는 용어이다.
② 과학·기술·학문 분야의 새로운 지식 습득 및 특정 주제의 연구를 위한 회의이다.
③ 컨벤션과 같은 의미를 지닌 용어로서, 유럽 지역에서 빈번히 사용되며 주로 국제적인 규모의 회의
　를 의미한다.

39 쌍방 중 어느 한쪽이 계약조항을 위반하는 행동을 했을 때 적용되는 것으로, 계약서 상에 명시된 벌칙조항을 의미하는 것은?

① Carrier Package
② Cabotage
③ Cancellation Clause
④ Break-out Session

해설 ① 운송회사 계통의 여행회사에서 기획한 여행상품
② 한 국가 영토 내 상업적인 운송규약
④ 전체 회의에서 유사한 정보나 교육을 제공받은 후에 특정 업무 수행을 위해 함께 일하는 소규모의
　협의

40 리조트와 관광지에 대한 설명으로 옳지 않은 것은?

① 리조트는 인위적으로 편의시설을 이용하게 함으로써 이득을 취하는 것이다.
② 리조트의 시설을 이용할 때는 대가를 지불해야 한다.
③ 관광지는 자연스럽게 형성된 지역에 어떤 명승지나 사찰 또는 해수욕장, 그 밖에 시설이
　있는 곳을 말한다.
④ 관광지는 소비자를 위한 특별한 시설이나 구역이 설정되어 있다.

해설 유명사찰이나 명승지 등의 관광지는 일반적으로 자연스럽게 구성된 상가나 기타 시설이 있는데, 대
체적으로 일반기업체에서 만든 것이 아니기 때문에 소비자를 위한 특별한 시설이나 구역이 설정되어
있지는 않다.

41 시장세분화의 요건이 아닌 것은?

① 측정가능성
② 시장규모성
③ 접근가능성
④ 실질성

해설 시장세분화의 요건은 측정가능성, 접근가능성, 실질성, 집행력이다.

42 Civil Aviation는 무엇인가?

① 민간항공협정　　　　　　　　　② 국제항만협정
③ 공항물류센터　　　　　　　　　④ 할인요금협정

> 해설 　Civil Aviation는 민간항공 수송에 관한 국가 간의 협정으로, 보통 두 나라 사이의 상호교류에 관한 쌍
> 무협정을 가리킨다.

43 호텔 용어 중 'Comp'란 무엇을 나타내는 말인가?

① 상담수배업무　　　　　　　　　② 무료제공 객실
③ 할인요금 객실　　　　　　　　　④ 출장연회

> 해설 　Comp(콤프)는 무료제공 객실을 의미하며, 'Complimentary on Room'의 약어로 주로 식음료가 포함
> 되지 않고 객실만 무료로 제공한다.

44 국제회의연합(UIA)이 정한 국제회의 기준에서 국내 단체가 주최하는 경우가 아닌 것은?

① 전체 참가자 수 300명 이상　　　② 참가자 중 외국인 비율 20% 이상
③ 참가국 수 5개국 이상　　　　　　④ 회의기간 3일 이상

> 해설 　참가자 중 외국인 비율이 40% 이상이어야 한다.

45 단체여행에서 객실의 수나 비행기 티켓에 대해 확정짓는 기한을 뜻하는 용어는?

① Cut – off Date　　　　　　　　② Go – show
③ No – show　　　　　　　　　　④ Tariff

> 해설 　② 사전에 좌석을 확보하지 못한 사람이 공항에 나가서 만약 공석이 있으면 그 좌석을 이용하고 싶다
> 고 희망하는 상태
> ③ 예약을 하고 항공권도 구입한 여객이 사전예고 없이 예약한 좌석을 이용하지 않는 것
> ④ 항공, 선박, 철도 등 교통기관의 운임 요금표

46 여행의 형태 중 Deluxe Type에 대한 설명이 아닌 것은?

① 이코노미 타입투어에 반대되는 개념이다.

② 항공기는 1, 2등석을 이용하고, 숙박은 최고급 호텔을 이용하는 럭셔리여행을 가리킨다.

③ 학생이나 젊은이들의 여행에 많이 이용된다.

④ 객실이나 식사에만 중점적으로 신경을 쓰는 선택형 딜럭스 형도 볼 수 있다.

> 해설 신혼여행이나 SIT(Special Interest Tour, 특별한 목적 등 테마를 가진 여행상품)에 많으며, 학생이나 젊은이들의 여행에서는 이러한 유형을 찾아보기 힘들다.

47 다음에 해당하는 숙박요금제도는?

> • 미국에서는 객실료에 완전한 아침식사와 저녁식사 방식
> • 유럽에서는 객실료에 컨티넨탈 조식과 중식 또는 석식 중 고객에게 선택하도록 하는 방식(객실료 +2식)

① Hold Room Charge   ② Guide Rate

③ Midnight Charge   ④ Demi − pension

> 해설 ① 투숙객이 짐을 그대로 두고 외출 중일 때 객실을 사용하는 것으로 간주하여 요금을 부과함
> ② 여행 안내원에게 일정한 요금을 할인해 주는 것
> ③ 예약 손님이 다음날 도착했을 때 전날의 숙박요금을 부담하는 것

48 객실의 요금은 본래 등급에 따라서 달라진다. 그러나 이것을 일률적인 요금을 적용하여 판매하는 것은?

① Flat Rate   ② Front Clerk

③ Full Package Type   ④ Happy Hour

> 해설 일률적인 요금을 적용하여 판매하는 것을 말하는 것으로, 여행사나 단체에 대하여 대량으로 객실을 판매할 때에 이용된다.

49 호텔 식음료장(라운지, 칵테일 바 또는 펍)에서 하루 중 고객이 붐비지 않는 시간대(오후 4~6시 사이)를 이용하여 저렴한 가격 또는 무료로 음료 및 스낵 등을 제공하는 호텔 프로모션 상품 중의 하나는?

① Over Time

② Autorestaurant

③ Duplex

④ Happy Hour

해설 ① 호텔의 종사원이 정상 근무시간보다 더 많은 시간을 근무
② 버스형 자동차, 트레일러(Trailer)에 간단한 음식물을 싣고 다니는 이동식 식당
③ 스위트 룸의 하나로 응접실이 하층에 있고 침실이 상층에 있는 객실

50 스페인의 역사적 건축물의 보존을 목적으로 한 공공 숙박시설을 가리키는 말인 Parador에 대한 설명이 아닌 것은?

① 정부의 령으로 민간의 숙박시설이 이 명칭을 사용하는 것은 금지되어 있다.

② 파라도르 호텔은 1928년 스페인 국왕 알폰소 13세에 의해 그라나다 지역에 처음 세워졌다.

③ 성, 궁전, 귀족의 저택 등 역사적 가치가 있는 건축물들을 호텔로 개조하였다.

④ 고대 유럽의 분위기를 고스란히 품고 있어 고대풍의 낭만 여행을 제공한다.

해설 Parador는 호텔 형태의 하나로, 스페인 말로 성(Castle)이라는 단어가 숙박시설로 이용되기 위하여 복구되었다.
④ 중세 유럽의 분위기를 고스란히 품고 있어 중세풍의 낭만 여행을 제공한다.

제3과목 관광법규

01 관광기본법상 관광진흥에 관한 기본계획에 포함되어야 하는 사항으로 명시되지 않은 것은?

① 국내외 관광여건과 관광 동향에 관한 사항
② 관광진흥을 위한 기반 조성에 관한 사항
③ 관광진흥을 위한 제도 개선에 관한 사항
④ 남북관광 교류 및 진흥에 관한 사항

> **해설** 관광진흥계획의 수립(관광기본법 제3조 제2항)
> • 관광진흥을 위한 정책의 기본방향
> • 국내외 관광여건과 관광 동향에 관한 사항
> • 관광진흥을 위한 기반 조성에 관한 사항
> • 관광진흥을 위한 관광사업의 부문별 정책에 관한 사항
> • 관광진흥을 위한 재원 확보 및 배분에 관한 사항
> • 관광진흥을 위한 제도 개선에 관한 사항
> • 관광진흥과 관련된 중앙행정기관의 역할 분담에 관한 사항
> • 관광시설의 감염병 등에 대한 안전 · 위생 · 방역 관리에 관한 사항
> • 그 밖에 관광진흥을 위하여 필요한 사항

02 관광진흥개발기금법상 기금의 용도로 옳지 않은 것은?

① 국립공원에서의 자연생태계 보호
② 관광을 위한 교통수단의 확보 또는 개수(改修)
③ 호텔을 비롯한 각종 관광시설의 건설 또는 개수
④ 관광사업의 발전을 위한 기반시설의 건설 또는 개수

> **해설** 기금의 용도(관광진흥개발기금법 제5조 제1항)
> • 호텔을 비롯한 각종 관광시설의 건설 또는 개수(改修)
> • 관광을 위한 교통수단의 확보 또는 개수
> • 관광사업의 발전을 위한 기반시설의 건설 또는 개수
> • 관광지 · 관광단지 및 관광특구에서의 관광 편의시설의 건설 또는 개수

03 국제회의산업 육성에 관한 법률상 ( )에 들어갈 용어로 옳은 것은?

> ( )(이)란 국제회의시설, 국제회의 전문인력, 전자국제회의체제, 국제회의 정보 등 국제회의의 유치·개최를 지원하고 촉진하는 시설, 인력, 체제, 정보 등을 말한다.

① 국제회의산업 육성기반
② 국제회의복합지구
③ 국제회의집적시설
④ 국제회의 전담조직

해설 국제회의산업 육성기반이란 국제회의시설, 국제회의 전문인력, 전자국제회의체제, 국제회의 정보 등 국제회의의 유치·개최를 지원하고 촉진하는 시설, 인력, 체제, 정보 등을 말한다(국제회의산업 육성에 관한 법률 제2조 제6호).

04 관광진흥법령상 관광숙박업의 사업계획 변경에 관한 승인을 받아야 하는 경우가 아닌 것은?

① 부지 및 대지 면적을 변경할 때에 그 변경하려는 면적이 당초 승인받은 계획면적의 100분의 10 이상이 되는 경우
② 건축 연면적을 변경할 때에 그 변경하려는 연면적이 당초 승인받은 계획면적의 100분의 10 이상이 되는 경우
③ 호텔업의 경우 객실 수 또는 객실면적을 변경하려는 경우
④ 변경하려는 업종의 등록기준에 맞는 경우로서, 호텔업과 휴양 콘도미니엄업 간의 업종변경 또는 호텔업 종류 간의 업종 변경

해설 관광숙박업의 사업계획 변경에 관한 승인을 받아야 하는 경우(관광진흥법 시행령 제9조 제1항)
- 부지 및 대지 면적을 변경할 때에 그 변경하려는 면적이 당초 승인받은 계획면적의 100분의 10 이상이 되는 경우
- 건축 연면적을 변경할 때에 그 변경하려는 연면적이 당초 승인받은 계획면적의 100분의 10 이상이 되는 경우
- 객실 수 또는 객실면적을 변경하려는 경우(휴양 콘도미니엄업만 해당한다)
- 변경하려는 업종의 등록기준에 맞는 경우로서, 호텔업과 휴양 콘도미니엄업 간의 업종변경 또는 호텔업 종류 간의 업종 변경

05 관광진흥법령상 카지노업의 허가를 받으려는 자가 문화체육관광부장관에게 제출하여야 하는 사업계획서에 포함되어야 하는 사항이 아닌 것은?

① 장기수지 전망
② 인력수급 및 관리계획
③ 카지노영업소 이용객 유치계획
④ 외국인 관광객의 수용 가능 인원

해설 사업계획서에 포함되어야 하는 사항(관광진흥법 시행규칙 제6조 제3항)
- 카지노영업소 이용객 유치계획
- 장기수지 전망
- 인력수급 및 관리계획
- 영업시설의 개요

06 관광진흥법령상 여객자동차터미널시설업의 지정 및 지정취소에 관한 권한이 있는 기관은?

① 지역별 관광협회
② 한국관광공사
③ 문화체육관광부장관
④ 시장·군수·구청장

해설 관광편의시설업의 지정신청(관광진흥법 시행규칙 제14조 제1항)
관광 편의시설업의 지정을 받으려는 자는 다음의 구분에 따라 신청을 하여야 한다.
- 관광유흥음식점업, 관광극장유흥업, 외국인전용 유흥음식점업, 관광순환버스업, 관광펜션업, 관광궤도업, 관광면세업 및 관광지원서비스업 : 특별자치시장·특별자치도지사·시장·군수·구청장
- 관광식당업, 관광사진업 및 여객자동차터미널시설업 : 지역별 관광협회

07 관광진흥법령상 기획여행을 실시하는 자가 광고를 하려는 경우 표시하여야 하는 사항이 아닌 것은?

① 여행경비와 최저 여행인원
② 기획여행명·여행일정 및 주요 여행지
③ 인솔자의 관광통역안내사 자격 취득여부
④ 여행일정 변경 시 여행자의 사전 동의 규정

해설 기획여행의 광고(관광진흥법 시행규칙 제21조)
- 여행업의 등록번호, 상호, 소재지 및 등록관청
- 기획여행명·여행일정 및 주요 여행지
- 여행경비
- 교통·숙박 및 식사 등 여행자가 제공받을 서비스의 내용
- 최저 여행인원
- 보증보험 등의 가입 또는 영업보증금의 예치 내용
- 여행일정 변경 시 여행자의 사전 동의 규정
- 여행목적지(국가 및 지역)의 여행경보단계

08 관광진흥법령상 카지노업의 허가를 받으려는 자가 갖추어야 할 시설 및 기구의 기준에 해당하지 않는 것은?

① 1개 이상의 외국환 환전소
② 660제곱미터 이상의 전용 영업장
③ 문화체육관광부장관이 정하여 고시하는 기준에 적합한 카지노 전산시설
④ 관광진흥법령에 따른 카지노업의 영업종류 중 네 종류 이상의 영업을 할 수 있는 게임기구 및 시설

> 해설 카지노업의 시설기준(관광진흥법 시행규칙 제29조 제1항)
> • 330제곱미터 이상의 전용 영업장
> • 1개 이상의 외국환 환전소
> • 카지노업의 영업종류 중 네 종류 이상의 영업을 할 수 있는 게임기구 및 시설
> • 문화체육관광부장관이 정하여 고시하는 기준에 적합한 카지노 전산시설

09 관광진흥법상 한국관광협회중앙회 설립의 허가권자는?

① 대통령
② 시 · 도지사
③ 문화체육관광부장관
④ 시장 · 군수 · 구청장

> 해설 한국관광협회중앙회 설립(관광진흥법 제41조 제2항)
> 협회를 설립하려는 자는 대통령령으로 정하는 바에 따라 문화체육관광부장관의 허가를 받아야 한다.

10 관광진흥법령상 관광통계의 작성 범위로 명시되지 않은 것은?

① 관광사업자의 경영에 관한 사항
② 관광지와 관광단지의 현황 및 관리에 관한 사항
③ 외국인 방한(訪韓) 관광객의 관광행태에 관한 사항
④ 해외관광지에서 발생한 내국민피해에 관한 사항

> 해설 관광통계 작성 범위(관광진흥법 시행령 제41조의2)
> • 외국인 방한(訪韓) 관광객의 관광행태에 관한 사항
> • 국민의 관광행태에 관한 사항
> • 관광사업자의 경영에 관한 사항
> • 관광지와 관광단지의 현황 및 관리에 관한 사항
> • 그 밖에 문화체육관광부장관 또는 지방자치단체의 장이 관광산업의 발전을 위하여 필요하다고 인정하는 사항

11 관광진흥법령상 관광사업에 관한 설명으로 옳지 않은 것은?

① 국제회의기획업 – 대규모 관광 수요를 유발하는 국제회의의 계획 · 준비 · 진행 등의 업무를 위탁받아 대행하는 업

② 국제회의시설업 – 대규모 관광 수요를 유발하는 국제회의를 개최할 수 있는 시설을 설치하여 운영하는 업

③ 관광공연장업 – 식품위생 법령에 따른 유흥주점 영업의 허가를 받은 자가 무도(舞蹈) 시설을 갖추어 노래와 춤을 감상하게 하거나 춤을 추게 하는 업

④ 한국전통호텔업 – 한국전통의 건축물에 관광객의 숙박에 적합한 시설을 갖추거나 부대시설을 함께 갖추어 관광객에게 이용하게 하는 업

> **해설**
> • 관광공연장업 : 관광객을 위하여 적합한 공연시설을 갖추고 공연물을 공연하면서 관광객에게 식사와 주류를 판매하는 업
> • 관광극장유흥업 : 식품위생 법령에 따른 유흥주점 영업의 허가를 받은 자가 관광객이 이용하기 적합한 무도(舞蹈)시설을 갖추어 그 시설을 이용하는 자에게 음식을 제공하고 노래와 춤을 감상하게 하거나 춤을 추게 하는 업

12 관광진흥법령상 관광사업자가 아닌 자가 상호에 포함하여 사용할 수 없는 명칭으로 옳지 않은 것은?

① 관광펜션업과 유사한 영업의 경우 관광펜션

② 관광사진업과 유사한 영업의 경우 관광사진

③ 관광유람선업과 유사한 영업의 경우 관광유람

④ 관광공연장업과 유사한 영업의 경우 관광공연

> **해설**
> 상호의 사용제한(관광진흥법 시행령 제8조)
> • 관광숙박업과 유사한 영업의 경우 : 관광호텔과 휴양 콘도미니엄
> • 관광유람선업과 유사한 영업의 경우 : 관광유람
> • 관광공연장업과 유사한 영업의 경우 : 관광공연
> • 관광유흥음식점업, 외국인전용 유흥음식점업 또는 관광식당업과 유사한 영업의 경우 : 관광식당
> • 관광극장유흥업과 유사한 영업의 경우 : 관광극장
> • 관광펜션업과 유사한 영업의 경우 : 관광펜션
> • 관광면세업과 유사한 영업의 경우 : 관광면세

13 관광진흥법상 관광의 진흥 등에 관한 설명으로 옳지 않은 것은?

① 문화체육관광부장관은 관광에 관한 정보의 활용과 관광을 통한 국제 친선을 도모하기 위하여 관광과 관련된 국제기구와의 협력 관계를 증진하여야 한다.

② 지방자치단체의 장은 관광통계를 작성하기 위하여 필요하면 실태조사를 하거나, 개인에게 협조를 요청할 수 있다.

③ 문화체육관광부장관은 여행과 관광의 특성을 살리기 위하여 여행이용권을 「문화예술진흥법」에 따른 문화이용권과 통합하여 운영해서는 안 된다.

④ 국가는 장애인의 여행 및 관광 활동 권리를 증진하기 위하여 장애인 관광 지원 단체에 대하여 경비를 보조할 수 있다.

> 해설) 문화체육관광부장관은 여행이용권의 이용 기회 확대 및 지원 업무의 효율성을 제고하기 위하여 여행이용권을 「문화예술진흥법」에 따른 문화이용권 등 문화체육관광부령으로 정하는 이용권과 통합하여 운영할 수 있다(관광진흥법 제47조의5 제6항).

14 관광진흥법령상 문화체육관광부장관이 문화관광축제의 지정 기준을 정할 때 고려해야 하는 사항으로 명시되지 않은 것은?

① 축제의 운영능력　　　　　　　② 지역주민 참여도
③ 축제의 특성 및 콘텐츠　　　　④ 관광객 유치 효과 및 경제적 파급효과

> 해설) 문화관광축제의 지정 기준(관광진흥법 시행령 제41조의7)
> • 축제의 특성 및 콘텐츠
> • 축제의 운영능력
> • 관광객 유치 효과 및 경제적 파급효과
> • 그 밖에 문화체육관광부장관이 정하는 사항

15 관광진흥법상 지역관광협의회(이하 "협의회"라 한다)에 관한 설명으로 옳은 것은?

① 협의회가 수행하는 업무에는 지방자치단체로부터 위탁받은 업무가 포함된다.

② 협의회의 설립은 허가사항이 아니라 신고사항이다.

③ 협의회의 법적 성질은 권리능력 없는 사단이다.

④ 협의회는 수익사업을 해서는 안 된다.

② 협의회에는 지역 내 관광진흥을 위한 이해 관련자가 고루 참여하여야 하며, 협의회를 설립하려는 자는 해당 지방자치단체의 장의 허가를 받아야 한다(관광진흥법 제48조의9 제2항).

③ 협의회는 법인으로 한다(관광진흥법 제48조의9 제3항).

④ 협의회는 지역의 관광수용태세 개선을 위한 업무, 지역관광 홍보 및 마케팅 지원 업무, 관광사업자, 관광 관련 사업자, 관광 관련 단체에 대한 지원 업무에 따르는 수익사업을 수행한다(관광진흥법 제48조의9 제4항).

16 관광진흥법령상 '한국관광 품질인증' 대상 사업에 해당하는 것은?

① 야영장업

② 전문휴양업

③ 관광공연장업

④ 관광유람선업

한국관광 품질인증 대상 사업(관광진흥법 시행령 제41조의10)
• 야영장업
• 외국인관광 도시민박업
• 한옥체험업
• 관광식당업
• 관광면세업
• 숙박업(관광숙박업 제외)
• 외국인관광객면세판매장
• 그 밖에 관광사업

17 관광진흥법상 문화체육관광부장관의 관광개발기본계획에 포함되는 사항이 아닌 것은?

① 전국의 관광 여건과 관광 동향(動向)에 관한 사항

② 관광권역(觀光圈域)의 설정에 관한 사항

③ 관광자원 보호 · 개발 · 이용 · 관리 등에 관한 기본적인 사항

④ 권역의 관광 수요와 공급에 관한 사항

관광개발기본계획(관광진흥법 제49조 제1항)
• 전국의 관광 여건과 관광 동향(動向)에 관한 사항
• 전국의 관광 수요와 공급에 관한 사항
• 관광자원 보호 · 개발 · 이용 · 관리 등에 관한 기본적인 사항
• 관광권역(觀光圈域)의 설정에 관한 사항
• 관광권역별 관광개발의 기본방향에 관한 사항
• 그 밖에 관광개발에 관한 사항

18 관광진흥법령상 관광지 및 관광단지로 지정·고시된 지역에서 원칙적으로 허가를 받아야 할 수 있는 행위로 명시되지 않은 것은?

① 토지분할

② 농작물의 경작

③ 가설건축물의 건축

④ 죽목(竹木)을 베어내거나 심는 행위

> **해설** 관광지 및 관광단지로 지정·고시된 지역에서 허가를 받아야 할 수 있는 행위(관광진흥법 제52조의2 및 시행령 제45조의2 제1항)
> 관광지 등으로 지정·고시된 지역에서 건축물의 건축, 공작물의 설치, 토지의 형질 변경, 토석의 채취, 토지분할, 물건을 쌓아놓는 행위 등 대통령령으로 정하는 행위를 하려는 자는 특별자치시장·특별자치도지사·시장·군수·구청장의 허가를 받아야 한다. 허가받은 사항을 변경하려는 경우에도 또한 같다.
> • 건축물의 건축
> • 공작물의 설치
> • 토지의 형질 변경
> • 토석의 채취
> • 토지분할
> • 물건을 쌓아놓는 행위
> • 죽목(竹木)을 베어내거나 심는 행위

19 관광진흥법령상 서울특별시에서 관광특구로 지정되기 위하여 필요한 외국인 관광객 수는? (문화체육관광부장관이 고시하는 기준을 갖춘 통계전문기관의 통계결과 해당 지역의 최근 1년간 외국인 관광객 수를 기준으로 함)

① 10만명 이상

② 30만명 이상

③ 50만명 이상

④ 100만명 이상

> **해설** 관광특구의 지정요건(관광진흥법 시행령 제58조)
> 문화체육관광부장관이 고시하는 기준을 갖춘 통계전문기관의 통계결과 해당 지역의 최근 1년간 외국인 관광객 수가 10만명(서울특별시는 50만 명)인 것을 말한다.

20 관광진흥개발기금법상 관광진흥개발기금(이하 "기금"이라 한다)에 관한 설명으로 옳지 않은 것은?

① 기금의 회계연도는 관광진흥에 관한 기본계획에서 정하므로 정부의 회계연도에 따르지 아니한다.
② 기금은 문화체육관광부장관이 관리한다.
③ 기금의 운용에 따라 생기는 수익금은 기금 조성의 재원(財源)이 될 수 있다.
④ 기금은 민간자본의 유치를 위하여 필요한 경우 관광사업에 투자하는 것을 목적으로 하는 투자조합에 출자(出資)할 수 있다.

> **해설** 기금의 회계연도는 정부의 회계연도에 따른다(관광진흥개발기금법 제4조).

21 관광진흥개발기금법령상 관광진흥개발기금이 대여하거나 보조할 수 있는 사업을 모두 고른 것은?

> ㄱ. 국제회의의 유치 및 개최사업
> ㄴ. 관광 관련 국제기구의 설치사업
> ㄷ. 장애인에 대한 국민관광 복지사업
> ㄹ. 관광사업 종사자에 대한 교육훈련사업

① ㄱ, ㄹ
② ㄱ, ㄴ, ㄷ
③ ㄴ, ㄷ, ㄹ
④ ㄱ, ㄴ, ㄷ, ㄹ

> **해설** 관광진흥개발기금이 대여하거나 보조할 수 있는 사업(관광진흥개발기금법 제5조 제3항)
> • 국외 여행자의 건전한 관광을 위한 교육 및 관광정보의 제공사업
> • 국내외 관광안내체계의 개선 및 관광홍보사업
> • 관광사업 종사자 및 관계자에 대한 교육훈련사업
> • 국민관광 진흥사업 및 외래관광객 유치 지원사업
> • 관광상품 개발 및 지원사업
> • 관광지 · 관광단지 및 관광특구에서의 공공 편익시설 설치사업
> • 국제회의의 유치 및 개최사업
> • 장애인 등 소외계층에 대한 국민관광 복지사업
> • 전통관광자원 개발 및 지원사업
> • 감염병 확산 등으로 관광사업자에게 발생한 경영상 중대한 위기 극복을 위한 지원사업
> • 그 밖에 관광사업의 발전을 위하여 필요한 것으로서 대통령령으로 정하는 사업
>   – 여행업에 등록한 자나 카지노업을 허가받은 자의 해외지사 설치
>   – 관광사업체 운영의 활성화
>   – 관광진흥에 기여하는 문화예술사업
>   – 지방자치단체나 관광단지개발자 등의 관광지 및 관광단지 조성사업
>   – 관광지 · 관광단지 및 관광특구의 문화 · 체육시설, 숙박시설, 상가시설로서 관광객 유치를 위하여 특히 필요하다고 문화체육관광부장관이 인정하는 시설의 조성
>   – 관광 관련 국제기구의 설치

22 관광진흥개발기금법상 관광진흥개발기금의 목적 외의 사용 금지 등에 관한 설명으로 옳은 것은?

① 문화체육관광부장관은 기금의 대여를 받은 자가 거짓으로 대여를 받은 경우 그 대여를 취소하고 지출된 기금의 전부 또는 일부를 회수한다.

② 거짓으로 기금을 대여받은 자는 해당 기금을 대여받은 날부터 10년 이내에 기금을 대여받을 수 없다.

③ 대여받은 기금을 목적 외의 용도에 사용하였을 때에 그 대여를 취소할 수는 없다.

④ 기금을 보조받은 자가 지정된 목적 외의 용도에 기금을 사용할 경우 관할 행정청에 신고해야 하며, 그 신고가 수리된 후 그 기금을 사용할 수 있다.

> 해설 ② 거짓으로 기금을 대여받은 자는 해당 기금을 대여받은 날부터 5년 이내에 기금을 대여받을 수 없다(관광진흥개발기금법 제11조 제4항).
> ③ 대여받은 기금을 목적 외의 용도에 사용하였을 때에는 대여 또는 보조를 취소하고 이를 회수한다(관광진흥개발기금법 제11조 제2항).

23 다음은 국제회의산업 육성에 관한 법령상 국제회의가 되기 위한 요건에 관한 설명이다. ( )에 들어갈 내용으로 옳은 것은?

> 국제기구에 가입하지 아니한 기관 또는 법인·단체가 개최하는 회의로서 다음의 요건을 모두 갖춘 회의
> • 회의 참가자 중 외국인이 (ㄱ)명 이상일 것
> • (ㄴ)일 이상 진행되는 회의일 것

① ㄱ - 100, ㄴ - 2
② ㄱ - 150, ㄴ - 2
③ ㄱ - 150, ㄴ - 3
④ ㄱ - 200, ㄴ - 3

> 해설 국제회의 요건(국제회의산업 육성에 관한 법률 시행령 제2조 제2호)
> 국제기구에 가입하지 아니한 기관 또는 법인·단체가 개최하는 회의로서 다음의 요건을 모두 갖춘 회의
> • 회의 참가자 중 외국인이 150명 이상일 것
> • 2일 이상 진행되는 회의일 것

24 국제회의산업 육성에 관한 법률상 국가가 국제회의복합지구 육성 · 진흥사업을 원활하게 시행하기 위하여 국제회의복합지구의 국제회의시설 및 국제회의집적시설에 대하여 관련 법률에서 정하는 바에 따라 감면할 수 있는 부담금을 모두 고른 것은?

> ㄱ. 「산지관리법」에 따른 대체산림자원조성비
> ㄴ. 「학교용지 확보에 관한 특례법」에 따른 학교용지부담금
> ㄷ. 「농지법」에 따른 농지보전부담금
> ㄹ. 「도시교통정비 촉진법」에 따른 교통유발부담금

① ㄱ, ㄴ, ㄷ
② ㄱ, ㄴ, ㄹ
③ ㄱ, ㄷ, ㄹ
④ ㄴ, ㄷ, ㄹ

해설) 부담금의 감면(국제회의산업 육성에 관한 법률 제15조의4 제1항)
• 「개발이익 환수에 관한 법률」에 따른 개발부담금
• 「산지관리법」에 따른 대체산림자원조성비
• 「농지법」에 따른 농지보전부담금
• 「초지법」에 따른 대체초지조성비
• 「도시교통정비 촉진법」에 따른 교통유발부담금

25 국제회의산업 육성에 관한 법령상 국제회의도시의 지정 등에 관한 설명으로 옳지 않은 것은?

① 문화체육관광부장관은 국제회의도시를 지정하는 경우 지역 간의 균형적 발전을 고려하여야 한다.
② 국제회의도시로 지정되기 위해서는 지정대상 도시에 국제회의시설이 있고, 해당 특별시 · 광역시 또는 시에서 이를 활용한 국제회의산업 육성에 관한 계획을 수립하고 있어야 한다.
③ 국제회의도시로 지정되기 위해서는 지정대상 도시 또는 그 주변에 풍부한 관광자원이 있어야 한다.
④ 문화체육관광부장관은 국제회의도시의 지정 또는 지정취소를 한 경우 그 내용을 고시할 필요는 없다.

해설) 국제회의도시의 지정 및 지정취소 등에 필요한 사항은 대통령령으로 정한다(국제회의산업 육성에 관한 법률 제14조 제5항).

26 관광의 경제적 효과가 아닌 것은?

① 국제무역수지 개선 ② 국제친선 및 평화 증진

③ 고용창출 효과 ④ 조세수입 증가

해설) 국제친선 및 평화 증진은 관광의 사회적 효과에 해당한다.

27 관광의 일반적 특성이 아닌 것은?

① 관광 후 주거지로 복귀 ② 관광지에서 여가활동

③ 일상 생활권의 탈출 ④ 구직을 목적으로 방문

해설) 관광이란 사람이 다시 돌아올 예정으로 일상의 생활권을 떠나 타국이나 타지역의 풍물, 제도, 문물 등을 관찰하여 견물을 넓히고 자연 풍경 등을 감상·유람할 목적으로 여행하는 것이다.

28 관광의사결정에 영향을 미치는 개인적 요인이 아닌 것은?

① 동 기 ② 학 습

③ 지 각 ④ 준거집단

해설) 관광의사결정에 영향을 미치는 요인
• 개인적 요인 : 학습, 성격, 태도, 동기, 지각
• 사회적 요인 : 가족, 문화, 사회계층, 준거집단

29 서양 중세시대 관광에 관한 설명으로 옳지 않은 것은?

① 십자군 전쟁에 의한 동·서양 교류가 확대되었다.

② 순례자의 종교관광이 주를 이루었으며 숙박시설은 주로 수도원이었다.

③ 동방의 비잔틴문화와 회교문화가 유럽인의 견문에 자극을 주었다.

④ 각 지역의 포도주를 마시며 식사를 즐기는 식도락가인 가스트로노미아(Gastronomia)가 처음 나타났다.

해설) 가스트로노미아는 고대 로마시대에 처음 나타났다.

30 연대별 관광정책으로 옳은 것을 모두 고른 것은?

> ㄱ. 1960년대 – 현 한국관광공사의 전신인 국제관광공사 설립
> ㄴ. 1970년대 – 관광사업진흥법 제정
> ㄷ. 1980년대 – 관광진흥개발기금법 제정
> ㄹ. 1990년대 – 관광업무 담당부처가 교통부에서 문화체육부로 이관

① ㄱ, ㄴ   ② ㄱ, ㄹ
③ ㄴ, ㄷ   ④ ㄷ, ㄹ

해설) ㄴ. 1960년대 : 관광사업진흥법 제정 및 공포
ㄷ. 1970년대 : 관광진흥개발기금법 제정 및 공포

31 중앙정부 행정부처와 관련 업무의 연결로 옳은 것을 모두 고른 것은?

> ㄱ. 문화체육관광부 – 여권발급
> ㄴ. 외교부 – 사증(Visa) 면제협정의 체결
> ㄷ. 법무부 – 여행자의 출입국관리
> ㄹ. 농림축산식품부 – 국립공원

① ㄱ, ㄴ   ② ㄱ, ㄹ
③ ㄴ, ㄷ   ④ ㄷ, ㄹ

해설) ㄱ. 외교부 : 여권발급
ㄹ. 환경부 : 국립공원 지정

32 국민관광에 관한 설명으로 옳지 않은 것은?

① 의료관광 활성화를 주요 목표로 한다.
② 1977년에 전국 36개소 국민관광지를 지정했다.
③ 노약자와 장애인 등 취약계층을 지원한다.
④ 내국인의 국내 · 외 관광을 의미한다.

해설) 국민관광의 목적은 재노동 의욕 고취와 국민복지 증대이다.

33 관광관련 국제기구의 연결로 옳은 것은?

① WTTC – 세계여행관광협의회
② ASTA – 아시아여행업협회
③ PATA – 미주여행업협회
④ ICAO – 태평양아시아관광협회

> **해설** ② ASTA : 미국여행업협회
> ③ PATA : 아시아태평양관광협회
> ④ ICAO : 국제민간항공기구

34 우리나라 인바운드(Inbound) 관광수요에 부정적 영향을 미치는 요인이 아닌 것은?

① 전쟁 및 테러
② 신종 전염병
③ 주변 국가와의 외교적 갈등 고조
④ 미국 달러가치 상승

> **해설** 미국 달러가치 상승은 우리나라 인바운드 관광수요에 긍정적 영향을 미친다.

35 세계관광기구(UNWTO)의 분류상 국제관광객에 포함되지 않는 자는?

① 승무원
② 주둔 군인
③ 해외 교포
④ 스포츠 참가자

> **해설** 주둔 군인은 비관광객에 해당한다.

36 다음 ( )에 들어갈 내용은?

> '관광특구'는 특별자치도를 제외한 시장, 군수, 구청장의 신청으로 (ㄱ)이(가) 지정하고, 관광특구 전체 면적 중 관광활동과 직접적인 관련성이 없는 토지가 차지하는 비율이 (ㄴ)일 것을 조건으로 하고 있다.

	ㄱ	ㄴ
①	시 · 도지사	10퍼센트
②	문화체육관광부장관	10퍼센트
③	시 · 도지사	20퍼센트
④	문화체육관광부장관	20퍼센트

해설) 관광특구는 특별자치시 및 특별자치도를 제외한 시장 · 군수 · 구청장의 신청으로 시 · 도지사가 지정하고(관광진흥법 제70조 제1항), 관광특구 전체 면적 중 관광활동과 직접적인 관련성이 없는 토지의 비율이 10퍼센트를 초과하지 아니할 것(관광진흥법 시행령 제58조)을 조건으로 하고 있다.

37 매슬로우(A. H. Maslow)의 욕구계층 이론의 단계로 옳은 것은?

> ㄱ. 생리적 욕구
> ㄴ. 사회적 욕구
> ㄷ. 안전의 욕구
> ㄹ. 존경의 욕구
> ㅁ. 자아실현의 욕구

① ㄱ → ㄴ → ㄹ → ㄷ → ㅁ

② ㄱ → ㄷ → ㄴ → ㄹ → ㅁ

③ ㄴ → ㄷ → ㄹ → ㅁ → ㄱ

④ ㄷ → ㄱ → ㄴ → ㅁ → ㄹ

해설) 매슬로우(A. H. Maslow)의 욕구 단계
- 제1단계 : 생리적 욕구
- 제2단계 : 안전의 욕구
- 제3단계 : 소속과 애정의 욕구(사회적 욕구)
- 제4단계 : 존경의 욕구
- 제5단계 : 자아실현의 욕구

실제기출

38 2021년 9월 현재, 출국 시 내국인의 면세물품 총 구매한도액은?

① 미화 3,000달러

② 미화 4,000달러

③ 미화 5,000달러

④ 미화 6,000달러

해설) 외국으로 출국하는 내국인에게 보세판매장 물품을 판매하는 때에는 미화 5,000달러의 한도에서 판매해야 한다(관세법 시행규칙 제69조의3).

39 우리나라 최초의 외국인전용 카지노는?

① 호텔인터불고대구 카지노

② 인천 올림포스호텔 카지노

③ 파라다이스롯데제주 카지노

④ 알펜시아 카지노

해설) 우리나라 최초의 카지노는 1967년 개설한 인천 올림포스호텔 카지노로, 외국인 전용으로 허가를 받았다.

40 아시아 최초로 국제 슬로시티에 가입된 지역이 아닌 곳은?

① 신안 증도면

② 완도 청산면

③ 하동 악양면

④ 담양 창평면

해설) 신안 · 완도 · 담양은 2007년 아시아 최초로 국제 슬로시티에 가입되었다. 하동은 2009년 국제 슬로시티에 가입되었다.

41 외교부에서 해외여행을 하는 자국민에게 제시하는 여행경보제도의 단계별 내용으로 옳은 것은?

① 남색 – 여행자제

② 황색 – 여행주의

③ 적색 – 철수명령

④ 흑색 – 여행금지

해설) 여행경보제도 단계
- 1단계(남색경보) : 여행유의
- 2단계(황색경보) : 여행자제
- 3단계(적색경보) : 철수권고
- 4단계(흑색경보) : 여행금지

42 다음의 국제회의 기준을 제시한 국제회의기구는?

> 국제단체 또는 국제기구의 국내지부가 주최하는 회의로서, 참가국 5개국 이상, 참가자수 300명 이상 (외국인 40% 이상), 회의 기간 3일 이상의 조건을 만족하는 회의이다.

① UIA
② AACVB
③ ICCA
④ KTO

해설 UIA(Union of International Associations, 국제회의연합)에서 제시한 국제회의의 조건이다.

43 다음이 설명하는 요금 지불 방식은?

> • 객실요금에 아침, 점심, 저녁 1일 3식 포함
> • Full Pension이라고도 함

① European Plan
② Continental Plan
③ American Plan
④ Modified American Plan

해설 ① 객실요금과 식사요금을 분리하여 별도로 계산하는 방식
② 객실요금에 조식만 포함되어 있는 방식
④ 객실요금에 1일 2식(아침, 저녁)을 포함하는 방식

44 국제회의 시설과 지역의 연결이 옳은 것은?

① KINTEX − 대구
② EXCO − 고양
③ BEXCO − 부산
④ DCC − 창원

해설 ① KINTEX : 일산
② EXCO : 대구
④ DCC : 대전

45 우리나라 면세점에 관한 설명으로 옳지 않은 것은?

① 문화체육관광부장관이 허가한 특허성 사업이다.

② 외국인의 면세물품 구매한도액은 제한이 없다.

③ 면세물품은 반입 · 반출에 엄격한 통제를 받는다.

④ 입국 내 · 외국인의 면세범위는 미화 600달러까지이다.

해설 면세점은 관세청의 특허를 받아야 한다.

46 다음이 설명하는 회의는?

> 한 가지 주제에 대하여 상반된 동일 분야의 전문가들이 청중 앞에서 공개토론하는 형식으로서 청중들의 참여가 활발하다. 쌍방의 의견이나 토론 내용 요약 시 사회자가 중립적 역할을 한다.

① Seminar

② Forum

③ Panel

④ Congress

해설 ① 보통 30명 이하의 규모로, 주로 교육적인 목적을 가진 회의로서 전문가의 주도하에 특정분야에 대한 각자의 지식이나 경험을 발표 · 토의한다.
③ 청중이 모인 가운데 2~8명의 연사가 사회자의 주도하에 서로 다른 분야에서의 전문가적 견해를 발표하는 공개 토론회로 청중도 자신의 의견을 발표할 수 있다.
④ 국제규모의 회의로, 유럽지역에서 자주 사용된다.

47 IATA(국제항공운송협회)가 부여한 항공사와 코드의 연결이 옳지 않은 것은?

① KOREAN AIR – KE

② ASIANA AIRLINES – OZ

③ JEJU AIR – 7C

④ JIN AIR – BX

해설 JIN AIR의 IATA 기준 코드는 LJ이다.

48 다음이 설명하는 것은?

> • 내국인의 국내여행
> • 국내거주 외국인의 국내여행

① Intrabound
② Internal Tourism
③ National Tourism
④ Interline Tour

해설 Intra와 Bound를 결합한 것으로, 내국인의 국내여행을 말한다.

49 다음의 연결이 옳지 않은 것은?

① 트윈룸(Twin Room) – 싱글 베드 2개
② 더블룸(Double Room) – 2인용 베드 1개
③ 커넥팅룸(Connecting Room) – 정비가 필요한 방
④ 블로킹룸(Blocking Room) – 예약된 방

해설 커넥팅룸(Connecting Room)은 객실 2개가 연결되어 내부의 문을 이용하여 상호 왕래가 가능한 형태의 객실이다.

50 관광마케팅믹스의 구성요소와 그 내용의 연결이 옳지 않은 것은?

① 상품(Product) – 항공 기내좌석 및 승무원서비스
② 가격(Price) – 항공료
③ 유통(Place) – 항공 기내식
④ 촉진(Promotion) – TV 또는 SNS광고

해설 유통(Place)은 여행 도매업자, 정부, 협회 등이 해당한다. 항공 기내식은 상품(Product)이다.

여기서 멈출 거예요? 고지가 바로 눈앞에 있어요.
마지막 한 걸음까지 시대에듀가 함께할게요!

여기서 멈출 거예요? 고지가 바로 눈앞에 있어요.
마지막 한 걸음까지 시대에듀가 함께할게요!

참고문헌

도 서

- 곽희정, 「관광국사」, 시대고시기획, 2022
- 문화체육관광부, 「2019 외래관광객조사최종보고서」, 2020
- SD 관광교육연구소, 「관광통역안내사 단기완성」, 시대고시기획, 2022
- SD 관광교육연구소, 「기출이 답이다 관광통역안내사」, 시대고시기획, 2022
- SD 관광교육연구소, 「관광자원해설」, 시대고시기획, 2022
- SD 관광교육연구소, 「관광학개론」, 시대고시기획, 2022

사이트

- 국립공원관리공단, http://www.knps.or.kr
- 문화재청, http://www.cha.go.kr
- 문화체육관광부, http://www.mcst.go.kr
- 외교부, http://www.mofa.go.kr
- 전주 한옥마을, http://hanok.jeonju.go.kr
- 한국관광공사, http://www.visitkorea.or.kr
- 환경부, http://www.me.go.kr

좋은 책을 만드는 길
독자님과 함께하겠습니다.

도서나 동영상에 궁금한 점, 아쉬운 점, 만족스러운 점이
있으시다면 어떤 의견이라도 말씀해 주세요.
시대교육은 독자님의 의견을 모아 더 좋은 책으로 보답하겠습니다.

www.edusd.co.kr

2022 관광통역안내사 최종모의고사 + 무료동영상(기출)

개정8판1쇄 발행	2022년 03월 04일 (인쇄 2022년 01월 25일)
초 판 발 행	2013년 07월 05일 (인쇄 2013년 05월 27일)
발 행 인	박영일
책 임 편 집	이해욱
저 자	SD 관광교육연구소
편 집 진 행	김은영 · 민한슬
표지디자인	김지수
편집디자인	이주연 · 안아현
발 행 처	(주)시대고시기획
출 판 등 록	제10-1521호
주 소	서울시 마포구 큰우물로 75 [도화동 538 성지 B/D] 9F
전 화	1600-3600
팩 스	02-701-8823
홈 페 이 지	www.edusd.co.kr
I S B N	979-11-383-1359-9 (13320)
정 가	22,000원

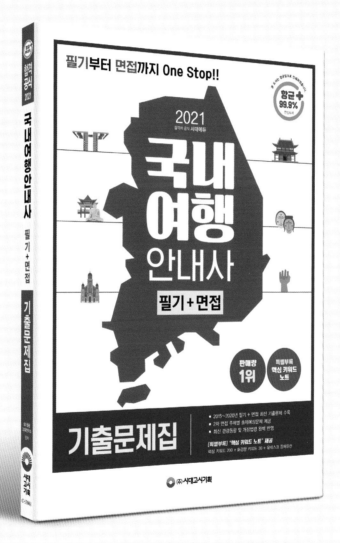

관광종사원
합격공략 시리즈 도서

온라인
동영상
강의

핵심이론을 압축한! 기본서 4종

[관광국사]   [관광자원해설]   [관광법규]   [관광학개론]

이론 학습 후 실력점검을 원한다면! 문제집 3종

[관광국사 1,000문제로 끝내기]   [관광자원해설 1,000문제로 끝내기]   [관광통역안내사 최종모의고사]

기출은 진리다! 기출문제집 1종

[기출이 답이다 관광통역안내사 1차 필기대비]

취향에 맞게! 목적에 맞게!
전략적으로 선택해보세요!

5개년 기출해설 바로가기

관광통역안내사를 향한 마음가짐을 다잡고 싶다면! 단행본 2종

[관광통역안내사 용어상식사전]

[워너비(Wanna be) 관광통역안내사 – 이론에서 실무까지]

시험을 준비할 시간이 부족하다면! 단기완성 2종

[관광통역안내사 단기완성(1권 + 2권)]

[Win-Q 관광통역안내사 필기 단기완성]

합격에 박차를 가하는! 면접 대비 도서 2종

[관광통역안내사 2차 면접 핵심기출 100제]

[50일 만에 끝내는 중국어 관광통역안내사 2차 면접]

※ 도서의 구성 및 이미지는 변경될 수 있습니다.

나는 이렇게 합격했다

여러분의 힘든 노력이 기억될 수 있도록
당신의 합격 스토리를 들려주세요.

합격생 인터뷰
상품권 증정

추첨을 통해
선물 증정

베스트 리뷰자 1등
아이패드 증정

베스트 리뷰자 2등
에어팟 증정

시대에듀 합격생이 전하는 합격 노하우

"기초 없는 저도 합격했어요
여러분도 가능해요"
검정고시 합격생 이*주

"불안하시다고요?
시대에듀와 나 자신을 믿으세요"
소방직 합격생 이*화

"강의를 듣다 보니
자연스럽게 합격했어요"
사회복지직 합격생 곽*수

"선생님 감사합니다.
제 인생의 최고의 선생님입니다."
G-TELP 합격생 김*진

"시험에 꼭 필요한 것만 딱딱!
시대고시 인강 추천합니다. "
물류관리사 합격생 이*환

"시작과 끝은 시대에듀와 함께!
시대고시를 선택한 건 최고의 선택 "
경비지도사 합격생 박*익

합격을 진심으로 축하드립니다!
합격수기 작성 / 인터뷰 신청

QR코드 스캔하고 ▷ ▷ ▶
이벤트 참여하여 푸짐한 경품받자!

합격의 공식 시대에듀